正誤表

『21世紀の人と人間社会の羅針盤』(2021年6月10日発行)に

誤りが[illegible]し、お詫び申し上げます。

三省堂書店　出版事業部

頁			正
43	8行目	公益国家	交易国家
47	3行目	濫觴がある、	濫觴がある。
52	6行目	統知する	統治する
75	7行目	統知する	統治する
85	12行目	統知する	統治する
89	1行目	と問わない	問わない
94	11行目	脆弱し	脆弱化し
96	2行目	低い時代	低いがあった時代
98	7行目	＝ THIS ＝金の支払証書	(削除)
112	2行目	働き	動き
128	5行目	送行	逆行
143	14行目	とともに	(削除)
148	4行目	こまやかな	こまかな
184	16行目	回避しやすい、	回避しやすい。
187	9行目	痛みの歴史を” を	痛みの歴史” を
215	12行目	肝要ではある。	肝要である。
241	13行目	ここに、	(削除)
280	6行目	ランキングがる	ランキングがある
294	9行目	歴史があり、	歴史であり、
304	12行目	大きな疑問であり、	大きな疑問があり
309	11行目	済むす	済ます
313	3行目	課題で	課題が

21世紀の
人と
人間社会の
羅針盤

白生 圭
Kei Hakuo

三省堂書店／創英社

「21世紀の人と人間社会の羅針盤」目次

序章　現代社会に生きる人々の実感

1　現代社会の人々の実感と現実、世界そして日本

▽現代社会の人々の実感

現代の世界に生きている複数の世代の多くの人々の実感は、未来への展望はなく、豊かさの実感も薄れ、自分の努力や忍耐が公正に報われずに、生き甲斐を感じることがない、ただ生活のために忙しく働き、緊張を続ける日々を送っている人々があまりにも多いという現実がある。海外でも、ＯＥＣＤ諸国やそれ以外の国々で、このような実感を持つ人々は、年々増え続けているという時代の流れがある。かろうじて欧州の民主政の先進国の中には、政治経済の権力による介入によって、人間性と公共性の均衡ある成長を損なわれることのないように、市民の努力で自らの法的思考能力を磨いて、〝**法治国家**〟から『**法知社会**』へ向かう舵取りができている国もあるが、世界規模でみると例外になる。戦後、民主政に舵をきり直した国々でも、将来に夢を持てなくなるという転換期は１９８０年代以降で、時間差はあるものの社会格差が拡大する流れは、今までのところ変わらない国々が多くなっている。日本社会もまた、その時期以降、失われた〇〇年と評される日本社会の構造の歪みの拡大によって、将来の展望もなく相互の人間関係にも悩む孤独感を感じつつ、一方で、利己的な人々が確実

に増え続けている現状がある。

▽21世紀、世界が直面している課題の深刻さ

1980年代以降、その時間経過とともに明確になってきた世界が直面する課題は、残念ながら大国と自称する国が、世界のどの国よりも軍事力（かつては武力）と経済力（かつては財力）で優位に立つために、あらゆる政策を達成する中で、生じたものがほとんどであると言っても過言ではない。自国を優先する政策が、オゾン層などの地球環境の破壊に歯止めをかけることができないエネルギーを、再生可能エネルギーに転換できずに、地球上のあらゆる生命体の活動の持続的成長を損なう、さまざまな問題を連鎖的に拡大している。

国際的な公正な競争ルールに基づき、人と人間社会に付加価値をもたらす英知と努力の成果が報われる社会構造創りに、これらの大国が率先してその責務を果たし、その活動の輪を世界各国に広めるという具体的な政策を積み重ねれば、軍事力と経済力という力の大小で自国の利害と利益を達成するという愚行は犯さないはずである。しかし、20世紀の米ソ冷戦に続き、その力の思考能力は新たな変異をとりながら、アメリカ、中国、EUを軸とした政治的、経済的連合合戦をくり返している。

その経済力紛争の陰で着実に進む国際的な利益の大国に向かう還流の加速は、〝**21世紀型搾取の国際的な構造**〟を世界中に拡大している。この世界中の格差拡大の流れは、マスコミによって流される政治改革の報道とは裏腹に、弱くなるどころか年々大きくなっている。産業発展、経済成長の担い手である付加価値を生み、創り増やしていく個である人の自主的な活動は、〝**大規模組織の言動で大き**

な制約を受け〟、戦後の各国の経済成長を支える、内需の担い手だった中流層の圧倒的多くの人々の力を削ぎ落とし、いきすぎた政権の抑止力機能をも喪失させている。

こうした人々の付加価値を成長させない、他者（他国）の付加価値を搾取する力の大小が大勢と組織の成長を決めるやり方は、人間社会のあらゆる格差を拡大し、都市と地方の格差と過疎化、余生を考えざるをえない世代と若者の世代間不信と、近隣関係や人間関係の不信を拡大させて、いつでも差別と排斥に変異し得る危うい人間社会へと変わる、負の連鎖の原動力になっている。その結果、世界ではますます孤立感を感じる人々がどの世代でも増えている。そして、生きていくこと、生活していくこと、食べていくことに必死になり、忙しさをくり返し疲れていく。あっという間に中年になり、あっという間に老齢期を迎え、人として将来の夢を現実にできない人間社会に人々は直面している。それでも何かを支えにポジティブになろうとする人々の心象風景もある。それが常態化する世界の国々の中で、生き甲斐や豊かさを感じ続けることができる人々は、年々減少する現実の厳しさが長く続く時代の流れにある。

有史以降、世界中を席捲してきた支配権力の思考能力の人たちによって、自分と自分が大切にする人たちや与力層のための政権国家が、〝**立法、行政、司法という三権の組織を牽制させながら統治する法治国家**〟として作られ、強化されてきた時代が長い。それは、王政、民主政、皇帝政、共和政（元首、大統領など呼び名はさまざま）、共産政などいくつかの政権タイプはあるが、残念ながら民主主義を実現し持続成長させてきた国は今のところほとんどない。20世紀の二つの世界大戦による桁違いの悲痛と苦痛の体験から、**『知性を磨き根気強く努力を積み重ねることができる国民の知性のヒエラルヒー』**を築く、という世代継承ができているごくわずかの国が、民主主義の実現に向けた舵取りを続けている。軍事力と経済力という力に頼る思考能力の人たちが、人間社会の上位層を長い間形成すると、その人間社会では、**『人間性とその均衡ある公共性』**が喪失し、多くの人々が悲痛な苦しみを体験することが続く時代の流れになる。有史以来のこの流れを変えて、**『人間性とその均衡ある公共性』**を高めていくための羅針盤や海図という新たな指標を基に、**『人と人間社会にとって付加価値のある本質的な知性のヒエラルヒーの社会構造』**を創る舵取りに切り替えないかぎり、世界の圧倒的多くの人々の実感は変わらず、次の世代にも継承されるかつての時代への回帰という逆行になる。

世界、そして、日本の人々の実感が、生きる喜びと生き甲斐を自ら感じ、夢と明るさと豊かさを自ら信じ、人との絆づくりを次の世代へ繋いでいくことを自ら感謝できた人生であって、初めて本質的な多種多様な持続的成長が可能となる人間社会に変わることができる。

2　めざす人間社会とは

人は、一人ひとりが異なる人格であり、その多様性という個々の特性を生かした、人の知恵と努力が、人と人間社会に付加価値をもたらす。そして、その人の知恵と努力が報われる公正でかつ公共性を具備した、社会的ルールの絶えまない改善があって、人間社会は本質的な成長をなしえる。その改善を保障する仕組みが、本来、法制度という社会的なルールであり、その社会的な公正なルールが機能する社会構造創りを、世代から世代に受け継ぎ、さらに付加価値を創り繋いでいくことで、持続的な人間社会の豊かな成長が可能となる。

民主政をとる国々で現代の多くの人々が、いまだにこのような普遍性を持つ社会構造を創ることができない原因は、法制度が、長い時代変遷を経てもなお、有史以来続く歴史的な**立法、行政、司法という三権分立のいわゆる〝法治国家〟**としての社会構造が残っているからであるが、民主主義という用語をくり返すと、**〝民主政の法治国家〟**（古代ギリシアも同じ民主政の法治国家）であると素直に考える国民性を持つ国では、その自覚すら乏しいのは、自ら考え、その言動による共感力を広げ、民主主義の社会構造を創り出す人としての知恵と努力を世代継承してきた、体験が稀だからに他ならない。この点に関して、たとえば日本列島に住むほとんどの人々は、それゆえに、現代まで続く歴史的な高い**〝受容性〟**を継承し続け、戦後、１９８０年代まで見られた歴史上初となる中流意識の共感力も崩壊し、失われた〇〇年を毎年加算し続ける政治と行政、産業経済の大きな流れに身を任せている。

『めざす人間社会』とは、将来に展望がある社会で、失敗しても努力を続ける人々が多く、人間社会の未来をポジティブに見ることができる社会（未来）であり、振り返ると、豊かさを実感できる人々が多く、自分だけでなく家族や大切な人々の人生を振り返っても、自分の身近に見習い尊敬できる人々がいる社会（過去）であり、今の自分の生活や言動に生き甲斐を感じ、人間性豊かな個性ある人々との人間関係から生まれる、共感と連帯から生きる活力を得ることができる社会（現在）である。そして、世代から世代へ繋いでいくものが多い社会である。それゆえに、過去、現在、未来へと続く普遍性が生まれる社会でもある。

『**一人ひとりの個性ある生身の人と人間社会に、付加価値を創り増やしていく努力と忍耐が報われる社会であるためには、その公正なルールが法制度として機能し生きていること**』が、絶対条件である社会の構造でなければ、持続的に成長し進化することはない。社会の構造の歪みが、頑張っても努力しても報われない、いわば旧態依然とした〝**搾取**〟となる格差が拡大している世界の状況がある。この時代の流れは、民主主義の理想とは大きく乖離し、この価値観をリードしてきた民主政の先進国でさえ、この理想から退歩する年数を重ねる国も多い。

このような社会構造を変革して、人間社会が相互に持続的に付加価値を享受しあう共生環境を創っていき、人間性と公共性の高い人々の共感力がリードする、社会構造を成長させることが、21世紀に生きる人々がめざす社会である。

第1章　人間社会の歪み

～歴史的な社会構造とその影響を受けた痛みの歴史

1　歴史から何を学ぶのか

▽敗戦国としての民主主義の享受と民主政の歪みの拡大

20世紀の二度の大戦による国や民族を超えた**『尋常ならざる巨大な痛みと悲しみの共感』**を、市民層という圧倒的多くの人々が主体である人間社会で共有できたのは、その二度の大戦をNationalismのぶつかり合いとして、すべての人々が体験した欧州だけであったのかもしれない。なぜなら世界大戦として地球上のすべての人々が体験したとするには、戦後の世界各国の歴史認識にはあまりにも差が大きすぎるからである。同じユーラシア大陸の東側である中国大陸での日中戦争とは、中国の共産党と国民党の内部分裂の闘争を利用した日本の侵略戦争であると同時に、中国に時間をかけて多くの利権を持っていた欧州列強がその存亡をかけた、西欧の大戦の間隙を縫った侵略である。中国の人々が、一つの国民として日本に対峙したのではなく、共産党、国民党、日本が、己が大義を掲げ武力を行使し続けた陰で、その犠牲となった多くの人々がいたことを、歴史は事実として刻んでいる。歴代王朝の変遷の帰結と同様に、中国大陸の主権を握った共産党が、その歴史の真実性を語るのは、当然中国という国の歴史ゆえである。ここに、「**東アジアの諸国**」の歴史認識が、ユーラシア大陸西の

「欧州の人々」の歴史認識と大きく異なる理由が存在している。この違いが、東アジアの多くの人々が悲痛な体験をしたにもかかわらず、その原因と未来への歩みを、市民層として共感を広げ共有してこられなかった大きな問題となり、この問題が、東アジアの各国の政権の意図だけでなく、世界に影響を与えうる国の政権がいつでも介入できる大きな要因にもなってきた、東アジアの戦後の歴史でもある。

▽ユーラシア東西の歴史の違いと今なお続く歪んだ社会構造がもたらす対立

欧州の巨大な悲痛さへの共感力の共有は、「**1989年から始まる米ソ冷戦終結によるソ連の連邦解体と東欧への非介入方針を決めた、ゴルバチョフ政権の歴史的な英断という価値ある機会**」を捉えて、東欧各国はそれぞれの民主的な歩みをとった。一方、西欧はこの機会を捉えて、西欧のリーダーたちの信念と政策がEU統合への舵取りをとる合意をみたが、その後の世代にうまく継承されたかは、EUづくりに参画した国々の国民の豊かさの実感によって、それらの国々の歴史が記録、修正されていくことになる。ユーラシア大陸東の中国では、「**1989年（米ソ冷戦の終結の年でもある）の天安門事件により、民主化の動きが止められたこと**」は、世界の歴史に対照的な暗示の符合を問い続けることになった。この二つのユーラシア大陸東西以外の戦後の世界の地域に目を向ければ、統一というNationalismの価値観や考え方への信用を失った西欧の民主政の改革によって、列強が終戦までに利権として獲得維持していた世界の植民地地域では、独立運動がさかんになり、概ねその目的そのものは成就できた。そして各国が国連に参加し、国連の常任理事国の統制と影響下で、世界の問題を扱う構造づくりの第一段階が進むことになった。この動きは、民主主義という市民が政権を担える可能性を世界に示すことになったが、現実はそのスローガンの華々しさとは異なる、さまざまな地政学的、歴史的な社会構造の歪みが表面化し、争いが絶えないこれまでの歴史にもなっている。

日本もまた、民主主義のスローガンの最初のステップとしてこの恩恵を受けたのは、民主主義を標榜した連合国に対して、ファシズム、専制国家として敵国となり敗戦国となったからに他ならないが、その恩恵の幸福も、朝鮮戦争の開始によって、わずか5年ほどの民主主義を具現化する民主政の改革導入であったために、歴史的な政治的社会的ノウハウのない圧倒的多くの日本の人々にとって、その全世代層に自ら政治、社会的に考えて言動する知性の能力と責任力が浸透していくには、あまりにも短い期間だった。この大きな原因の一つにもなった、日本の国民のための国民による民主政にとって、大きな僥倖が不幸になる変換点は、朝鮮戦争によって民主主義を教える教育が、１９５３年までの限られた短期間で幕を閉じたことである。まさに象徴的な出来事であり、民主主義を実現する民主政とは、国民一人ひとりが、支配権力を帯びやすい大組織が意図して築き続ける社会構造を注意深いリスク能力と責任力によって看過せず、特に、国民に直接作用し続ける政府と行政府の言動を決して鵜呑みにすることなく、自ら磨いた評価能力で、政治の舵取りの決定権を有するためのこれらとの闘いを意味する。民主政を継承し、社会構造を変革して発展させる担い手である国民にとって、次の世代に継承していく教育の機会を喪失したことは、時代の大きな変換点になった。

忘却思考の激しい日本の社会環境の中で、記憶すべき歴史視点は、「**１９８９年から始まる米ソ冷**

戦終結後の欧州の動き」と、同じ「**1989年から始まる中国の天安門事件の武力による民衆の声を鎮圧した政権強化の動き**」の対比である。帝国主義をいち早く模倣し、一時的に東アジアで優位に立った日本の侵略を受けた台湾、韓国が、日本とともに戦後、アメリカの政治支配圏に属したが、この三か国の中国との関係は中国を中心とする東アジアが帯びる支配権力に敏感に反応する、「**アメリカの歴代政権の対中国政策の変化ごとに大きな影響を受け、その国民もまた翻弄されてきた今日までの動き**」になっていることを看過してはならない。

▽歴史から何を学ぶのか

未来に生かす教訓を歴史から学び取り、知性を磨いて付加価値を生み、創り増やしながら、リスクを軽減する能力と責任力を人と人間社会の成長のために発揮することが、歴史を学ぶ基本になる。

より具体的には、日本をはじめとする世界の支配権力の歴史を学び、個である人と人間社会を洞察してこそ、支配権力の社会構造を解き明かし、次世代の人々にその構造を改革し、改善する内容を引き継いでいくことができる。個である人とその人々からなる人間社会の普遍的な成長において、これまで一部の人々の勇気ある渾身の努力にもかかわらず、このことが人間社会の大勢とならなかった最大の要因は、長い時代を経た支配権力の社会構造の複雑な強固さにある。その歴史を知り、その複雑に入り組んだ縛りの鎖を一つひとつ崩壊させていく根気強さと並行して、新たな社会構造を構築改善していく本質的な知恵と努力を次の世代に継続してこそ、将来の人々が豊かさを実感できる、人間社会としての確実な成長がある。

▽有史以前の人間社会の原風景

ホモ・サピエンスがユーラシア大陸に広がり、そして世界に広がっていく長い時代変遷を、生活基盤の拡充という人の知恵の積み重ねから思いを馳せる。その歴史という撚糸を頼りに、想像力を持って時代、時代の社会を具現化していくと、人と人が協力し合って自然の厳しさを克服し、その恵みを享受するという自然との共生の長い時代変遷を見ることができる。そして、科学の進化を背景とした歴史を遡る調査技術の発展が、考古学という先史の時代の人と人間社会の姿を映し出し、今の社会に対比することを可能にしてきている。

先史の時代、約7万年前から1万数千年前の最終氷期の期間で、最冷期は約2万年前。最終氷期から間氷期に移行する時期の約1万5千年前、その前後の約50年間という短期間に大きな気候変動があり、7〜8℃もの気温上昇があったことが、グリーンランドの氷床コアの調査でわかっている。この急激な気温上昇によって、針葉樹林帯が減少し落葉と照葉広葉樹林帯が増加し、中小型哺乳類が大型哺乳類にとって代わる大きな変化が起こった。その後の数千年におよぶ寒冷化の戻りがあり、1万数千年前頃から再び温暖化と海進が続く。

日本列島の最終氷期には、北は北海道、樺太、ユーラシアが陸続きで、津軽海峡は海だが現在よりはその距離は短いと想定されている。一方、南は、朝鮮半島、対馬、九州の距離が短く、対馬海峡が大分狭くなっており、今よりも容易に渡海できていたことがわかっている。

最終氷期後、現代まで続く間氷期は、1万数千年前から温暖化が進み、北、南の両海峡から日本海に海流が入り今の日本列島になり、人間以外の陸上動物が海を渡ることが不可能な時代に移行する。列島各地では、温暖化の進行により生態系の大きな変化が起こった。植生は広葉樹林化し、大型哺乳類は中小化。細菌やウイルスなどの病原性のものと動植物の遺伝子相互の作用や、食物連鎖の環境変化も加え、動物の生態系も大きく変化した。大型哺乳類だけでなく人間も、○○原人と呼ばれた旧人が姿を消すことになり、ホモ・サピエンスと呼ばれる現世人類が人間社会の主役を担い、日本では縄文人と呼ぶ火などを活用する技術を積み重ねていく人々の時代になる。

先史の時代の生活基盤の拡充という視点で、なお想像力を駆使していくと、自然との共生とともに大切な人と人間社会双方との共生もまた必然であったことがわかる。国境という後の支配権力者たちの思考能力によって、人為的に作られた国家概念がなかった時代。その時代に目を向けると、今日の人々が考える生活基盤よりもはるかに広域な人々の活動があった。農耕・牧畜と遊牧という生活基盤の違いと同じように、交易移動という農耕・牧畜や遊牧とも異なる生活基盤を持つ集団も多数あったに違いない。この集団もまた、他の生活基盤の集団と相互に関わり循環社会をつくる動く隊商集団であったわけで、定住型の生活基盤を持つ集団が、人体の細胞器官とすればこれらのさまざまな隊商集団は、血液、神経系統にたとえることができる。これらの生活基盤の相互の関わりの何を欠いても、自然と人間社会の循環型の存続の可能性が低くなる時代でもあった。

生活基盤拡充のための交易は、今日の細分化されたプロセスを持つ貿易や商流とは大きく異なっていたはずである。人工的な巨大なインフラ事業の継続があって、初めて可能な今日の商業圏とか商業ルートとは異なり、自然条件を生かす人の知恵の積み重ねの継承が、より豊かな交易圏をもたらし、いかに生活基盤を豊かにする物資を、安全に効率よくしかも大量に運ぶかを発展させるという科学的アプローチは、天文、航海、造船、会計数学、保存管理、医療などの広い分野におよんでいた。

この広範囲な交易圏を日本列島の側から見ると、縄文時代には日本海、瀬戸内海、朝鮮半島との交易圏の広がりがあり、朝鮮半島の側から見ると、西の中国に至る黄海、渤海と東の現ロシアに至る日本海のルートという交易圏の広がりがある。これらは当然繋がり、相互に自分たちの生活基盤の拡充に役立てていた長い時代がある。この時代は、当然支配権力による支配圏を示す国境もなく、生活基盤相互の集落で生きる個々の人々の能力と責任力と、この均衡で成り立つ人間社会の公共性が自然の形で息づいていた、確かな長さの時代でもある。

２　東アジア、その中での日本

（１）東アジアにおける朝鮮半島という歴史的着眼点

▽先史時代の共生の時代から支配、被支配の時代の変化

古代におけるこの人間社会の構造が脆くも崩れだしたのを、朝鮮半島で見てみると、少なくとも衛氏朝鮮の時代からと有史は語っている。そして、この衛氏朝鮮を、B.C.１０８年に武力で滅ぼした前漢の武帝以降、楽浪郡、帯方郡などを介する中国王朝の支配によって、支配権力の社会構造に作り替えられていく時代になる。そしてこの中国王朝の支配体制が衰えると、代わって高句麗が３１３年

に楽浪郡などの統治機構を瓦解させて、朝鮮半島南下の圧力となるが、この圧力を嫌う先住の諸民族（≒韓民族）が、馬韓で百済、辰韓で新羅、弁韓で伽耶諸国を4世紀には建て、相互に敵対しつつ、それぞれの支配地域での覇権を達成して、国家として記述される。そして、7世紀になると、660年に百済、668年に高句麗滅亡の機会を捉えて、新羅が三韓地域を初めて統合した。

史書に記録された4～5世紀の三韓それぞれの国家づくりと同時期の日本列島を見てみる。中国の歴史書の倭の五王の5世紀に至る4世紀からの歴史的事実を、記紀の記録から合理的な視点で照合すると、記紀の神話伝承の記述内容が突如として現実味を帯びる、朝鮮半島との政治的緊張が記されている。それは、神功皇后を中心とする長い統治の前後である仲哀天皇から応神天皇までのおよそ1世紀の朝鮮半島をめぐる政権の動きで、朝鮮半島の支配権力の拡大の動きとも連動している。のどかな平和裏の人々の交易や交歓といった世の中の風景はまったく想像できないのがこの4、5世紀の動きで、これは、3世紀の邪馬台国について中国の魏志倭人伝に記述がある、女王卑弥呼の治世前後の長い倭国の戦争状態も合わせて、この時代の流れに沿うものである。

三韓の一つである百済（帯方郡の影響が強い地域）の馬韓統一（A.D.346年）後、わずか三十年弱の間に、七支刀の銘文を、阿直岐（アジキ）を使者に倭国に贈呈する百済の外交政策の意図と政治的背景を考察すると、この当時の倭王権の性格、ルーツと同じ価値観と考え方に立脚する者たちだったと考えるのが妥当である。これは性急に同じ民族であったと論じることを目的としているのではないが、漢字の中国語としての直接の使い方を相互に理解できる環境があったことを、この七支刀という金文の史料は語っている。戦国時代末期に西欧社会と接し、互いの意思疎通を図り交易や文化摂取などの長い時代を積み重ね、鎖国の江戸期、幕末から明治維新、戦後から現代までの時代変遷における**「翻訳や通訳の手法」**を考えると、**「外来のモノ、文化や価値観、考え方を用いる言語への文字である漢字の使用方法」**の理解を深めることができる。直近で言えば幕末から明治に、欧米列強のさまざまなものが流入（渡来）する際に、多くの新造語や国字を作った社会変化があったが、それは西欧社会の価値観や考え方を導入する際の必須の手段でもあった。西欧社会と接した当初の戦国時代末期もまた同じである。これに遡って、倭の政権が、**「自国の社会に翻訳ではなく文字として漢字を導入使用していた事実」**は、当然ながら東アジアの諸国の漢字対応の動きも合わせて考える、歴史的背景を提供している。この背景として共通な点は、文字はこれを理解し使用する支配権力層、という特権階級のノウハウであり、着目すべき点でもある。

▽移民、移住の規模の大きさ

世界の歴史では、大きな武力を持つ集団の移動規模が大きければ大きいほど、民族の大移動として記録される。移民の規模も同様で、先住の諸民族と移民の諸民族の力の差が大きいほど、先住の諸民族は排除されるか、同化されるかの二項対立的な選択肢の結果になる。それを免れてきたわずかばかりの少数民族の人々は、みな極厳の地政学的条件の中に生活基盤を置いてきた人々であり、現代まで続く。

日本列島という東アジアの地政学的条件から、古代から続いてきた平和裏の営みが、なぜ変質していったのか。その歴史的な必然性（普遍的であるとは考えないが）を考察してみる。同じ東アジアでも世界の他の地域でも、陸続きであるか否かは、支配権力が拡大していく変化の時代においては、とても大きな時代変化の考察点となる。それまでの長い時代に、当然のごとく享受し続けてきた平和や自主的な営みの生活基盤が、戦争という武力によって激変してしまうことを、その当時の人々は誰も想像できなかっただろうし、そこに留まれば生殺与奪の治世下に未来永劫置かれるリスクの大きさもしだいに誰の目にも明らかとなり、次の世代のためにも知恵を駆使して逃散をくり返したことは容易に理解できる。この人間の家族を中心とした一族の本能的な動きは、陸続きであればその可能性も高くなるが、日本列島は孤島であるがゆえに、可能性が極めて低くなる地政学的条件がある。

（2）朝鮮半島での支配権力体制の出現とその歴史的背景

▽戦争を解決手段とする中国王朝の常態化がもたらした移民、移住の流れの規模と時代の長さ

有史以前から長い時代、平和裏に共存していた朝鮮半島に生活基盤を持つ、多様な先住民族の人間社会の構造を大きく変化させた要因に、陸続きである中華と呼ばれる中国大陸で武力を解決手段とする、歴代中国王朝の支配圏拡大の動きがある。朝鮮半島の社会構造を変質させる大きなそして長く続く時代の動きは、戦闘、戦争が常態化した春秋（B.C.770年～）、戦国（B.C.403年～）時代、これに続く短命な秦王朝とこれに代わった前漢の武帝によるB.C.108年の朝鮮半島での覇権確立までの実に長い時代である。当然ながらこの長い時代に、平和裏に共存していた朝鮮半島で暮らす先

住の諸族の生活基盤地域に、多種多様な家族、一族、部族が流れ込み続けたのは容易に理解できる。その中には、争いを避けて避難した人々だけでなく、戦いに敗れて逃げ込んだ武力行使、統治のノウハウのある支配層の人たちもおり、時の経過とともに後者の族集団が増し、先住の諸族との間で対立、誤解が頻発し拡大したのは歴史の必然でもある。その対立で、生か死かの二項対立の意思決定を集団が迫られると、戦いを選択するか、さらに南の日本列島に逃れるという選択も当然くり返されていた時代と言える。B.C.１０８年、衛氏朝鮮は、約１００年で幕を閉じ、前漢の武帝によって滅ぼされた。以後、楽浪郡、帯方郡などの４郡を介して直接、中国王朝による支配が、前漢、後漢、魏、西晋と長く続いたが、五胡の乱と呼ばれる華北での異民族間の覇権争いによる北朝の時代、高句麗もこの争いに巻き込まれる。この北朝の前秦が内紛で自滅すると、高句麗によって楽浪郡（３１３年）、帯方郡（３１４年）が倒壊されて、約４００年あまり続いた中国王朝の支配に終止符が打たれる。これが朝鮮半島の新たな時代形成となる、重要な歴史の変化点である。以降の朝鮮半島は、南下政策を基本とする高句麗とこれに対抗する三韓地域である百済、新羅、伽耶諸国連合のそれぞれの基本政策がぶつかる時代が、新羅によって統一される６６８年まで続く。ちなみに、「**朝鮮**」という固有名詞は、漢代の「**管子**」に出てくる。

４世紀中頃までに、三韓地域の馬韓で百済が３４６年に、辰韓で新羅が３５６年に、弁韓地域で伽耶諸国連合の統一がほぼ同時期に起こり、その後、北の高句麗（広域支配は中国王朝に対抗しながらそれ以前から長く続く）の圧力に対抗する国権を朝鮮半島に初めて統一王朝として樹立した新羅が、単一民族であったとするのは、あまりにも20世紀のNationalismの影響を受けすぎている。三韓地域に圧力を長い期間かけ続けた高句麗は、現代の中国黒竜江省、吉林省、遼寧省と北朝鮮の広域を支配圏とした国家であり、その民族構成は複数でその利害関係は複雑であった。一応、貊族（ツングース系）が主体とされるが、建国から滅亡までの間で諸民族の力関係は変化している。この高句麗と朝鮮半島など周辺地域の風俗などは、魏志東夷伝に、夫余、高句麗、東沃沮、濊、三韓などの諸族の大まかな記録があるが、実際には中国王朝の関心のない、朝貢などもない多数の諸族が生活していたことは間違いない。

B.C.１０８年の前漢の統治開始から、A.D.３１３年に楽浪郡が高句麗によって滅亡する、４００年あまりの中国王朝の支配統治による社会構造作りの長さに着目すれば、搾取する富が豊かな地域ほど中国王朝の「**中央から派遣された長官やその与力勢力の一族の勢力地盤として土着化が浸透**」していくのは歴史のつねである。当然ながら日常の支配統治は、「**漢字が使われる法制度と中国語が支配層として使われる日常の４００年**」であるから、もともとの先住諸族の上位層ほどそのノウハウを身につけなければ、生存基盤を失うことは自明の理ともなるから、下級あるいは中級官僚の役割として、搾取される側の同族の一般庶民の地元言語と中国語の双方を操るバイリンガルだったことは、世界の歴史からみても簡単に想像できることである。歴代中国王朝の正史などに記される朝鮮半島の諸族の風俗は、中華周辺地域の支配圏でもともとの先住民族の風俗の特徴を記すことに意味があり、「**土着化した支配側の一族の子孫のそれとは異なる**」のは当然である。

この社会構造は、その後の歴史の変遷を見ると、馬韓、辰韓、弁韓と呼ばれるいわゆる三韓地域では違いがあり、その豊かさによって支配権力層の土着化の違いがあったはずである。それはやはり地政学的な要素であり、その三韓の代表である百済、新羅、伽耶諸国の一貫した基本政策の興亡史の動きを見ても符合する。「**百済の王権とその支援諸族**」は、一貫して中国南朝への頻繁な朝貢と冊封を続け、隣国高句麗と国の存亡をかけた武力闘争を続ける基本外交は、「**新羅とは際立って異なっている**」。さらに、北朝の異民族王朝に対する基本政策ではほぼ一貫して、朝貢、冊封はしておらず、地政学的に考えれば高句麗を討つためにはその勢力を利用し挟撃するのが基本中の基本政策であるがしていない。その結果、百済は４７５年にいったんは滅び、後に新羅の支援を受けて再興を果たし中国南朝に朝貢することで、元の叙勲の地位に復活するが、この一時期に、「**倭の五王の最後の武王が、百済の支配圏の継承者と見なされその大将軍の爵位**」を受ける僥倖を得た、東アジアの興亡の背景がある。ここに、中国王朝の支配圏の考え方の基本を、王朝は変遷しても変えない統治の価値観を見ることができる。

▽三韓の中で際立つ武力国家の百済の存在

三韓の中で、百済の特徴は、４世紀の馬韓統一以来、滅亡まで一貫した武力国家としての対外政策が顕著であり、対高句麗、対新羅の戦争の多さがそれを物語る。一方、新羅は、逆の政策で、高句麗の圧力にはその異民族支配のあり方から臣従などでかわしながら独立を保つ一方で、国力を増すやり方を続けて対百済との戦争のほとんどは防衛に留め、半島情勢で将来展望が望めない侵略戦争は回避し続けた点が対比的特徴である。さらに、東アジアでの中国王朝との関係にも大きな対比があり、百済は漢民族の南朝の六朝との繋がりが強く、日本との関係の深い仏教の流入も梁の仏教保護政策を倣い国策とし、倭の政権にも紹介している。この時期の漢字の読み方として、南朝の支配圏の呉音（イチニサン、ガンジツ、ショウガツ…）の影響も多い。一方、新羅は、高句麗とともに北朝の異民族の前秦に、377年に辰韓統一後、早い時期から朝貢、冊封を実施しており、仏教もまた、護国政策を積極的に進めた北朝の北魏の影響を受けた高句麗から、6世紀前半（527年or551年）までに導入している。

日本書紀の記録と合わせると、書首（フミノオビト）の始祖としての王仁の、百済から河内への入植（渡来）や、論語・千字文（六朝の梁の時代）の伝来の応神朝の記録などは、漢字を用いる書籍の渡来物を伺うことができるが、天武・持統朝によって8世紀に編纂された記紀以外の政権に関わる史料が、日本で皆無な理由は、古代史の大きな疑問になる。一方で、行政実務の史料などを表す木簡は7世紀以降多数発見されているにもかかわらず、同じこの時代の政権の内容を記す木簡はないという大きな矛盾が存在している。ちなみに東アジア共通の有史の文字である漢字の書類は木簡・竹簡であり、中国での最古の発見物は、B.C.5世紀、日本ではA.D.7世紀、朝鮮半島では日本より古い時代のものが大量に発見されており、伝播の時間の流れがわかる。そして、使用実績はそれぞれその発見よりも前の時代からとなる。この点については保存環境を考えれば当然のことである。

「百済の一貫した武力による外交政策の中で、倭とは早くから対等な同盟関係を維持し続けた理由

は、一見歴史の謎として映る」。それは、記紀を編纂した政権の意図とも一致していることになるが、客観的に歴史の外交を見ると、一般に広く知られる長期間続いた遣唐使よりも渤海使節は多いし、新羅の使節の往来は、天武・持統朝の時代でも35回と頻繁にあった。倭の王権の規模の拡大は、5世紀の倭の五王の長い期間、南朝への朝貢、冊封外交によって中国王朝の歴史書に記録されることで今日に伝わるが、なぜこの強大な王権が自ら歴史書を遺して、王権の継続を次の世代が誇らないのかも大きな疑問と同時に不可解なことである。日本書紀で神話の曖昧な記述から突然朝鮮半島との緊張関係をリアルに記述するようになるのは、神功皇后の治世からになるが、東アジアとしての史料を撚糸を合わせるように事実を時系列で整理していくと、王権を担う百済と倭の二つの王族部族の緊密度がたびたび強くなり、その時に必ず朝鮮半島への遠征が記録され、その失敗が曖昧な表現となる記紀の編纂意図がある。

緊密な関係の記述である百済の皇太子や王族の滞在、婚姻関係などの例から、支配権力国家の王家・王族の紐帯関係の世界の常識は、言葉や文字の相互意思疎通ができるノウハウの環境が必須であるということである。一方で、百済から渡来した王族や随った家臣が、倭の一般の人々と通訳なしに会話できたのかには大きな疑問がある。

▽支配権力層の基本的ノウハウとして欠かせない語学、文字の能力

漢字の日本語という言葉への使用方法の特徴として、世界の言語と文字の関係付けが伝わる際の基本原則に符合する見方から、朝鮮半島の新羅での手法は日本よりも早く、この手法が日本にそのまま伝わった痕跡が今日、明確になっている。新羅では、545年、新羅として最初の国史編纂が日本の記紀に先行すること約170年。この時代の金石文、木簡等の発見解読から、新羅が、「**吏読**（**イドウ**）」の音訓漢字表記法を考案し、「**空格**」（文章の切れ目の表現）、「**口訣**」（クギョル、送り仮名、ふり仮名の用法）や「**国字**」（言語に合わせた漢字の創作。幕末から明治維新以降に欧米列強の概念の翻訳で大量に作った国字と同じ）という言語（言葉）に合わせた漢字使用が朝鮮半島に広まり、後に倭に導入されたことは確実である。近江、徳島でも実際にこれらの変換の辞典もどきの木簡が発見されており、地方の有力諸豪族にとって、基本的な知識として必要だったことは明白である。日本の出土品から見ると、一音一漢字（仮借）の5世紀後半以降のものから、6世紀後半に訓表記の漢字使用へ（岡田山1号墳出土の鉄剣銘の各田刀（ヌカタベ）が最古とされる）変化する。この変化の必然性は、支配権力の中枢である王家、王やその与力権力層と全国の豪族との意思疎通のための有効な手段として、漢字の口語表記化の導入を意図的に進めたことにあるが、この政策に強い関わりを持つ勢力として時代変遷から見ると、「**越前から招聘し即位した継体大王とこの与力勢力として中央で権力を握った蘇我氏4代の政権の長さを想起**」せざるを得ない。このことは、統治のためのブレイン集団が、当初の中国系移民、移住者から、しだいに朝鮮半島系の比重が増したことを示唆していることになる。その担い手である諸豪族を束ねたのが蘇我氏で（蘇我氏が朝鮮系氏族かどうかは別問題）、これを象徴的な時代変化の動きと捉えると、固定的な歴史教育の弊害から免れて客観的な歴史を洞察することが可能となる。今までの発見で最古とされる仮名漢字の出土は、和歌山県の隅田八幡宮の銅鏡の48文字：意、沙、加、斯、麻、利（オサカシマリ）で6世紀（503年説？）とされ、そのデザインは道教の東王父、西王母のものであるのは興味深い。

▽百済と新羅の社会構造の違いがおよぼした倭王権を支える諸豪族への影響という着眼点

百済の一見無謀と思われる一貫した国家の基本政策と外交は、唐の勧告を拒絶し、唐と新羅の連合の圧倒的な武力によって、660年に滅亡したことに象徴されている。馬韓統一以来、国の存亡をかけた戦いをくり返した高句麗と突如同盟し（過去に無い危機意識）、北朝が南朝を併呑する統一王朝として君臨した隋、その後継の唐に随身することをしなかった原因に、百済王権と新羅王権の成立と以降の社会構造づくりの担い手たちの大きな違いが明らかと思われる。それは、前述したとおり、中華の支配権力者として土着した出自の先祖代々の誇りからくるもので、土着した有力与力豪族とともに馬韓地域の社会構造づくりを強力に進めてきたがゆえに、被支配層である多くの韓民族諸族の民衆とは異なる価値観と考え方に基づき、終始言動したことになる。このことは、馬韓統一後（346年）、30年弱で倭王に贈呈した「**南朝の年号入りの七支の刀の外交**」、「**391～412年の高句麗の広開土王の碑文が示す百済と倭の連合との戦い**」、「**421～502年の倭の五王の朝貢・冊封の王と有力者たちへの叙勲**」、そして、「**660年の百済滅亡後、唐と新羅からのたびたびの使節の申し入れを拒絶し、百済再興を期した唐と新羅との白村江での無謀な戦い（663年）で、大敗を招いた天智大王の一貫した決意の流れ**」と合致している。

一方、新羅との一貫した敵対関係（いったん滅亡するも再興のために、新羅の支援を受け南朝に朝貢と冊封で再興を認めてもらうまでの武寧王の治世くらいが、例外的に良好な外交関係）が意味するのは、「**百済王家とその与力勢力にとっては、新羅王権の成立基盤が征服すべき諸族**」だからであり、馬韓地域の征服被支配層と新羅との結びつきが、百済王権の崩壊を意味していたから、と考えるのは至極当然の政治的理由になる。したがって、「**百済王権と新羅王権の社会構造は異なっており**」、この違いを理解した上で、倭王権を支える、あるいは支配された諸豪族への影響を想像していく着眼点を持たないと、歴史の闇に事実を消え去らせて、正史編纂を進めてきた政権の担い手たちの意図とその実現の思考能力に、本来の歴史が葬り去られてしまう。濃い霧の中にある日本古代史の政権の変遷。人間社会の現実はそれでも事実として動き積み重なっていくのであるから、その事実の流れと相反する支配権力者の意思と思考能力を確実に反映するやり方を追うと、真実の古代史が闇から浮かび上がり霧も晴れていく。

５２１年前後からの倭の政権の状況は、記紀によると深い闇になっているが、それは、武（21代雄略）以後4代の内部闘争が激しく王統が絶えたことにより、越前の継体を応神の5世孫として大王（25代）に即位させるまでの空白期間と合致する。倭の五王以降朝貢はなく、中国史にある６００年からの遣隋使で復活した際に、隋王朝の朝貢の礼法とは大きな齟齬があった。未交渉の期間の長さが示すノウハウの欠落と高句麗外交顧問（聖徳太子の師）の外交暗躍、という説の確からしさにも頷けるものがある。

継体以降の推古大王直後に至るまでの時代に、4代にわたる蘇我氏とこの大王血統が主導した外交戦略と、645年の乙巳の変で、政権を奪取した天智の血統の外交戦略とは、基本的に大きな違いがある。推古大王、聖徳太子、蘇我氏のトロイカ体制が進めた対中国王朝と朝鮮半島政策は、約100年弱途絶していた朝貢の遣隋使を北朝出自の隋に対して再開し、齟齬はあっても隋王朝の要請にいち早く自国の律令制度を改変していく基本路線は、高句麗と新羅の使節などの影響もあったことが歴史の研究成果としてわかってきている。乙巳の変以前のこの時期の朝鮮半島情勢は、新羅の善徳女王（632～647年の在位）が百済に毎年のように侵攻され続け、中国の唐王朝との外交の失策も続き苦境に陥っている時期でもあり、目の前の朝鮮半島での百済の新羅に対する優位の状況を頼りに、天智と鎌足などの急進派勢力が、朝鮮半島の三か国の外交使節による公の国際儀礼の場を利用したクーデターで、反対勢力を葬り去った。そして、政権内での新羅派、高句麗派は、蘇我嫡流とそれに連なる王家血統の粛清により急速に外交的勢力を失ってしまったと考えるのが妥当である。

630年以降の百済滅亡前後までの4回の遣唐使から得られていたはずの唐、高句麗、朝鮮半島の東アジア情勢の情報が、的確に天智政権に反映されていたとは考えがたい親百済に固執する外交政策は、645年に唐の高宗による新羅との同盟勧告をも拒絶し、660年の百済の滅亡後であっても、663年には無謀な白村江の戦いの大敗で、数万という兵士とその家族の悲痛を引き起こした。その外交政策の強硬さは、蘇我氏時代との大きな隔たりがある。このことは、少なくともこの天智の出自の血統とその与力勢力に共通の価値観からくる行動理由であり、百済王権の性格とも酷似している。聖徳太子の時代までの比較的長い時代の仏教の積極的な導入では、百済だけではなく高句麗、新羅からも多くの技術者や学僧を招聘している点や、推古大王による政権が政治外交顧問として高句麗の学僧を重用していた点などからは、朝鮮半島を含む東アジア情勢を等距離の立場から、当時の国益を最優先に的確な政策判断をしていたと評価できる。日本の歴史教育では、仏教の導入と蘇我氏の専横のみが、645年の乙巳の変の前の時代の内容になっているために、記紀の編纂指示者の意図どおりに、百済との親密な関係が最初から長く継続した倭の王権の性格のように装われている。この変による外交の大きな変化は、**〝日本の外交の一方的利害のみでしか政治的な言動を続けることができない、その後の日本の姿の歴史の嚆矢濫觴〟**ともいえる。

3　欧米の視点、その関わりでの日本

(1) 富の還流の歴史と移民移住の世界史

▽ユーラシア西の植民地支配の歴史

地中海の制海権をめぐる植民地支配と交易の覇権の争いとして、フェニキアは、B.C.13世紀にはエーゲ海の海上権を支配。その後は、ギリシアの諸国家に覇権を奪われ同盟で糊口をしのぐが、B.C.64年にローマに併合された。古代ギリシア時代の覇権は、地中海から黒海地域までの広範囲のもので、交易と移民移住による植民地支配が、移民元のギリシアの都市国家の政権の特徴も反映しながら、それぞれの発展を続けた。しかし、アレクサンダー後にマケドニアの勢力が衰えると、代わってローマが歴代の植民地域の各都市国家の成長理由を評価しながら、王政から共和政に、そして、皇帝政へと変遷していく。さらに、ローマ帝国の分裂とその後の衰退によって、地中海の制海権を得たイタリアのベネチア、ジェノバなどの広域交易国家が、ナポレオン政権の影響下に入るまで、植民支配の変遷を重ねて、その制海権に裏付けられた交易能力によって、その支配圏下の富を自国により多く還流させた繁栄の歴史がある。

「**富の還流の社会構造**」の歴史の差別、区別を合法化したのが奴隷制で、搾取の社会構造作りを力で簡単に強化できる身分制度でもある。四大文明と称される地域では、有史以来の長い時代、〝**法治国家として身分制と奴隷制を管理強化**〞したことを想起すべきで、必ずその国家建設、再興者らの英雄説話と表裏一体をなす法制度がある。ユーラシア西の植民地政策でも奴隷制は古くから存在している。

▽王権とカトリック教会組織の権威、権力が推進力となった大航海時代以降の世界の植民地支配

大航海時代以降の植民地化を世界に拡大した時代の担い手は、スペイン・ポルトガルからオランダ・イギリス、フランス・ドイツ・ベルギーなどの西欧の力による植民地支配へと移り、その統治ノウハウはより巧妙に効率的になり、現地において少数支配者が、いかに多数の現地の人々から富を搾取し、還流させる仕組みを社会構造として強化していくかに知恵を使った時代で、しだいに直接的な武力から交易通商条約、為替などの法治支配に移行していく。植民地であったアメリカもまた、その還流元が搾取する大きな対象地域であったことは歴史が語るところである。ある意味で、現在のイギリス連邦は、その時代の発展系遺物とも呼べるかもしれない。

▽西欧の民主政の近代化の歩みが可能となった歴史的な背景

欧州の封建領主としての支配権力層は、納税者である人々の生活基盤である土地を力で支配した王権を構成する者たちであって、自分たちの利害と利益を増す社会構造作りを歴代進めた。もう一方の封建領主は、西欧ではローマ・カトリックの教会組織のヒエラルヒー化を、国を超えて進めた者たちであって、その支配下の圧倒的多くの人々は、二重に搾取される社会構造の下で代々生きた時代が中世と呼ぶ時代である。

欧州中世の主食は肉、乳製品。パンなどの小麦は補食。東アジアの支配権力が被支配の人々を土地に縛る必然性を持った、水稲を中心とする食生活基盤の農業とは異なるのが欧州である。水稲耕作は、手間と根気が必要な過酷な労働ゆえに、〝**生活のすみずみまでの規律**〟による支配（以降の統治の思考能力に表れる細部規定作りの特徴）が必要となり、世代継承も重要な統治技術になる。牧畜が中心で、補食生産としての農業という欧州の生活基盤のあり方が、東アジア地域の農耕国家と比較して、封建制の社会構造の紐帯の強さが緩かった歴史的な地政学的理由でもあったと言える。

したがって、欧州の中世から近世にいたるまでの教会組織を支える納税は、牛・豚・羊・鶏と卵や乳製品の物納で穀類がなかったことから、当時の一般大衆である人々が稼ぐ付加価値の実態がわかる。これに対し、社会的上位層は財貨を寄進し、長期間にわたる教会建設の資金源になっている。こうした教会組織の運営のあり方だったがゆえに、16世紀央、日本に2年間滞在したフランシスコ・ザビエルは、肉を食さず野菜と魚中心に穀類、果物が食生活の基盤である日本への宣教師の派遣条件として、粗食に耐えうる者という報告をしている。

宗教組織であるローマ・カトリックは、その権威と共に王権に対して大きな影響力を持ったが、しだいに大規模組織の宿命でもある、権力が生む内部腐敗と十字軍などに代表されるイスラム教支配圏との外部抗争が生む、社会的表層と実相の歪みを拡大させた。この歪みの象徴となる免罪符販売に狂騒するローマ教皇と大規模組織を批判するルターなどによって宗教改革が、16世紀前半（１５１７年〜、１５２２年にはドイツ語訳の聖書発行）にドイツで勢いを得て、スイス、フランスでもカルヴァンによって拡大した。一方で、王権支配の権力側もこの動きと連動するかのように、イギリスのヘンリー８世が１５３４年に、カトリック教会組織に対抗してイギリス国教会組織を作り、支配圏内に拡大していく時代の流れは、他の諸国の王権支配圏にも影響を与え、異種の二系統の封建領主が支配する社会構造に大きな亀裂を生じさせていくことになる。さらに、もう一つの封建社会の構造を瓦解させる大きな時代の動きを示したのが、１４９２年のコロンブスによる新大陸発見以降の大航海時代のエネルギーを担った人々である。これは、かつての地中海、黒海の植民地支配の覇権を争った時代の再来で、世界的な富の還流を求めて制海権の覇権を握ったスペイン・ポルトガルからオランダ、そしてイギリスへ、その地位が変遷していく近世の時代でもある。

欧州のキリスト教の宗教改革がもたらした、中世以来の二大支配権力の社会体制の変革という時代の流れは、国を超えた巨大な大規模組織である、ローマ・カトリック教会の組織体制を支えていた宗教的な価値観と考え方を否定するとともに、もう一方の封建体制のヒエラルヒー社会である王権、貴族の組織体制を支えていた価値観と考え方にも大きな影響を与えて、変革する新しい時代の流れになった。この両方の旧体制を打破し、理想とする社会体制のあり方をめざす、プロテスタントの信奉者である民衆と、王権を支える貴族、騎士層がともに同胞として新しい体制をつくるために戦いをとおして、従来の政治的な支配権力の組織体制を大きく変革する政策を考える思考能力が、社会に拡大していくことになった。このことは歴史的な時代の大きな転換点を意味する。その大きな転換点以降のエネルギーの大きさは、それまでの社会構造の歪みの大きさを象徴している。その歴史的な代表例が、１５６２～１５９８年の36年間続いたフランスのユグノー戦争であり、続くドイツの１６１８～１６４８年の三十年戦争である。この三十年戦争は、フランス、ドイツ、オランダ、スイスの広範囲にわたり、ユトレヒト条約で、プロテスタントの組織活動とオランダ、スイスの独立が承認される、社会構造の変革を獲得する時代の変化を象徴する出来事である。

周知のとおりこの条約以降、オランダは、市民層が主力となる海外貿易活動を積極的に展開する近世の時代の流れの一翼を担い、スイスは、格差の少ない市民層が中心となり、武力で国際関係を解決する手段をとらない徹底した永世中立として、当時の欧州では独自の政治社会の構造創りの舵取りを選び、現代まで改善し続けてきた歴史を持つ。この転換点以降、西欧社会の国々のそれぞれの時代背景も含みながらフランス革命やイギリスの立法権と行政権の変革を促す議会制が、時間をかけながらも改善されていく時代の流れにもなっている。着目すべき点は、早くからこのような大きな変革をもたらした価値観と考え方が、どのようにして国を超えて拡大していったのかであり、これを改めて考えることが歴史を知ることになる。政治体制の代表機能である、立法府の議会、行政府、司法府という国の組織の作り方と監視と制御の仕方は、どのような社会層の人々がこれらの三権の主導権を握って、人と人間社会のめざす方向を決めるのか。今日の民主政の先進国における紆余曲折の道のりを経た各国の歴史がそれを語っている。20世紀の二度の大戦を経験したのが西欧諸国である。時代の変化点をなした莫大なエネルギーを注いだ巨大な『**痛みの共感力**』が、なぜ忘れ去られて20世紀にくり返したのか。その自省と自制の共感力の大きさを、今の西欧の『**痛みの共感力**』に基づく民主政の舵取りが、意識していることは明らかである。

▽先住の人々にとってのアメリカの移民の仕方と民主政の歪みの歴史は表裏一体の関係

東部13州の独立に先立つ西欧列強の力を背景とした植民地政策は、先住の諸民族の生活基盤の土地を奪い、その周辺地域へ追い出した歴史である。その動きは独立後も続き、武力を安全保障の保険としながら土地の活用の考え方が異なる西欧の価値観から、開拓地域の拡大を、メキシコ湾、太平洋に至るまで続けた。この開拓の原動力は、西欧、東欧、スカンジナビア、中国をはじめとするアジアからの、時代変化に応じた世界各地域の社会的問題を抱えた移民の人々であった。１８００年代前半は約４５０万人のアイルランド、スコットランド、イングランド、ドイツなどから、後半はスカンジナビアと東アジアから、さらに20世紀前半までに、１、８００万人の南欧、東欧、アジアから、そして戦後は主にヒスパニックと言われる中南米からの大量移民の流れが続いてきた歴史である。現在の人口比は、白人系が約60％、黒人系が15％強、ヒスパニック系が15％強でアジア系と続いている。アメリカの移民の歴史は、時代の動きに応じた低賃金労働から開始し、努力（肉体的労働から頭脳労働へ）して上昇する社会構造を基本原則とするアメリカの民主政の歴史でもあるから、その社会構造そのものが、差別、区別と貧富の差を拡大する基をなす必然性を生じさせてきた歴史でもある。その社会構造から生じる歪みの拡大による暴発が、さまざまな社会問題を、アメリカに問いかけてきた。アメリカの人種差別の歴史を見ると、１８０８年の奴隷の輸入禁止（人を商品として扱う）、１８６５年の南北戦争を経ての奴隷制の廃止であるが、それでも差別、区別は、戦後の民主主義を世界に大義として示し続ける当のアメリカの足元で消えていく流れにはならず、歪みの膨張と暴発がつねにくり返されてきた。21世紀は、さらに人種問題はヒスパニック系移民問題も起こし、トランプ政権の国境の壁建設の動きへと今も続く、解決されないアメリカ民主政の大きな社会問題である。

アメリカの移民と建国の歴史は当初から武力を背景とした、先住諸民族への人権迫害の歴史であることは、書き換えようがない歴史の事実である。さらに、そのアメリカの経済発展が西欧諸国を抜き、GDP世界一の〝**経済的覇権**〟を握ってから4分の3世紀が経過するその生産性を支えたのは、世界各地域の社会的問題を抱え、アメリカに夢を繋ぐために渡ってきた移民の多くの人々の低賃金労働だったことは、明確な経済要因である。科学、とりわけIT技術の進化とともに、多くの職種の産業分野の画一的な平均的な作業を代替できる、ITシステムが毎年開発され続けたことによって、かつての低賃金で圧倒的な労働力を提供してきた移民の人々の雇用のボリュームが、激減してきたのがアメリカ社会である。その担い手であるIT、デジタル化の時代は、もはやかつての移民のアメリカンドリームの時代を、過去の蜃気楼にすぎないものにしているが、アメリカ社会にはまだ世界のアメリカの全盛期に酔い、その社会構造の抜本的改革と対応への努力が必要だという認識への共感が、アメリカの民主政の歪みゆえに広がっていないと言える。

▽強制移民の歴史〜支配権力の思考能力が考え出す強制移住という政策

移民移住によって、先住民の人権と社会権が侵害されるほかに、強制移住も歴史的にはくり返されている。さらに、その推進の陰で平行して起きるのが弾圧による虐殺や蛮行であり、世界の歴史として現代まで続いてきた。強大な武力で支配地域を拡大すると、支配権力層の思考能力は、被支配地域の民族の強制移住を断行する。その歴史は政治体制を選ばない。特に少数民族はその平和志向の有無も関係なく、先祖代々努力して豊かな土地にした生活基盤を奪われ、過酷な生活を強いられる不毛な他地域への移住を強要されてきた。昨今のウクライナ問題もその典型例で、15世紀に、ロシア帝国がクリミア半島からその民族を大量にリトアニアに強制移住させ、ソ連時代には、リトアニアの13万人もの人々をシベリアに強制移住させている。この間の世の中の理不尽さは、ナチスの侵略によってもユダヤ系リトアニア人は危機に陥り、杉原千畝領事代理による、約６、０００人を超える人々のために、国外へ避難するビザを発行したのもこのリトアニアである。この国の街道にある道祖神（ルーピントイェリス＝苦悩の人）は、６００年以上にわたる民族の苦悩を象徴する。

１８６５年当時のアメリカの奴隷は、国民の実に15％も占め、アフリカなどから強制移住させられた人々とその子孫である。その力による人権と社会権への侵害と圧力は、今なおアメリカ社会の歪みを解決できない大きな問題の一つである。

この強制移民という非人道的な政策が、世界の歴史のみで起きたことだと思っている日本人があまりにも多いが、記録に残る最も古い強制移住として、奈良の律令国家初期の強制移民がある。近代では北海道のアイヌの人々の樺太などへの強制移住がある。いずれもそれぞれの時代の〝**国益という価値観に基づく力の政策**〟であることを忘れてはならない。

(2) 権力の特徴とその思考能力～武力と財力の優劣で支配力を強化し搾取構造を人間社会に拡大

▽支配権力が持つ武力(軍事力、安全保障)と財力(経済力)で優位に立つ強い思考能力

時代を超える支配権力層の人たちの共通の思考能力であるから、現代社会であっても戦略や政策にこの思考能力が、鏡のごとく反映されている国は少なくない。本能的なまでの武力と財力の引き合う相関関係があり、社会構造の歪みを拡大する人間社会の強い因果関係になっている。

現代の民主政の代表国の一つでもあるアメリカの戦略、政策の基本的な考え方は、武力である軍事力の他国に対する絶対的優位の継続であり、財力である経済力もまた同様であることからも、戦後民主主義の理想を大義として掲げながらも、「**アメリカの民主政の現実の世界に対する政権の舵取りは、虚構と虚飾もつねに内包する危うさを、その国家戦略、政策は持ち続けているのが実態**」である。

これまでの世界の歴史で覇権を握った〝**法治国家**〟は、例外なく自国の市民からの税だけではな

く、武力と財力を背景に、他国、他地域からのより過酷で理不尽な富と財の還流を目的として、法制度を駆使した構造作りをしてきている。〝**法という文字による人と人間社会の規制規律**〟こそが、統治手段として最も基本的かつ有効的なもので、支配権力層がその被支配層の圧倒的多くの人々を従属せしめることができる、世界共通の有史以来の政治手法である。それゆえに、古代ギリシアや古代ローマでも、自国の市民の比較的納得できる納税、兵役よりも、植民地域でははるかに過酷な税の取り立てが、現地の社会的上位層によって作られる法制度の税制により実施された国際的な構造は、過去の古い時代だけのものではなく、現代の世の中でも〝**世界の富と財の還流の仕組み**〟として、姿を変えて動いている。

（３）人為的な社会構造の歪みの膨張がなす悲痛な人間社会の記憶

▽奴隷制廃止の歴史

欧州では、１７８９年のフランス革命の大義である価値観から、フランスでは１７９２年に、奴隷制度が法制度として廃止されたが、共和制の混乱を収束させたナポレオンによって、１８０３年に奴隷制度は復活する。以降長く続き、民主主義を掲げる大義で第二次世界大戦を経て戦後１９４８年にようやく奴隷制度は再度廃止された。さらに、フランスは、この大義と大きな矛盾を内包していた植民地政策がインドシナの独立戦争に直面させ、フランス革命に続いて再び歴史の因果という符合に苦しむ。このベトナムを核とした独立運動は、戦後の覇権を自負するアメリカによって引き継がれ、凄惨なベトナム戦争に発展していくことになるのだが、フランス自体は、自ら大義に見合う歴史の清算を、社会構造の改革ということで果たしたかについては、大きな疑問の余地を残したことになる。フランスの海外植民地では、1949年に政府が奴隷解放の見返りとして、その支配層に対して保証金を支払うことで、ようやく25万人もの人々が政治的には自由になったが、今なお社会的、経済的には格差の問題を抱えている。パリなどでの観光で、自由、平等、博愛の国と単純に思ってしまう日本人旅行者にとっては、生涯知ることができない人間社会の表裏の姿と、社会的構造の歪みを是正することの難しさの現実がある。

▽大義の戦争という表層の陰の世界の大虐殺という衆愚が犯す蛮行の歴史

大虐殺というおぞましいまでの蛮行は、たった一人の支配権力者の病的な言動では決して起こり得ない。これに同調し協力する者たちの組織的な影響力で動員された人々の言動がなければなし得ない。その言動に賛同できたか、そこに強制力が働いたかどうかは別として、集団組織による蛮行ではじめてなせる規模の大きさが大虐殺という事件であり、世界の支配権力の政権が犯した歴史がある。

征服侵略が成功した国では英雄譚のように歴史を記述するが、一方で、これらの戦争の直接の戦闘の死者よりもはるかに犠牲者を出したのが大虐殺という世界の歴史である。スペイン、ポルトガルの新大陸での大虐殺、フランス・イギリスの百年戦争、ドイツの三十年戦争と並行して起きた大虐殺、オスマントルコによるアルメニア人の大量虐殺、ナチスドイツのホロコースト、カンボジアのポルポト政権による大虐殺、ルワンダ紛争による大虐殺など…。ユーラシア大陸の東側、中国でも、たとえば英雄たちの戦争ドラマである三国志。それは戦闘での犠牲者よりもはるかに多くの虐殺、略奪が日常的に行われた時代でもあり、人口が１／３に激減した時代であった。

（４）民主政や共和政の歴史、そのめざした法制度の意思と歪んだ歴史から何を学ぶか

①古代ギリシアの法治国家、スパルタ王政とアテネ民主政双方からの現代社会への警鐘

B.C.6世紀に王政から民主政に舵取り変更をした古代ギリシアのアテネの時代から2、500年あまり経た現代社会の多くの世界の国々では、民主政の政体をとっている。しかしその中で日本の民主政が、２、５００年という進化に値する豊かな社会になっているかは、大きな疑問がある。

▽古代ギリシアの法治国家を支えた法制度社会構築の意図とその挫折

ギリシア都市国家の移民移住による植民地開拓の特性として、異なる民族、部族との異なる価値観、考え方を前提とした交易ルールの長年の構築とそのノウハウを挙げることができる。それは、伝統的な因習の掟を「**シンポジオンという宴とセットの議論習慣やアテネやスパルタに代表される法制度**」に代替させる、市民社会に浸透させる、価値観の共感の拡げ方に、よく表れている。これらの活動が今日のさまざまな学問の下地のようなものになっているのは、アルファベットの文字の原型となるギリシア文字による記録を、膨大に残せたからでもある。

アテネとスパルタの国家の基盤をつくる契機となった法制度。アテネの王政から民主政への大きな舵取り変更は、B.C.５９４年に執政官に就いたソロン（一家が没落し海外で稼ぎ故郷に錦を飾る前

半生）の改革で、借金返済ができない罪が奴隷という刑罰になっていたそれまでの罪刑を廃止し、さらに借金返済を支援する「**金融システムを法制度として改革**」したことで中間層を増やし、民主政を支える社会的基盤づくりをしたことが、民主政と呼ばれる政体の大きな要因になった。この政治的流れは、同世紀の末のクレイステネスの改革でさらに加速し、現代の地方自治体にあたる行政区を再編し、中央の有力者の内部抗争の利権と利害がおよぶことがないように、「**公共性**」が機能する行政改革をすることで、さらに市民という中産階級が増えた。これがギリシア都市国家群最大の危機になるB.C.490年とB.C.480年の二度のペルシアの侵攻を防衛する、実践部隊となることができた。そして、繁栄をもたらす原動力になった。一方、スパルタはB.C.8世紀末頃に、リクルゴスによって厳格な法治国家の法制度が作られ、この法制度の厳守をデルフォイの神に誓約させるという王政の改革を行った。その法制度の意図を考えると、王政というよりも私的財産を認めなかったのだから、今日でいう共産政権にむしろ近い。王の権力は軍の指揮権に限定されて二家による牽制制度をとっており、実質は5人の執政官による政権が交代で行使されたことからも、後の欧州の王政とは大きく異なる。

両都市国家の法制度の立案実行者はともに、覚悟を持って改革に臨み、ソロンは施行後10年間アテネを出て、リクルゴスは生涯スパルタに戻らなかった。彼らが、当時の因習の掟を代替させる法制度の改革の難しさと、浸透させるための大衆心理とを冷徹なまでに理解できる、極めて合理的な予想能力を持っていたことを汲み取ることができる。

〝アテネ民主政の繁栄と衰退、滅亡の因果関係〟は、**現代の民主政のリスクへの大きな警鐘**でもある。アテネの繁栄を決定づけたペルシア戦争の2回にわたる勝利は、巨大な武力を誇ったペルシアの侵略の野望をくじくと同時に、リスク対策の成功要因を評価できない、熱狂する市民を拡大する衆愚政に変質する契機になったことも示している。ソロンに続くクレイステネスの民主政への舵取りで中間層が増え、この中間層出身（門閥貴族ではない）の弁護士であった**テミストクレス**が2回のペルシア戦争に大きくかかわり、特に2回目のサラミスの海戦勝利のリーダーシップと、翌年の陸戦での裏部隊に徹した防衛政策の成果が、勝利とその後の民主政繁栄の基盤をつくったことになる。ところが、9年後には反逆者として陶片追放にあい、家族とともにその首謀者たちが送り込む暗殺者から逃れる6年間の長きにわたる生活を余儀なくされた。その解決のために、2回も侵略を退けた敵であるペルシアに亡命するという離れ業を成し遂げ、その才覚でギリシアとペルシアとの長い和平を実現する土台もつくった。このテミストクレスへの陶片追放には、出土した当時の陶片から大量に偽造された投票であることや、テミストクレスの政治的予想能力が最悪のリスクシナリオも描いていた、と想像できる歴史の余白がある。いみじくも前漢の司馬遷が体験した、李陵の匈奴への投降に対する勇気ある弁護活動と同じように、第1回のペルシア戦争の指揮官であったミリティアデスへの讒言による死罪から救済するために奔走したが実現できなかった彼の経験がある。この経験がアテネ民主政への冷徹な観察眼を持たせて、その後の彼の身に起こった災難をくぐり抜け、家族を無事に亡命させ得た手腕となっている。

歴史は多くの衆愚政（政体は問わず）の因果関係を引き起こす社会構造の歪みと、これを利用する意図的な思考能力の人々が暗躍する社会的影響の大きさについて、未来に再びくり返すという警鐘を鳴らし続けている。その具体例は、テミストクレス追放後、アテネの繁栄を謳歌したリーダーたちの代表が、ペリクレス時代という32年間（B.C.461～B.C.429年）にわたって付加価値を生まず、社会構造を歪める法制度の改変を続けた時代である。政権との利害関係を享受できる富の多寡で、市民を四階層に分ける社会構造を作った彼は、弁舌に長けてギリシアの繁栄と名誉を誇らしげに語り、将来のリスクを煽る弁舌で防衛費増強に税を集め、一方で、軍需産業で富を得たものがアテネ社会の上位層を形成していく時代の流れを作った。そして、ペロポネソス戦争を始め、彼の後継者たちもまたスパルタとの30年弱にわたる長い戦争（是正が効かない）を継続して、同盟国を失い自ら墓穴を掘り、B.C.404年には、ギリシア世界のリーダーの実力を完全に喪失することになった。

ペリクレス政権の衆愚政の象徴的な動きは、古代オリンピアで、ヒットラー、ナチスドイツのモデルになったかのような同じ政策をとっている。国威発揚を追い風に進める政策の成就のために、B.C.417年の四頭立て馬車レースでアテネの1、2、3位の独占を画策し成功させて、計画どおり国民の熱狂のまま続く選挙で勝利し、数々の法制度改定をその与力勢力とともに進めた結果は、滅亡に向かう舵取りそのものになった。その法制度改定の際に語った彼の演説は、プライドが傷付けられる共感力が拡がると、その根拠原因よりも傷つけられたことに対する報復という共感力があっという間に拡がる、大衆の思考能力を完全に利用したものだった。その結果、アテネのリスクを予想し、彼の言動に反対する能力と責任力が高い人々でさえもが犠牲になったのは、これも大衆心理を操作する高い思考能力がゆえである。通常では優位に決して立てない相手への不満のはけ口として大衆心理を利用してこれらの能力と責任力のある批判者を排斥する手法のみなもとは、知性を磨くことを忘れた大衆の共感力拡大の感染しやすさにあり、衆愚政の本質を露呈するものである。また、死刑となったソクラテスの訴追理由は、神々への不遜と若者への教育的悪影響という、彼を排除したい上位層の讒言と抽選で選ばれた市民の裁判官たちによる判決だった構造は、現代の日本の検察の動きと裁判員制度導入にも相通じるものがある。

ペリクレスの演説の巧みさのリスクについて、同時代のスパルタ王の言には、〝**彼の演説を聞き続ける大衆は、やがて事実と違っても本当だと思うようになる**〟とある。その演説の締め括りはきまって「**……アテネの栄華と繁栄は、無名の人々による成果でこれこそアテネに永遠の命を与える**」と結ばれる、ナショナリズムが持つ高揚感と他者を敵視し排斥する強い集団エネルギーに結び付けることができた演説である。

ギリシアの民主政が最盛期を築いた時から衆愚政に変質した、その民主政のリーダシップによる政策と法制度改定の原因を洞察し、明らかになったものを現代にも警鐘として生かさなければ、２、５００年の経過という民主政の歴史の長さが意味を持たないことになる。

②中世、近世のイタリア貿易都市国家の民主政の改良の歩み～ベネチア共和政のリスクと崩壊要因

▽ベネチアの繁栄の地政学的要因と衰退の人為的な要因の歴史

欧州を席捲したフン族、ゲルマン民族などの大移動に伴う、イタリア半島への侵略から防衛できる地域として、5世紀に選択したベネチアの場所は、地中海、アドリア海に面したラグーンと呼ばれる二つの河川と潮流による干潮によって形成された潟の地域に、木の杭を多数埋めその上を石材などで固める人工的なラグーン海上都市だった。このため、人口規模は20万人が最多で15万人前後の都市規模が続く。最盛期（何度か隆盛をくり返したが）には約200万人の植民地域（属国領含め）の人々を統治したが、1797年にナポレオンによってその繁栄の歴史に幕を閉じるまで、約1、100年もの長い時代続いた（最初の統治開始は、697年の住民投票で選出したドージェと呼ぶ元首による共和政）ベネチアの歴史がある。

その地政学的な理由の立地条件は、陸地から4㎞離れた118の島々とラグーンの複雑な潟から成る、航行上大移動が難しい地形のために、防衛には極めて適していた。同時に、それは古代から続く生活基盤としての農耕牧畜と交易航海のうち、農耕、牧畜の土地を持たない後者を選択したことになる。自給できるのは塩と海産物くらいで、幅広い交易でしか成立しない生活基盤の確立と、リスク管理対策能力を生存のために維持強化せざるを得ない宿命を持つ、「**持続可能な社会をめざす地政学的要因**」でもあった。さらに、「**土地所有、私有という発想が機能しない環境**」でもあり、従来までの支配権力や統治のノウハウが通用しない、新しい挑戦の国づくりだったと言える。ちなみに、生活に

必須な水は地下水ではなく、雨水を溜めてろ過し飲料水をつくるという、科学技術の進化も必然的に装備しなければならない宿命も持つ。現代で言うと、貿易国家のシンガポールの大都市を支える、海水を真水に変える水対策と類似している。

交易国家として豊かになる成長のために克服しなければいけない課題は、交易相手国の中には支配権力の顕著な大国があり、交易の利益への介入と、その支配管理下に置かれるリスクに対する対策と政策であった。それは、人間社会という環境が時には戦争も含めて変遷していく、その時代の流れへの適切的確な対策準備と対応ができるリーダーと、これを選ぶ人々の知性を世代継承することが、前提条件となる公益国家の姿である。

▽大国の圧力に対抗できた英知の人のヒエラルヒー社会の構築

中世の克服すべき支配権力組織は、神聖ローマ帝国とビザンチン帝国、そしてローマ・カトリック教会とイスラム勢力の影響である。さらに、16世紀の大航海時代以降の近世は、スペイン・ポルトガルとイエズス会などのカトリック拡大教団からはじまり、次にオランダ・イギリスなどの植民地政策を推進した国と、ビザンチン帝国に代わるオスマントルコなどが克服しなければならない、今日でいう大国であった。

古代ギリシアの民主政が陥った衆愚政と、ローマの王政、皇帝政などの専制国家の腐敗と汚職による社会構造の大きな歪みの原因と対策が考えられているのが、独自のベネチア共和政の政治と法制度の改善である。それは政治経済のリーダーである元首の選び方（選挙と作為が働きにくい抽選を組み合わせた選抜方式、たびたび改める）や議員の選び方、市民権の与え方などであり、いかにリーダーに相応しい人材をその地位に就け、専制にならないようにし、ナショナリズムなどの衆愚のエネルギーによって、改革の能力と責任力があるリーダーが排斥されないようにするかに重点が置かれている。そして、その人材をどのようにして育成するかの社会の構造創りの工夫もしている。それは、建国時から続く大きなリスクを克服しなければならなかった地政学的要因が、知性の高い人々を多く輩出しながら付加価値のある社会構造をつくる、主要な土壌の一つにもなっている。

ベネチア市民による知性のヒエラルヒーの社会をつくる社会構造の特徴として、交易世界での人生経験のノウハウのヒエラルヒー醸成を、基本的な人生設計のあり方とした点がある。この人生設計の考え方では、5歳頃には母親などの家族による教育から離し、成人以降に海外など交易生活の現場で生きていくための、リスク管理教育に切り替える。そして、ベネチアの政治的経済的リーダー層は、40歳頃までの現場体験に基づくノウハウと、そのリスク対策と対応能力の実績を共有し評価した周囲の人々によって選ばれるという仕組みを創っている。この仕組みによって繁栄が続く時代と、この仕組みが劣化して衰退する時代が何度か繰り返された。約120人のドージェという元首が選出された1、100年がベネチアの歴史である。

ローマ・カトリックの支配権力の大規模組織の影響を排除し、純粋な人々の信仰をほぼ保てたベネチアの基本政策は、今日で言う政教分離の先駆けである。ベネチアの行政区である自治区毎に設置した、教会の司祭と役員は住民が選び、カトリック教会から教区へ派遣された司教に、それを承認させる。財政面では、篤い信仰心をいたずらに競争させないために、寄進寄付の金銭の流れをチェックする監督官を置き、実質ベネチアの法制度の下にある宗教法人のようにして、国際的大組織勢力であるローマ・カトリック教会のヒエラルヒー支配の搾取構造に置かれないように工夫した。さらに、この大組織とベネチア内部からの結託を許さないために、ローマ・カトリック教会との距離を置く政策が、イスラム社会との交易（アジアの利益をもたらす交易の仲介役）の信用も得やすい大きな理由にもなった。ローマ・カトリック教会の支配体制の歪みの一つとして、異端裁判や魔女裁判と言われた宗教裁判は科学の発展の足枷にもなったが、ベネチアでは一例もなかったことは、やはり瞠目すべき政策であったことの証左である。さらに、元首の専用の教会である聖マルコ教会を別に建設し、元首が個人の信仰心と人間関係から、ローマ・カトリック教会に取り込まれないための対策を講じている。

現代の民主政も学ぶことができる「**ベネチアの税制**」は、20世紀の民主主義を実現しようとした税制である累進課税を、この時代においてすでに現代よりも長い期間、基本政策として維持できていた。これは、資産をより多く手にしたものは、ベネチア社会に税をもってより貢献する責務がある、という価値観に基づいている。ベネチアの建設以来長い時代成長させてきた、現実的リスクを克服する、地政学的要因から至る本質的な価値観と言える。

さらに交易に関わる産業に従事する職種別の多くの組合の組織活動には、現場のノウハウのヒエラルヒー醸成の環境を破壊する政治行政の介入を認めずに、長い期間、自主自立の運営を持続できたことが成長と安定の大きな要因である。そして、〝**財力**（**現代風の表現では経済力**）**を力とする大商人の寡占を許さない**〟『**中小、個人業種の公正な競争が可能な環境を維持する規制**』の政策ルールを続ける長い期間があった。今日、中央集権としてさまざまな分野の組織に、現場のノウハウもなく、人事権と税金を行使する予算権で介入する、政府と行政府のやり方とは真逆な基本政策である。さらに資本力の果たす役割と弊害の両面から、「**資本を出す人と現場ノウハウのある人の成果によってもたらされる付加価値である収穫物、収益の分配方法において、資本を出す側と成果を出す側の双方のリスク管理能力の比重という考え方を重視**」していたことが、ベネチアの産業経済の成長との因果関係に大きく働いていた。上述の知性を磨いてそのノウハウを高めて長年の現場経験で稼いだ富を、現場を卒業する40代以降に、今度はその資本力を次世代の人の付加価値能力を見抜いて投資するという社会構造であるがゆえに、〝**現代のような資本家**（**しかも大規模組織**）**の圧倒的配分優位という原則**〟とは異なるものであった。失敗のリスクはより資本を出す側が負い、複数の資本家が分担する仕組みを考え出し、それが社会貢献であると考えた長い時代が、その社会構造が変わるまで続いた。

メディチ家に代表されるフィレンツェの軍需金融業（戦争をする王家、貴族に融資）を核に、多角産業支配力を財力で進める経済運営のやり方との対比として、ベネチアは、銀行業の預貸ビジネスの発想から、適正な交換信用のノウハウである複式簿記を発展させていく。金融がベネチア産業を牛耳る核にはならなかった。その国際信用力が15、16世紀には、ベネチアのドゥカート通貨をして国際通貨として流通させた要因の一つでもある。

金融業の影響による現代の財政で頻発される国債の源は、ベネチアなどで、「**一時的な限定での**」戦費調達を目的としたものとして、しかも市民からの税金とは別の調達方法を考え出して国債は発行されたという濫觴がある、それが現代、特に日本の政府と行政府の、恒常的な錬金術のような財政の壁のない国債発行の増額の流れを止めない、止まらない政策を続ける能力と責任力では、たび重なる消費税増税という30年あまりの経過でも財政の改善はならず、逆に、次世代、子々孫々にまで巨額の財政赤字の責任を負わせる責任転嫁がなされている。ベネチアのリーダーの社会的上位層の資質、使命感との大きな違いがある、歴史的な検証点である。

ベネチアの社会では、愛国心やナショナリズムが内なる抑圧意識から外への優越意識になると、強い排他力を持つ大衆心理が働き、衆愚政に陥るという要因を戒めとしていたのは、現代社会への警鐘でもある。それは、ベネチアから見た過去だけではなく未来にも起きている崩壊要因であり、古代ギリシアの民主政だけでなく20世紀までくり返された苦痛と悲痛の大きな戦争や、大虐殺などの多くの歴史の事実にも共通しているものである。これを防ぐために、ベネチアでは、芸術、文化の盛んなイタリアであるにも拘わらず、英雄や英霊などへの精神崇拝という価値観を生み出さないように、それらの銅像を建立させない厳格な社会ルールが続いていたのである。

▽英知の人のヒエラルヒー社会がなぜ崩れたのか

長年のライバルであったジェノバに勝利した最盛期に、高額寄付者が議員になれる制度に変わる。後に議員の世襲制も始まる。ベネチア社会での貧富、格差の世代継承によって〝**知性のヒエラルヒー**

の逆転現象〟がさまざまな組織に拡大浸透していき、ベネチアの社会構造が変わっていったことが、本質的な衰退要因だった。そして、ベネチアの共和政のめざした衆愚政のリスクの回避を、いつのまにか自覚できないまま時代が続いたことが、その歴史の教訓である。

その時代変遷の流れは、イスラム社会を仲介とした黒海、地中海貿易の制海権による交易の地盤沈下であり、オランダ・イギリスによるアジアとの直接貿易の利益に着目した、アフリカ周りの交易ルートから地中海に拡大侵攻していく、時代の必然的な流れとも重なる。

さらにこの点を、産業経済的な視点から見れば、オランダ、イギリスの成長と繁栄を模倣した加工貿易国に変わる政策を進める際に、ベネチアの成長要因であった、投資家と実践現場の人々との基本的関係に思考能力が至らず、毛織物などの繊維、ガラスなどの工芸品などの工業化における資本家と労働者の（さまざまな職種の職人を、コストとか労働力とみなす）価値観を、ベネチアの社会構造として変質させ拡大していったことが、リーダー層を選ぶ側の多くのベネチア市民のノウハウをも劣化させる、衆愚政に陥る産業経済を進めることになった。知性のヒエラルヒーの社会構造の歪みを止めるどころか、拡大し続ける時代の流れを作ったことになる。

建国以来のベネチアの豊かさの成長は、市民全体の『**知性の磨きによる付加価値を生み、創り増やす人間の知性というヒエラルヒーの社会の持続**』があったからであるが、〝**知性の逆転のヒエアルヒーの社会構造〟**という時代の流れが続けば、衰退滅亡は歴史のつねとなる。

４　日本社会の歪みとその搾取の社会構造による痛みの歴史

（１）搾取とは異なる付加価値を生み、創り増やす知性の磨きが報われる社会構造の長い時代

▽先史の時代の日本列島の人々の歩みの想像

本章のはじめで触れたように、日本列島で生活基盤を営むさまざまな人間集団（当時の人間社会）の、豊かな持続的成長を可能とする自然環境が整えられていく。食生活基盤では、針葉樹林から広葉樹林化が進み動植物の食物連鎖の好環境が整っていく。ユーラシア大陸の食生活基盤から日本列島の環境をみると、牧畜・遊牧に適する牧草地帯にはまったく向かない地域でありながら、海洋・河川がもたらす魚介類や海藻類と、大地がもたらす植物や穀類などから、人工的に収穫を持続させる養殖や栽培技術を継承し発達させながら、やがて大陸、朝鮮半島から交易や移住によってもたらされた農耕技術も加え、食生活基盤を拡充させることができる、自然環境の豊かさを享受できた長い時代の流れを見ることができる。この日本列島では、東アジアの地政学的条件からはエアポケットのような長い時代でもあり、人間集団が平和裏に豊かに暮らせる生活基盤を社会構造として発達させることができた時代で、後の支配権力層による社会構造作りの秩序形成がなされ強化されていく、〝**法治国家である律令国家**〟以降の時代と明確に区分できる。この大きな時代変化をもたらした紀元前４世紀前後頃から、考古学の検証からも明らかな戦争の痕跡がある。また、これとともに拡大する日本列島の西から東、そして北上していく支配権力の社会構造作りを担った人たちの統治の軌跡がある。そして、そ

れ以前の長い時代の多種多様な人間集団の人々との思考能力との違いを考えると、なぜ瞬く間に席捲され、現代まで継承される伝統のような〝受容性の高い日本人の国民性〟が形成されたのか、という大きな疑問への解が得られることになる。

▽付加価値の共感力、その１：生活基盤の拡充と交易圏の拡大

日本列島の各地で発見されている出土物などからは、地域差のある土器や土偶や土製品、木製品、石材製品、貝・骨製品、植物繊維の織物製品、漆や水銀やベンガラ（顔料）を材料とする鉱工芸製品など、科学力の継承進化も含めた人と人間集団の知性の磨きが窺われる、成長と発達が積み重ねられた時代を知ることができる。より役にたつもの、より豊かになるために、交易からそのまま得られるものと、相互に交易からヒントを得ながら付加価値を増やす工夫と努力で人間集団に成果を出す、その付加価値の共感力が共有されていた時代がある。

異なる地域との交易活動を支えたものが、造船と航海に関わる科学と技術の継承発展であったことは、後の支配権力の力で搾取する労働力による道路や運河などのインフラ建設とは違い、自然環境を活用する交易ルートの拡大の方が、陸上輸送の大きな制約よりも海上・河川輸送による交易圏拡大に、大きく貢献する自然の理でもあった。それゆえに、ユーラシア大陸の東アジアから繋がる朝鮮半島と日本海沿岸、瀬戸内の交易ルートという広範囲な交易圏と、沖縄や太平洋沿岸、太平洋の伊豆諸島など（オオツタノハという珍しい貝輪は、伊豆諸島南以南と大隅諸島南の島々に限定して産するものが、北海道南から東日本地域の広がりで早期から出土している）の地域との繋がりの交易圏も形成

されていた。その例証は全国各地域にあるが、たとえば、北海道余市のフゴッペ洞窟の船の線刻画からは、古代ですら交易を象徴的に描き伝えたいという意思が伝わってくる。ついでながら、航海ルートと交易圏拡大という点で、日本海側の地政学的条件の大きなポイントは、ユーラシア大陸の東アジアでの先進地域との交易という点の他に、対馬海流の０・３〜０・４ノットという当時の航海技術に適した海流のスピード（黒潮の太平洋側は、約10倍の速さ）とラグーン（潟）と呼ばれる天然港に適した海岸線の多さにある。寄港も考慮した航海ルートは、航海の安全と輸送のリスク回避にとって、重要な持続性の条件でもある。

この時代の日本海沿岸の交易圏の大きさを示す事例として、青森市郊外の三内丸山遺跡（５、５００年前〜４、０００年前までの推定）と朝鮮半島南部の釜山、慶尚南道（三韓の弁韓地域の伽耶諸国地域）の遺跡から同時代の交易を示す出土物がある。さらに、その交易時代の時の流れとして、山形県遊佐町出土の殷（B.C.1、６００〜B.C.1、０５０年）王朝時代の青銅器の小刀（刀子）身と商品などがある。

▽付加価値の共感力、その２：リーダーへの信頼と感謝

土偶について。数万年前からのユーラシア大陸東西で、生命誕生への感動と感謝を表現したい意思の符合が、土偶づくりに見られる。ウィーンのヴィレンドルフのヴィーナスは、高さ10㎝。赤い顔料を塗られた女性像と日本列島各地から出土している土偶の女性像には、同じ人間社会の共感力を感じることができる。

埋葬方法について。古墳時代に代表される支配権力社会の埋葬方法と、これ以前の長い時代の埋葬方法は大きく異なっている。生命誕生や自然の恵みへの驚きの探求心と感謝と同様に、生命の終わりである死者の埋葬方法は、当時の人間集団の社会にとっての共感力の特徴をよく示すものと言える。苦楽をともにするリスクと豊かさの生存環境だからこその複数世代が体験し継承する人間社会の共感力のあり様は、重要な観点になる。

支配権力が統知する人間社会になるまでの長い時代、区別区分のない共同墓域としての埋葬手法がとられている。これは、集落の規模の小さな時代は、家族親族が中心だったがゆえに、死者を区別区分する必然性がなかった至極当然のあり様だからに他ならない。4、000年～3、000年前頃に地域差はあるが発掘されるようになる死者個人を区分けする埋葬方法が、北海道南部から近畿地方にかけて出現し、しだいに副葬品も出土することが増えてくる。この副葬品の特徴は、後の古墳時代に代表されるような支配権力を象徴する副葬品ではなく、動物の骨や貝などの加工品や翡翠や琥珀類の加工品などで、生前身に着けていた物とか大切にしていた物が副葬されている。これらは、三内丸山遺跡に代表されるように、集落規模が拡大していく中で、付加価値をもたらす卓越した能力と責任力を発揮したリーダーと苦楽をともにした複数世代の多くの人々が、その感謝の想いを報いる形で表現したいという共感力が、篤く葬るという埋葬方式に自然な形で変遷したと、現代の埋葬の価値観、考え方からも容易に想像できる。つまり個人に限定した属人的なもので、このような周囲の人々による篤い埋葬手法は、自発的な感謝の共感力がなしたものであって、支配権力の時代以降の社会の身分や地位に応じた埋葬手法が伝統として継続していった時代の中でも、世界の各地域で現代まで続いて行われてきた点に、共感力の質の違いの作用を見ることができる。

▽付加価値の共感力、その３：生活基盤ネットワークの拡大に伴う多種多様な集落、都市の発達

ユーラシア西の黒海、地中海沿岸の発達都市の交易圏の拡大と類似のものが、ユーラシア東の東アジアの中で、日本列島もその一角を形成する長い先史の時代がある。先史ゆえに濃い霧、暗闇というわけではなく、人々がむしろ豊かで明るい未来に向けて、自分の才能と努力に応じて報われると素直に信じることができた、人間社会の持続的成長があったと想像することができる要素が多い時代である。

先史の日本列島の時代の各都市で語られる言葉や民族、部族や価値観、考え方は多種多様だったと想像できる。現代社会で好んで使用される抽象語としての多種多様ではなく、相互の違いを理解する知性の磨きと想像力によって、利益と不利益を相互に納得させるやりとりを積み重ねるその手法に、言語の通訳者というよりも、交渉の担い手という職域が発達していた時代だったと見ることができる。言語の多様性として、現代社会であってもなお世界には、約4、000の言語がある。現代の言語から遡る思考で、その多種多様な言語を想像してみる。アイヌ語、琉球語（沖縄語）はともに、それぞれの三地域で大きな差がある言語で、その理解がないとコミュケーションが難解になる。しかもアイヌ語は世界の言語学では、孤立言語として分類されている。この他に、明治以降の中央集権の政治体制下で、強力に進められた共通語の教育以降、１５０年あまりを経てしかもマスコミの影響も大

きい中で、いまだに意思疎通が難しい地域の方言とされる言語が日本列島のあちこちにあるが、これは、律令国家以降継続的に統一が強化されてきた1、400年あまりの時を経てもなお、という事実を示す。単語などの用語使いの他に、日本海沿岸地域にある出雲や東北で、今でも残る中舌母音という独特の発音手法に古代日本列島に行き交う多種多様な言語の生きた足跡を見ることができる。

もう少し科学的なアプローチに視点を拡大してみると、世界の地域、東アジアの地域、日本列島の人間の遺伝子DNAのタイプ別調査の結果で、すでに中国やモンゴル、朝鮮半島で駆逐された先住の人々の遺伝子タイプが、日本人には数多く分布しているという長い時代の継承の事実には、日本列島の古代から先住していたさまざまな民族部族の人々に、東アジア地域から渡来し移民移住してきた多種多様な民族部族が、時代時代の歴史の紆余曲折はあっても、平和裏に同化していた長い時代があったことが示されている。この同化の長い時代を起源にしてこそ、今後の日本のポジティブで本質的な人間社会のめざす原動力を見い出し、豊かで明るい未来を想像することができる。

(2) 日本社会の歪みの構造を作り強化し続けた支配権力の人たちの思考能力は、前時代とは異質なもの

▽日本列島を水稲を中心とする農耕社会に変えた、武力を解決手段とする支配権力の諸集団の拡大

日本人と日本社会は、古代から定住生活の農耕民族であるとしたり、他国、他地域への優越感でもって、万世一系の支配権力による社会であると信じ込ませてきた歴史観は事実ではない。この支配権力による社会の秩序形成がなされる前の時代は、列島の東から西に人間の知力と知性によってつく

られたものが、広く伝播していたことに特徴がある。水稲栽培そのものも、支配権力が根付くかなり以前から日本列島の各地域で行われていたことは、遺跡の遺物の年代測定の科学的な手法の進歩によりわかっている。

では、なぜその時代に、水稲栽培の農耕が生活基盤の中心にならなかったのか、という素朴な疑問に対しては、水稲農耕における過酷な労働の集中度と、そのリスク現出時の影響の大きさにあることを考察すると、解に至ることになる。科学技術の2、000年の進化による機械化農法の今日でさえ、長年の農作業で腰が曲がる多くの人々の姿と後継者の成り手がいない地方の過疎化の問題解決は、その労働を厭わない開発途上国の外国人労働に依存する実態であり、自然災害や病虫害のリスク現出も当然ながら現代よりもはるかに多い古代にあって、生活基盤の中心に据えるものとして選択する人々がいなかったのは、自発的な合理的思考能力に基づくからである。

▽武力を解決手段とした戦争の痕跡

集団相互の武力闘争である戦争は、列島の長い歴史の中で、紀元前4世紀前後頃から唐突にその痕跡を表し、その後の列島への拡大の流れは、それまでとまったく逆方向の九州北部から東への流れに、大きく変化している。土器に着目した弥生時代を常識のように扱い、水稲から農耕民族、天孫降臨から国土統一という価値観の画一的な持続性を、教育などをとおして人々に浸透させたその思考回路は、自己の信じたい政治理念を敷衍するために、世界中の支配権力が都合のよい有史の編纂作りを実行したのと、同じ思考回路に基づくものである。

考古学上の調査で、紀元前4世紀頃から、人間集団間の戦争用の武器である石鏃が2g（当時の動物殺傷用は2gまでが最適）を超え、10gまでの人間殺傷用のものが、急速に増えて拡がったことがわかっている。それと並行して、墓地は共同墓地での埋葬習慣から、支配権力を顕示する目的での独立した墳墓が表れ、従来と異なる権力、地位を象徴する副葬品や祭壇などの儀式祭礼のものが多く出土し、以降そうした墳墓は列島各地で多少の時間差はあるが大型化していく。この大型化の時代が古墳時代、特に前方後円墳が列島に拡がる4世紀から6世紀に、特徴的な時代の潮流を作り、王権支配地域の拡がりがおさまり安定すると、その支配体制によって大型化した前方後円墳は、その役割を終え最後には、法令（勅令）によって古墳時代に終止符を打つことになる。これらと水稲農耕による税の徴収は密接な関係を持ち、人々の生活基盤の中心を水稲農耕に向けるために、土地に縛る諸政策を強制力によって推進していく時代に変わった。

この変化について触れてみたい。東アジアの中の日本でも触れたように、朝鮮半島の歴史的な時代の大きな変化の流れが、日本列島にも大きな影響をおよぼす。それは、日本列島への長い間続いた移民移住が、先住の諸民族、部族と平和裏に同化していくという価値観や考え方とはまったく異質な諸集団の流入に変わり、社会構造そのものが根底から変化していく。武力を解決手段とする諸集団は、地政学的に見ると、九州北部と山陰と山陽などの瀬戸内海沿岸の西側で拠点網を拡大していく中で、それらの間の覇権争いに終止符を打つまでが考古学上の戦争の軌跡にも合致している。一方、その東側の先住の諸民族、部族などにとっては、まったく理解を超えた価値観、考え方の集団が突然出現して、気付いた時には、連携すべき周辺地域の集団も含め支配地域下の住民として守るべき法制度を強要されて、それが世代継承されていく中で、時代の社会構造として受容せざるをえなくなったのは、世界の歴史や北海道の先住民族であるアイヌへの強制移住の歴史からも明らかである。

戦争が長く続くその覇権争いは考古学の痕跡の他にも、日本の歴史書では葬り去られた時代のものが、中国の歴代王朝の歴史書に記されていて照合することができる。この覇権争いの拡大が東進の流れで、覇権に抗う集団がなくなったのが、大和川流域に本拠を構えた連合をなす有力豪族集団が後に王権を確立した時期ということになる。「**クニ**」を秩序形成の単位とする「**クニ**」どうしの戦争が続き、しだいに淘汰と拡大をもたらす連合体を形成していく過程が、卑弥呼を首長とする邪馬台国として、魏志倭人伝が記載する3世紀央前後の覇権争いの戦争状態であるが、その遡ること2世紀前のA.D.57年に九州北部の志賀島で出土した漢倭奴国王の金印（2・3㎝平方）と、続くA.D.１０７年の朝貢の記録は、その時代の支配権力諸集団による時代の流れを示す資料でもある。

武器の出土として、朝鮮半島からの渡来諸集団を示す「**矛**」は、馬上の騎馬戦で使用するものであるが、すぐに廃れた（馬を戦力として使うことができない自然環境のため）。「**戈**」は、戦車の車上で使用するもので、これも同様である。紀元前2世紀、紀元前1世紀頃までの武器の量としては、渡来品としての武器は少数で、縄文以来の石器に工夫を加えたものが多く出土している事実の背景として、他国を侵略するほどの多数の兵ごと移住してきたのではなく、先住民を脅し強制しうる程度の一族（特権層）が、高い戦闘能力のある渡来武器を独占し、被支配の人々を兵（半ば奴隷）として前線の主役にしていたと考えられる。

埋葬方式の変化だけでなく、集落構造もこの時代大きく変化していく。戦争の日常化が西から東に拡大していく中で、「**環濠集落**」が他の武装集落からの防衛のための構造に変化する。そして、南は九州から北は東北中部まで急速に拡大する。木曽三川の濃尾平野流域の朝日遺跡（縄文末期～紀元後3、4世紀、縄文土器と九州北部源流の遠賀川土器も出土、方形周溝墓のほとんどが木棺。水田跡、三重の1，000人規模の環濠集落。銅鐸などの特徴）や吉野ヶ里遺跡（B.C.4世紀～A.D.3世紀、二重の環濠集落、甕棺、石棺、土壙墓、墳丘墓などの時代変遷の特徴）など、列島各地域でも同じ現象が見られる。これらの代表的な大規模集落跡には、青銅器の工房跡など産業技術集団や水稲農耕などの特徴がある。武器には、石斧、石剣、青銅製の剣、矛、鉄斧など。そして、古墳時代に入ると、突如として環濠は埋められ消滅していく時代の変遷になるのは、支配権力による覇権の確立とほぼ同期をなしている。

弥生土器に代表される技術的特徴が拡大していく流れは、交易によって広まったという縄文土器の伝播方法とは異なり、列島の西から東への拡大の流れの特徴を持つ。この特徴は、食生活基盤の道具としての土器だけでなく、他の分野のものもそれまでの縄文時代の特徴とは異なる、地政学的な動きとして共通である。やがて平安時代まで続く「**土師器**」（700～800℃の素焼き）、轆轤を使い高温（1，000℃以上の穴窯で焼く）でつくる「**須恵器**」（4世紀後半から5世紀に急拡大、九州から仙台周辺まで）もまた、朝鮮半島からの渡来集団の技術によってもたらされた。「**須恵器**」は、埴輪とともに4世紀から6世紀に全国に拡大した、支配権力集団の武威と権力を誇示する前方後円墳の時代的流行（西は鹿児島県から東は岩手県までで、東北北部と北海道にはない。約4、000基）と重なっている。漢字銘の鉄剣出土の埼玉の稲荷山、熊本の江田船山でもこの「**須恵器**」は出土している。

人々の食生活基盤の変化として竈の食生活様式は、6世紀には、九州南部から岩手南部にまで西から東へと拡大していく軌跡がみられる。そして、人々のこの食生活基盤の変化そのものは、前述の水稲農耕による土地への縛りという強制を伴った大きな変化と、同期するものである。

▽埋葬方法の変化に表れる支配権力の大きさの誇示

墳墓様式と棺の埋葬方法と死生観には、相関関係がある。社会構造の変化をもたらす支配権力の諸集団の価値観が、具現化されていくからである。東進していく中で、埋葬方法の従来方法との地域差の特徴が加味されていくのが遺跡などからわかる。

福岡市の那珂遺跡や江辻遺跡（板付遺跡より古い）が最古とされる甕棺墓は、その埋葬が屈葬から伸展葬になるために甕が大きく変化していくが、そのためには高度な製法技術が必要になる。副葬品などの多くは、中国、朝鮮半島の影響があり、九州北部でみられる。支石墓もまた九州北部だが、この方式は、朝鮮半島に広く分布するもので、日本列島で支配権力の諸族が活動する少し前の時代からのもの。土壙墓と石囲墓（石棺墓）と副葬品の特徴は、九州北部のような青銅製はなく、南海産の貝製品、ガラス製玉、碧玉、管玉など（前時代の特徴のもの）で、四国や中国地方でよくみられる埋葬方法のもの。

これらより時代が下る「**方形周溝墓**」は、鹿児島から宮城までの広範囲で急速に拡まった埋葬方式で、全国に約5、6千もあり、前方後円墳よりやや多い。「**方形周溝墓**」のある集落では、V字型の濠を巡らす環濠集落が一般的であるが、棺そのものは地域差がある。近畿、愛知、静岡などでは木棺、九州北部から中国地方の西半分までは、箱式、石棺で、同じ「**方形周溝墓**」でも地域差が見られるのは、民衆に見えるところは支配権力を顕示する共通の思考能力が優先するが、死者に関する部分はそれぞれの族の伝統的な死生観による埋葬手法が優先したと考えることができる。

「**四隅突出型墳丘墓**」は、他の墳墓形式とは異なる特徴的なもので、島根と鳥取、広島と岡山に見られ、富山と石川では一基ずつに限定されている。おそらくは渡来系の中でもその出自、ルーツを誇示したいがためにあえて、首長たるリーダーという特別な存在に対して、周囲と異なる埋葬方法を選択したと考えるのが妥当かもしれない。

余談であるが、犬の埋葬方法の違いについて、縄文土器の頃には、犬を人間のパートナーとして篤く埋葬する習慣が一般的であった。その後の墳墓の変化に見られる時代変遷を経ると、犬を食用にしていたことがわかる遺跡が表われる（広島県福山の遺跡など）。中国浙江省の河姆渡遺跡（7、000年前の稲作の跡）では、豚と犬も食用としている。女真族や朝鮮半島でもイヌの食習慣がある（現代まで続く）。ちなみに、時間軸を遡ることはるか昔の遺跡にみる、ネアンデルタール人がイヌを飼育していたという痕跡（洞窟、35、000年前）は、人間との古いパートナーシップを語りかけている点で興味深いものがある。

▽支配権力思考を帯びた諸族の文化～青銅器と鉄器の出土物

遺跡から出土される銅鐸、銅鏡は、導入元の中国社会では人々の生活用具として使用されていたわけであるが、日本列島に導入されると、支配権力の力と権力を誇示するためのものとして、祭祀用や副葬品などに使われた点に大きな違いがある。出土物のほとんどは国内製で、輸入物はほとんどが九州に集中している。それ以外ではあまり出土していないのは、王権勢力の東遷とこの支配力を支える先端の技術力を、渡来系の諸族が担っていたことを示している。鉄製品もまた、生活用具としてではなく、上位層の武力を象徴する刀などとして使われている。

（３）武力による支配権力国家の構築とその後の時代変遷（時代区分）の概要

①中国王朝を模倣先とする古代王権確立までの時代

▽主体勢力の洞察

中国の歴史書には、「**A.D.２３７年**」の卑弥呼による「**朝貢、冊封**」の前後の長い期間、倭で争乱が続くとある。その前は「**A.D.57年**」、「**A.D.１０７年**」の「**朝貢、冊封**」が中国王朝の歴史書に記録があり、その後は４２１年から続く「**倭の五王**」の「**朝貢、冊封**」の80年あまりの期間以外は、「**朝貢、冊封**」ができない大きな争乱が続いたことが記録されている。この記載の時間軸上にある２世紀半ば前後の出土物として、出雲の荒神谷遺跡の銅剣（３５８本）、銅鐸（61個）、銅矛（16本）があり、製造に使った「**鉛の同位体元素の調査から、銅剣343本は華北産、他は朝鮮半島と華北の混合のもの**」で、国内産の銅と錫の合金製造（錫15％前後が加工しやすい）の開発までにはまだ時を要す時期ゆえに、優れた武器を輸入したか持ち込んだ勢力が、出雲地方にはあったと想定できる。

一方、日本の歴史書の最初とされる古事記、日本書紀には、大きな争乱が長く続いたという記述はないが、朝鮮半島における最初の建国話となる百済、新羅と類似の内容として、天孫降臨から始まり、その直系子孫による悪者退治などの英雄伝説が続く。そして、対外関係の記述は、直系10代とされる崇神紀で朝鮮半島の関係が初めて登場し、神功皇后とその子の15代の応神紀から朝鮮半島との緊張関係と紛争の内容が記されている。

記紀という日本の有史の動きと東アジアの有史と、考古学などの遺跡遺物の時代考証などから照合させて、日本の古代史の支配権力の「**クニ**」としての動きを洞察すると、邪馬台国の28の「**クニ**」からなる連合政権は、狗奴国との対外戦争と、卑弥呼とその後の内部抗争打開のために擁立した壱与を女王とする体制にとって内憂外患の状況にあった、3世紀後半から4世紀の倭の覇権確立までの動きがわかる。この「**4世紀は、前述の三韓地域を、百済、新羅、伽耶諸国連合が統一し、覇権を確立する動きと同時期**」である。5世紀の初頭、「**421年に倭の五王の讃が朝貢、冊封した事実**」は、列島内での覇権争いに終止符を打ち、敵対する大きな勢力が見当たらない状態になったことを、507年まで続く倭の五王の「**朝貢、冊封**」が示している。

倭での覇権確立の動きを、記紀の10代の崇神から14代の仲哀までの黎明期と「**神功（女王ゆえに皇**

后と追号）と応神による長い政権時代に続く16代仁徳までの王権確立」として捉えて、この確立の時代を「**倭の五王の最初の二代に相応**」させると、記紀の神話伝承の語り調の仲哀までと、神功、応神以降、突如としてリアリティのある具体的内容になる変化は、東アジアの照合できる史料からも合理性のあるものになる。

「**神功（女王）による王権確立と、15代応神の勢力拡大の継続。それを継いだ16代仁徳の三代の王権時代**」として捉えて歴史の事実を撚ると、この三代の政権は、その影響力を朝鮮半島にまでおよぼしていたことは、高句麗の広開土王の碑文の一部（建立の目的を記した内容が大部分であるのに対して）とも合致する。神功のその前半治世で、相当の年月をかけた有力豪族の懐柔と取り込みが必要だったのは、夫とされる仲哀政権時の異論のある中での決定政策だった朝鮮半島の侵略（広開土王の碑文からも明らか）の大失態からの失地回復に要した時間の長さだったと考えると、その行動の足跡が納得のいくものになる。その足跡では、神功皇后の名で、吉備、広島、宇佐、北九州の滞在地域が記述され、中でも吉備に8年も滞在していた長さに、吉備地域の諸豪族の特殊性が示されているし、宇佐八幡の神託の事件（14代仲哀の神託への不義による死亡）は、王権を支える有力豪族間で共有されていた価値観の紐帯関係を表している。

「**九州北部の勢力からすでに始まっていた中国王朝への朝貢、冊封という支配秩序の価値観を共通に持つ諸豪族を束ねる勢力**」が、その支配地域の拡大のために東進を開始し大和川流域に移る前に、瀬戸内海の中心地域となる吉備地域に拠点を置き、地盤勢力を固める年数を経た後（10代程度の王権の期間）、さらに日本列島全体の支配圏確立を目的として拠点を東進させて、この大和川流域での前方後円墳という王権支配体制確立の誇示として、前方後円墳群の大規模化をなしたと見ることは、東アジアの有史や考古学などの事実と符合する。王権を支える特定の諸豪族は、東遷開始の時から「**マヘツキミ**」と呼ぶ価値観を共有する共同体の意思決定機関を、長い期間運営していた。記紀にたびたび記されるこの会議体は、蘇我氏専横時や天智独裁時にも登場し、その改変（天智朝では13豪族に改変）に触れられていることからも、この重要性を知ることができる。この共同体の価値観の代表的な表れとして、先の宇佐八幡の神託の事件（14代仲哀の神託への不義による死亡）の他、天皇政支配という大きな変革におけるリスク回避の政策となった奈良時代の聖武天皇による東大寺開眼法要時に、宇佐八幡宮からご神体を運ぶことで、神仏習合の考え方を導入した政治的な大義名分の根拠作りや、道鏡のクーデターを未遂に終わらせた宇佐の神託は、古代ギリシア都市国家群のデルフォイの神託ばりの共通思想や価値観の影響力を彷彿とさせ、当時の支配権力層の有力者たちにとっては、依然として重要な政治的影響力を持っていたことを示している。その精神的基盤の底流として脈々と流れる時間の長さは、現代の世の中でも、全国八幡社の総社として、神社数の四割の頂点に立つという歴史の流れとなっており、まさに象徴的でもある。

この宇佐八幡宮に関わる歴史の背景を付け加えると、一つは、宇佐の神託の祭祀で仲哀が琴を弾いたという記録から、琴が貴人の教養文化でもあり、祭祀にも使われていたという中国南朝との関わりを彷彿とさせる。神紋は三つ巴（左回り）。神紋つながりでは兵庫県豊岡市の出石神社は右回りで対をなしているが、継体出身地域の重要な社でもある。出雲大社と宇佐の二社が、「**二礼、四拍、一礼**」。持統天皇が作った伊勢神宮を含むほとんどすべての神社は、「二礼、二拍、一礼」である。

さて、この連合体による東遷は、大和川流域の奈良県を最終拠点とする大和政権で終わることになるが、歴代王権のトップの呼称は、〝**ワケ**〟→〝**王（オウ）**〟→〝**大王（オオキミ）**〟と変遷し、天皇という地位の呼称は天武政権の時代に決められ、後の平安時代に作られた漢風諡号が遡って、万世一系のように系統樹が意図的に作られたが、天智は、自らを〝**ワケ**〟と自称している。

東進拡大を進めた連合政権の特徴は、世界の地域とは異なり、それまで相対する強力な武力組織体が侵攻してきたことがなかったという日本列島の地政学的理由ゆえに、専ら有力豪族間と、当該豪族内の首長争いと、王権トップの地位の争奪が絡みながら長い間〝**陰謀による謀反、放逐、失脚などがくり返され、権力のトップに対しては、謀殺を含むクーデターという支配権力上位層の内部争いであったこと**〟が濃厚である。これは、記紀の扱いとして最初の専横政権となった打倒すべき蘇我氏４代、それを崩壊させた天智と鎌足によるクーデターと、以降にも続く反逆などを理由とする謀殺のくり返しにも明確で、記紀ではカモフラージュされてはいるものの、それ以前の歴代のワケ、王、大王に起きた血生臭い事件は実に多い。同時に、この特徴は、この王権の国家構築以降も基本的な特徴として踏襲されていく。

有史の王権争奪の端緒となった、天智王権の遺命である嫡子即位による近江朝に対し、命運をかけた戦いであった壬申の乱（６７２年）に勝利した天武は、二人三脚で強化したその後の持統朝も含めて、中国王朝を模倣先とする朝廷による律令国家（法治国家）体制の礎を作った。この日本型律令政の強化は、660年の百済滅亡までは百済での実践経験を介したものであったが、百済の滅亡後は遣唐使などの使節を介した中国王朝の模倣に変化した。いずれの模倣の仕方も、日本の社会構造への反映の仕方は、有史以降の日本特有の基本的な特徴を持つものである。

②天皇政（天武天皇の開始）から藤原家摂関政に推移した律令朝廷国家の時代

天武以降続いた奈良を都とする律令朝廷の時代までは、天皇政として政権を握った時代で、当初は飛鳥、藤原などそれまでの慣例どおり都が短期間で動いたが、律令国家体制の定着にともない、奈良、長岡、京都に遷都し都は長期化する。

▽天皇中心の中央集権型から朝廷の〝権力の中枢〟という支配権力の社会構造への変化

当初の主体勢力は、天武による武力争奪の特性から、天皇を中心とする中央集権型だったが、専制国家体制ゆえのトップの資質の問題から、しだいに天皇は代を重ねると、朝廷（〝**支配権力の中枢**〟機能）による王朝政治体制の維持のための地位という、〝**支配権力のための求心力の機能**〟に変質していく。その基盤を作ったのは、持統朝（持統天皇、持統太上天皇の長期政権）で律令国家の法制度制定の役割を担った、藤原不比等だったことが大きく影響している。

蘇我氏の権力興亡の長短を学ぶ幼い時期の環境（政敵としてターゲットにされずに済んだ）を背景に、藤原不比等が一族繁栄のリスク対策である藤原四家体制の政策によって、平城京朝廷時代に起きた政変にもかかわらず藤原氏全体の没落を免れることができた。その結果、平安時代をとおして〝**摂**

関家〝として権力の中枢を握り続けることになった。この時代のほとんどは、天皇は、〝**支配権力のための求心力〝**にすぎず、権力を握ろうとしても不幸な末路を辿ったのは歴史の語るところでもある。摂関時代の名の由来ともなった関白は、光孝天皇（在位884～887年）が、「**関白（あずかり もうし）**」と、藤原氏に対し関白位の勅許を出し、さらに、天皇の皇子皇女29人すべてを源姓に臣籍化させることで、権力と無縁な存在であることを公にした事実は、この〝**支配権力のための求心力の機能〝**を、自ら宣言する自負が残っていたことを示している。このことから、名を重んじた武士階級のトップとして幕府を初めて作った「**源頼朝**」が、「**朝廷を存続させて、天皇から征夷大将軍を授かるという先例を作ったのは、自己の出自の先祖を敬った表れ**」であったと言える。日本の天皇の実態として、政権のトップが外国の使節と国事行為として会うのが当然の儀礼であるのは過去も現代も変わらないが、896年に宇田天皇が宋の使節に会って以来、明治天皇が再開するまで約1，000年もの間、外国の使節と会っていないのは、権力の中枢にとって、実に都合のよい虚構と虚飾の血統に祭り上げられてきた、実態の長さがある。

律令国家は、**689年の飛鳥浄御原令**とこれに続く**701年完成施行の本格的な大宝律令**（律6巻、令11巻→消失、内容は藤原不比等（659～720年）、形は刑部親王。「**音訓表記の漢字使用**」による法制度文書）が骨格となり、その後は各政権の都合で改定されていくことになる。そして、**712年に31年かけて**稗田阿礼の「**暗誦を太安万侶が漢字で完成させた古事記**」（3巻、下巻の推古まで、18の有力氏族にその歴史書の提出を命じる）と、**720年に中国王朝史書に倣い**「**編年体**」で舎人親王等が「**藤原不比等の意図を反映して短期間で完成させた日本書紀**」（30巻）は、日本のそれまでの歴史をも遡及効として規定する、いわば法律のごとき歴史書になった。これによって、記紀の内容に矛盾する記録は（帝紀、旧辞、風土記、豪族諸氏の記録や家系まで全体におよぶ）、徹底的に破却、消失されて、現代から調査研究するための糸口の史料はなくなり、〝**記紀が歴史の法律**〟として現代にまで大きな影響を与え続けている。5世紀後半以降の倭の五王の武に仕えたと想定できる、埼玉県の古墳出土の大刀銘文の例にもあるとおり、地方の有力豪族でも、8代続く名誉を記録させていた有史としての証拠はあるにもかかわらず、この時代までの中央権力の中枢にいた豪族諸氏の系譜の有史の史料は、記紀以外は不思議なほど皆無である。記紀以前の文字による史料は、墓誌や副葬品の金石文などでは確認できるが、支配権力層の死生観の影響なのか、さすがにすべての死者の墓を暴いてまで記録を消し去ることを、躊躇ったからだとも言える。

大宝律令が、政権中枢を握る者にとって内容として重要なのは、〝**王権を天皇位という支配権力の求心力に仕立て直し、その求心力を利用する権力の中枢を握る家系の血統をほぼ藤原氏**（**かつての蘇我氏を参考**）**に限定し継承する構造を法律で保障**〟し、律令国家として日本型に変えた点であり、その作成者は、持統天皇の信頼を得た律令による国家構造を作った藤原不比等であった。これは前時代までの「**マヘツキミ会議**」という伝統的な氏族の合議運営があるがゆえに頻繁に生じた、王族を含めた有力豪族どうしの内部権力闘争を事前に回避し、新しい議政官という上位官位に上り詰めた定員枠による政権合議体に変更したものである。そして、上位の官位継承の優先的権限は、実質的に、藤原鎌足、藤原不比等の直系血統のみが最高位の一位という官位を継承できるように、昇格の開始官位とプロセスを圧倒的に有利にしたものであった。藤原氏以外は、複数の好条件が揃い、加えて長い即位期間の天皇の信頼と藤原四家の黙認か支援が続かないかぎり、その家系が続いて権力の中枢を握ることは不可能な点に特徴がある。これが歴代中国王朝の行政官僚の登用法と大きく異なっている特徴である。その構造の強さは、吉備真備、菅原道真などの失脚の例にもよく表れている。

この法制度が進展するにしたがい従来までの有力豪族は、朝廷では中級以下に追いやられ衰退し、挽回を図る有志は、地方の開墾と自力（武力など）で勢力を蓄えていくしかなかった。

一方、法制度の文体は、「**音訓表記の漢字使用**」で、当時の日本語の表現を可能にし、権力の中央の上位層だけでなく地域地方を統治する者が命令、指示を理解できる、法制度の徹底を容易にしたもので、文字の理解は、中級官吏と地方官吏登用の必須要件にもなった。

▽権力の中枢機能である藤原摂関政治の能力と責任力の特徴

摂関政治の全盛期の藤原道長（９６６～１０２７年）の時代に「**刀伊の入寇**」と言われた「**女真族による海賊行為によって、朝鮮半島、対馬、壱岐、九州北部までの広範囲で略奪と拉致が続いた**」（中国北部の遼、南部の南宋双方ともに内部抗争が続いたために、女真族の周辺地域への侵攻拡大が続き治安が悪化）が、地元の武士団が防衛するのみで、道長政権は放置した。その一方で、高麗が、拉致された２７０余名に上る日本の人々を、対馬まで連れ戻す「義」を示したのに対し、道長政権は外交上の非礼でもって応対している。刀伊の入寇に対する朝廷での実態として、現地からの火急の報告に対しても、天皇が眠っているから翌朝だと扱い、吉凶占いで凶が出たから改めて吉日を選んで朝議を延期する、といった言動に終始していたことが記録されている。人々は自警し自己防衛するしかなかった不条理、理不尽な法治国家を曝け出している一方で、護国仏教の篤い信仰で我が身、我が家族第一という利己的な思考能力の極みの道長と、政権上位の人たちの人間性と公共性の質が、よくわかる記録である。

平安京を都とする長く続いた律令国家（法治国家）体制は、武力により藤原氏に代わる一代限りの栄光を誇った平氏一族によって倒壊し、この平氏政権に「**命運をかけた源平の戦い**」で勝利した、源氏をトップに推戴する関東武士団連合が、1185年に鎌倉幕府政を開始し、以降、武家政権の時代が続くが、この鎌倉幕府もまた、その倒壊まで続いた将軍職という〝**支配権力のための求心力**〟の機能と、〝**支配権力の中枢**〟をなした北条執権政権体制だった。

律令国家政権の支配力が東国から東北北部に拡大し、土地の縛りや戸籍などで、搾取する側とされる側の社会構造の歪みは、寒冷地ゆえの飢餓のリスクが重なると、朝廷の記録では乱という地元住民の悲痛な生存闘争となってたびたび起きる。これに対して、658、668年の阿倍比羅夫による征討（200艘率いた騙しの饗応と見せしめ制裁）や続く平安初期の坂上田村麻呂の征討、9世紀後半の元慶の征討などがある。天智朝の白村江の戦いの任を担ったのは、蝦夷征伐での功により実力があると見なされた阿倍比羅夫であったのは、歴史の皮肉ながら、白村江の大敗で犠牲となった人々があまりにも多いことに、皮肉では済まされない悲痛さがある。

ちなみに「**記紀では東北地方の人々を毛人**」と記しているが、「**中国の古代王朝の歴史観で、毛人は世界の東の果てに住む人々**」を指すもの。〝**エゾ、エビスは蔑称**〟である。

▽武家勢力台頭の社会的背景と時代の動き

武家による幕府政権は、鎌倉、室町と戦国時代、織田信長と豊臣秀吉の短い統治を経て、徳川幕府倒壊まで約７００年弱続いたのだが、この武士層というものが日本社会の構造として、成立した背景と動きをまとめてみたい。前述の律令国家（法治国家）での藤原氏による摂関政治の内部腐敗の影響は、全国の地方地域の治安悪化に端的に表れ、対外、国内ともに至る所で、人々の努力が踏みにじられてしまう悲痛さと理不尽さを拡大していく。当然の流れとして、自衛のための武力と利権獲得のための武力は重なりながら集団勢力として伸長していくことになる。一方、中央の腐敗は中央の貴族社会の変化として、摂関家に属する者たちであっても族人が増え世代が進むと、栄華に酔える者は一部に限定されるのが世のつねで、それ以外の者たちは中流貴族並みになり、中流以下も同じ境遇となる。そして、自力で生活基盤を確保すべく地方で一旗あげるしかない環境が続けば、「**地方地域への土着化**」は加速する一方で、先住の地盤勢力と争い武力での解決とその結果の保証は、律令国家ゆえに中央のお墨付きが必要になる。その中央の〝**理不尽な力**〟に憤慨し反旗を翻した事件が、これまでの歴史教育に乱として登場する、７８０年から20年続いた宝亀の乱（宮城県）、８７８年の元慶の乱（秋田県）、９３５年の平将門の乱（千葉県から茨城県）、９３９年の藤原純友の乱（瀬戸内海）、１０５１年の前九年の役（青森県から岩手県）、１０８３年の後三年の役などの頻発する事例である。

一方、中央でもまた、治安悪化で平安京の警護役となり、身を切る覚悟の集団として勢力を伸ばしたのが、源平の両家の棟梁を戴く武士団だった。地方で台頭してきた武力集団は、紛争解決などの中央のお墨付きを受けるためにその仲介役が必要で、殿上人たる上級の限定された貴族との接点がなかったがゆえに、この武家の棟梁たる家は重要な仲介役という機能になった。これを代々継続していく中で、源平の二家の棟梁を頂点とする、武家集団の組織化が進む社会構造の変化となった。必然的にこの二家の争いは、中央の支配権力中枢内での陰湿な対立に乗じて、その先兵となった二大武力組織間での総力戦となり、1156年の保元の乱、続く1159年の平治の乱で、平清盛が源氏を倒した。そして、支配権力の中枢を握るために、摂関家と天皇位双方との血縁関係による外戚勢力として、日本の歴史の手法どおりに政権を握る。しかし、その死後4年で、再び源平での命運をかけた戦いが各地でくり返されて、1192年、関東武家集団の勢力を背景に勝利した源頼朝が、冊封のような征夷大将軍を受けた。この関東武家集団の成り立ちとその歴史的背景は、古代からの先住諸族と渡来系の開墾集団に加えて、百済、高句麗からの武装を知る移民移住者の多さにあったことは、記紀に記されていることからもわかる。

③武力を担う身分制度を基盤に置く幕府政権の時代（江戸幕藩体制倒壊まで）

武力政権という特性上、鎌倉幕府政権以降は、「**命運をかける各地の戦い**」で最終的に勝利した室町足利幕府設立と、これも「**命運をかけた関ヶ原の戦い**」で勝利した江戸徳川幕府と続くが、明治政府樹立は、「**命運をかけた支配権力層どうしや、他の先進国のような市民層との戦いを経たものでは**

ない」。当時の欧米列強からの外圧の危機を社会背景に、幕府与力勢力が一枚岩になれないまま政権を手放し、次代の流れに乗れない勢力が、薩長主体とする武力の対象になったにすぎない、双方の怨恨と不満のエネルギーの燃焼の結果であった。

▽律令国家政権と武家幕府政権との共通点と相違点

天皇政から藤原家摂関政に代わった「**律令国家政権**」と、鎌倉幕府の北条家執権政から室町幕府の管領政へ。そして、その破綻の戦国時代から江戸幕府の老中政に変遷した「**武家幕府政権**」との共通点と相違点は何なのか、という点についてまとめてみたい。

いずれも土地を支配の中心として圧倒的多くの人々から搾取する社会構造を作り上げ、その支配権力の維持と強化を図るために〝**法律を駆使した法治国家**〟**である点は共通**である。しかし、前者は、天皇家や藤原摂関家を頂点とする上位層（貴族という呼称）が土地を私有し、土地に隷属（縛られた）する人々に片務的な〝**一方的義務を課した律令国家**〟であったのに対し、後者は、「**御恩と奉公」という双方向義務の契約概念**に基づく「**一所懸命**」の土地を守り、違反時には武力を解決手段とする付帯事項がある、前近代的な法治国家の特徴がある点で異なる。それゆえに、幕府と御家人との関係の相互履行は、地方地域の武士団とその土地の人々との関係の相互履行にも程度の差はあるが、反映された時代でもある。この価値観の背景には、関東武者という武士団の多くが自ら先祖代々新天地として荒地を開拓した集団であったことにも要因がある。刀伊の入寇や元寇で露呈する、民衆である人々の命を守るという国の安全保障の能力と責任力のなさによって、地方地域である北九州の人々は、自らの土地を守らなければならない、その後くり返される伝統にまでなる日本の安全保障という歴史でもある。ちなみに歴史の事実を歪めて、神風として政治的な利用がされてきた二度の元寇の歴史的背景は、１２７４年の文永の役は、中国元朝の威嚇示威行動であり、１２８１年の弘安の役は、旧南宋と高麗を主力とした十字軍ばりの海賊集団というのが、歴史の実態である。

江戸幕府の統治の特徴として、鎌倉、室町幕府の法治国家の構造作りの弱点を補強し、幕府政治の強化のために、従来からの法制度に加えて、鎌倉から戦国時代をとおして民衆の精神基盤形成に大きな影響を与えてきた仏教組織へも介入し、民衆の精神基盤形成もその秩序形成作りの強化に活用した。その統治の思考能力は、社会組織のすべてを国家の秩序形成に役立つ構造に組み込むことに成功し、その組織に属する民衆の精神基盤形成に深く浸透していく構造を発展させた。これらの代表的な民衆にとっての虚構と実像のギャップのはなはだしさは、武士階級の中心思想だった儒学の美学では、農耕民は治世を支える基盤たるもので身分制度では上位にあっても、実質は増税と〝**細部にわたる生活規制を受ける**〟搾取される側の代表だった。それは、〝**生かさぬよう、殺さぬように**〟という言葉に表れる、「**人間性と人間社会の公共性**」とは真逆の価値観を示すものであった。江戸時代をとおしてたびたびあった水稲農耕ゆえの飢饉で、餓死の凄まじさをくり返したのは、社会リスクへの幕藩体制の無責任さを如実に表している。

▽江戸幕藩体制の特徴

明治維新後の政権が欧米を模倣先として、国民を実戦部隊の中心とする徴兵制度を導入した時代とは異なり、戦争のための武力は、専ら武士団と先兵として戦のたびごとに動員した足軽層だったのが戦国時代である。江戸幕府政権は、士農工商の身分制度を法制度で固め、戦国時代までの統治すべき全国の諸藩の武力を削り、複数の諸藩が同盟しても立ち向かえない幕府との武力の彼我の差を作るべく、約３００弱の藩を認めて、相互に牽制と反目しあう藩境の配置を巧妙に策定した。さらに財力面では、年貢という諸藩の税収管理を、石高と大阪商人による買取による会計処理で見える化する一方で、費用のかかる参勤交代と江戸での大名の見栄を利用するさまざまな礼法所作の〝**細部にわたる規定（支配統知の思考能力の特徴）**〟で、国元以上に費用がかさむ仕組みを作り上げた。さらに、儒教を武士に推奨しながらその価値観を巧みに活用して、現代でいう「**インフラ事業**」を諸藩に交代で公共工事として責任をまっとうさせることで、倒幕という発想すら持ちえない財力の徹底的な封じ込め政策を実施している。そして、鎖国制度によって農業以外の諸外国との貿易利益を国内にもたらすことを閉ざし、諸藩の財力拡大の芽を摘み取り、もっぱら米を主軸とする産物開発で潰れない程度の工夫は許すという、〝**生かさぬよう殺さぬように**〟という基本政策は、支配すべき対象すべてに徹底する社会の構造化を進めた時代である。

公方、公儀、上様などという幕藩体制の社会の上下秩序。お家第一主義という組織の思想は、人々の生活基盤の〝**細部に至る**〟まであらゆる分野の組織のヒエラルヒー化を進めて、これを制御し秩序社会化する構造として強化した。この時代の〝**公**〟とは、〝**幕藩体制の社会構造の中で、属するあらゆる社会組織への従属とその秩序維持の順守を意味する価値観**〟を示し、現代の先進国の近代の市民層が支配権力の社会構造を変革して、時間の経過とともに**『個々の人間性の保証とその均衡をめざす公共性』**を実現してきた価値観とは真逆のものである。

▽江戸の生活と文化〜歪んだ社会構造の中での数少ない矮小な人の想いの発露

江戸在住の武士と工商の町人の生活ぶりは、道具（茶具、釣り具、能具、馬具…）への思い入れ（小物の収集癖）や芸能や相撲（今日のプロスポーツ）や行楽などの娯楽で、街中の年中行事としての時間と空間を楽しむ、消費大都市ならではの生活が記録に残されている。この江戸の生活を歴代オランダの商館長たちは、それぞれの著作の出版で欧州に紹介している。その内容によれば、江戸や大阪の大都市に生活する職人、町人の生活は、貧しいながら悲惨ではなくどこか都市の空気に馴染んでいる。一方で、農民は、世界のどの国の農民よりも勤勉で節倹な生活をし、かつ豊穣な環境に恵まれているにもかかわらず、世界で最も貧しい悲惨な生活をしているというものである。「**それはなぜなのか、という人として当然の本質的な疑問**」も記している。この疑問に歴史を調べて回答すると、「**江戸当初は多くが自作農であった**」のが、しだいに江戸幕藩体制の統治政策と過酷な搾取の税などの法制度の長期化で、生活基盤が崩壊し小作農に落ち、人売り逃散などをくり返すようになった。江戸幕府当初、法制度で定めていた田畑の売買の禁止も緩み（今日でいう金融の緩和と自由化）、質入れと証書を優先する法制度に変質させていった行政と経済の政策が、農漁村の人々の生活苦に追い打ちをかけている。そして、現代も同様の光景を、過疎化が止まらない全国の地方地域に見ることができる。

これらの欧州に紹介された書籍の中に、北海道の東の厚岸に１６４３年、オランダ東インド会社の船が接岸しその地域の人々の生活を記録しているものがあるが、これらがロシアやフランスの極東に関心を寄せる人々への情報提供になっていたことは興味深い。その中で、フランスの「**モンテスキュー**（１６８９~１７５５年）は、「法の精神」（１７４８年刊行）で、「**日本の法の無力**」と題して、〝**日本の法の内容の過酷さゆえに、腐敗した政府（搾取）の世界の代表例**〟として酷評していることを、戦後の日本の多くの人々は知らずに娯楽として、マスコミのこの時代の時代劇を楽しんでいる。日本の人々への常識と思考能力に大きな影響を与え続けるＴＶなどの娯楽報道機関は、武士道を世界に誇れる歴史的な日本の精神美化として扱うことが多いが、幕末の初代イギリス公使だった（１８５９~１８６０年の滞在）「**ラザフォード・オールコック**」の書である「**日本および日本人**」では、〝**言動が二元的。単独で、人と交渉し論ずることができずに、すべて一組で行動する（君主である将軍にも人が付く、下層の郵便配達人も対で行動する）監視社会**〟である。〝**自己の責任で政治的な行動はとらず**〟、外国との交渉も、内部の勢力争いを念頭に言動する。自分たちの秩序社会での礼儀や習慣が守られないと、自分に対しての侮辱だと敏感に受け取り、〝**その鍛えられていない感情は、欧米では封建秩序時代の社会的上位層である支配層の感情のままであると看破し、武士階級は、ヨーロッパでは絶滅した人種、搾取する者、盗人である**〟と酷評している。その理由として、社会的上位にあるリーダーは、法の実践者として法の価値観を考えて言動するが、武士は、その身分と武力（刀という武器具）で、武士以外の人々を脅し、社会の弱者を虐げ、社会の人々の生活と治安を預かるという能力と責任力はまったくない、という厳しい批判を、日本社会の上位層に向けている。

明治以降に日本人が著した他国に誇りたい「**武士道精神**」。欧米の「**騎士道**」を模倣して江戸時代の虚構美として作り上げて、日本人の文化にしたい意図はわかるが、当の江戸幕府の建設を担った先祖代々の譜代である、大久保彦左衛門が門外不出の家訓として書き残した、「**忠義忠誠が報われることがない理不尽さに耐える武士の心得**」は、オールコックの洞察に近いものがある点に、日本の社会構造の人為的な歪みの一端が透けて見える。

④欧米列強を模倣先とした日本型近代国家の時代～1945年ポツダム宣言受諾で終止符

日本の近代という歴史時代区分は、西欧やアメリカの特徴的な動きとは異なっている。それはわざわざ約700年弱の幕末までの武家政権の時代の長さを遡り、それ以前に逆行する王政復古という天皇制を作ったことにも表われており、欧米とは異なる日本型近代国家と言わざるを得ない、明治維新後続いた富国強兵の優先政策は、やがて日露戦争から大正デモクラシーを経て昭和に入ると、民衆の生活をさらに圧迫し、〝**欲しがりません、勝つまでは**〟という国家スローガンとともに、国民一体、総動員という人の自主的な活動や思考までも強く制約する支配権力そのものの社会秩序体制が、他国の武力によって（その象徴が広島、長崎への原子爆弾の投下）国全体の暴走が止まる終戦まで続いた。国民の忍耐（何百万という桁の人命を投げ出す）とは逆比例の政治、経済、社会の退行の時代が長く続いた事実を、実感できなくなった現代の人々が圧倒的に多い。さらになぜそんな暴走が続いたのか、という大きな疑問とその解を得るために、近代、現代の歴史に向き合う人々も限られている日本の社会の実態がある。

▽明治の政権作りの強い思考能力が継承された終戦までの日本社会の構造の歪みの拡大の時代

遅れて近代化に入った日本が、すべての分野で欧米列強に追い付こうとしたわけではなく、武力と財力による国際解決手法を最優先で模倣し、導入したその統治の基本的考え方は、徹頭徹尾、支配権力者の思考回路そのもので、伝統的な日本社会の構造そのものの担い手の強い思考能力の継承者たちでもある。

命運をかけた国対国の戦争経験は、それまでの日本の歴史では皆無であり、それゆえに継承できるノウハウがないのは、日本の歴史を見れば明白である。国内においても、命運をかけた戦争は、何百年に一度しかないという列島の地政学的な環境では、武力や武力以外による国際紛争、問題の解決ノウハウを生み出す土壌はまったくない。戦国時代をトップとしてではなく配下の武将として忖度を続け勢力を拡大した秀吉も、安易に朝鮮半島を侵略し長期化におよんで、敗北を重ねたために撤退しただけで、これは、大陸や朝鮮半島の東アジアの国々が、共通に持っている中華思想とその統治概念にとっては、日本列島は東夷の端であり、治世の魅力を感じる地域でなかった大きな地政学的理由もあると言える。

幕末、欧米列強と薩長との小さな実戦経験から、圧倒的な国力の差による脅威は、伝統的な日本の古来からの神国日本とか尊王攘夷などの沸騰した世の中の気運の流れと、その推進主体だった薩長に冷水を浴びせた。そして、あっという間にその武力の矛先は、討幕に向かい上述のような性格の戊辰戦争になった。市民が支配権力社会から勝ち取った、欧米諸国の近代化のための生みの苦しみの戦いでもなく、支配権力層内部の命運をかけた戦争でもなかったがゆえに、国際間の紛争を解決してきた欧米列強のノウハウとは、比べものにならないほどの彼我の差がある。この視点に立たないかぎり、幕末から第二次世界大戦までの動きの中に、国家的な高揚感を讃えるパラノイアと類似の思考を優先する人たちが、今後の日本社会から少なくなることはない。

▽日本型支配権力思考がめざした〝富国強兵〟の姿

欧米列強の武力と財力の桁違いの強さが横行する、東アジアの現実に脅威を感じ維新政権の上位層が、これまでの支配権力体制を急拵えで再構築する喫緊の課題に対して、模倣先の欧米列強のあらゆる分野で、日本の社会構造を利するものと強化できるものを導入し、そうでないものには意図的に介入し排除することが容易に徹底できたのは、歴史的な〝**支配権力の濾過装置機能**〟を継承していたからに他ならない。

模倣先である欧米の体制という〝**モノ**〟の評価として、政治勢力を持つ中間層の市民層とリーダー（皇帝や国王あるいは選挙で選出された元首）たちによる政治の仕組みは最初から眼中になく、〝**国を富まし**（**国力として財力を得る**）**兵を強化する**（**国民皆兵による強兵に仕立てる**）〟という欧米列強に力で伍するために支配権力国家の構築を利する〝**もの**〟は導入して、〝**立憲君主制もどきの天皇制**（**過去の天皇政ではなく**）〟を作りあげた。新政権を取った限定された支配権力層の人たちは、歴史的な支配権力の構造を土台に、この〝**もの**〟作りに、その思考能力を素早く対応させていく。最も傾注した国家の設計である新国体の基盤整備は、〝**権力のための求心力**〟機能を活用した国の精神支柱として天皇制度（律令国家時代の天皇政ではない）と国家神道を結び付け、国家としての精神的ヒエラルヒーの秩序強化を、基本政策として推進した。

さらに、模倣先の欧米列強から高給で雇い入れる人材を全分野で必要としたために、キリスト教の公的承認だけでなく、信仰的信条から排斥する宗教組織的な攘夷活動を未然に防止して、公的保護を保証させる政策が急務であった。それまでの国民の主要な信仰である仏教諸派に対する権力の介入による廃仏毀釈運動は、天皇制と結びつけた国家神道を特別扱いする一方で、キリスト教や幕末から明治に入って勢いを増してきた新興宗教と、伝統的な仏教諸派を同列に位置づけ、国家を利する宗教組織とその活動かという評価基準から、個人（外国人人材、日本国民ともに）の信仰の自由を標榜しつつも、宗教組織に対して国体に適応するように強く介入した政策である。その成果は、終戦まで続いた〝**大東亜共栄圏**〟作りを担うべく政権の政策に適応した日本の主要な宗教組織が、ほぼ例外なく活動したことにもよく表れていたことを忘れてはならない。

神道における神の領域を示す結界とは、日本の支配権力の古代から継承され強化されてきた、支配権力の中枢の者たちのための神聖にして侵すべからずとなる〝**権力のための求心力**〟の聖域であり、一般人である市民、国民は崇めるべきものとして、決して立ち入り自由のものではない。その論理的思考の結論は、どの時代であっても〝**責任を問われない、問えない権力そのもの**〟で、欧米先進国の国民のように、合理的思考能力を磨いてきた経験を持つ人々にとっては、決して理解できない〝**も**

の〟である。

終戦までの歴代政権が、一貫して進めた富国強兵政策。その最高峰の絶対性を帯びる権力として、政権を握る自分たちのために、その思考能力を駆使して作りあげたのが〝**統帥権**〟である。表層的には、憲法で天皇に属するかのような表現はしつつも実態は（国民の多くは表層を信じて疑わない状態）、〝**支配権力の中枢にいる人たち**〟が、〝**責任を問われない、問えない権力**〟を行使する結界内にある〝**統帥権**〟である。結界外にいる国民にとっては虚構と虚飾でいく重にも塗り固められた天皇の〝**統帥権**〟であって、当の「**昭和天皇も美濃部達吉の天皇機関説事件の際に、自らの役割を美濃部の言うとおりではないか**」と、側近に話したことにもよく表れている。

欧米列強を模倣先とした〝**富国強兵**〟政策は、やがてその意図どおりに、武力による植民地支配を東アジアで実行していく。台湾に続き朝鮮半島を併合し、その拡大路線は自制できずに、あえて国際社会からの孤立を意味する国際連盟脱退を選んで、満州国支配を敢行する遅れた日本の植民地支配の手法は、列強の植民地政策とは異質のものであった。それゆえに、欧米列強がアジアでその利害獲得のために進めてきた時間的長さにもかかわらず、これらのアジアの国々の国民は、日本から受けた苦痛と悲痛を、欧米列強から受けたものとは違う特別なものとして、それぞれの自国の歴史に刻んで、子々孫々までの記憶として継承させてきた「**国民の共感力**」がある。ところが、日本の戦後の歴代政権のトップとその与力勢力の上位層には、一部の例外の人々を除きこれらの国々の想いを理解できない〝**日本の民主政の知性の歪み**〟がある。

日中戦争と日米戦争の長い時代の〝**圧倒的多くの日本人の痛み**〟を語ると、際限がない膨大なものになる。それでも今後の未来の日本人の世代のために、そのいくつかは語り継がなければならない。日本が侵略した国々での日本人の犠牲者は、徴収された兵士だけでなく民間の人々の犠牲も含めると、300万人以上という信じ難い桁の犠牲者を出している。国内では空襲や海路などでの犠牲になった老人、子供、女性も含む一般市民の犠牲者は、広島、長崎の原爆に至るまで100万人にのぼる驚愕の犠牲者を出している。そして、幸い死を免れたもののケガや後遺症を負った被害者は、犠牲者の少なくとも数倍以上の想像を絶する数の人々が長く苦しみ、原爆の放射能はその苦しみだけではなく、周囲からの理不尽な差別も常態化させて、人間性と公共性を欠落させてきた戦後の長い年数がある。この痛みは、日本国民でさえ「**決して過去を水に流せる〝もの〟に変質させることはできない、一過性の〝もの〟ではない**」のだが、現代社会の多くの日本人は記憶どころか、歴史を知る痛みさえ回避しているように、侵略を受けた国民や先進国をはじめとする海外の人々は見ている。

〝**自分と自分の大切な家族や親しい人たちにとって都合のよい能力と責任力の質**〟。この時代における典型例が東条英機である。この人物が軍部という大規模組織で立案し強力に進めた有名な戦陣訓である、〝**生きて虜囚の辱めを受けるな、という自害と玉砕を美化し英霊となる靖国崇拝**〟の強要の教えは、本来、守るべき市民や国民である沖縄や樺太などの住民に対して軍によって強要され、アメリカ軍やソ連軍の前線に人柱として、置き去りにされている。そこで起きた悲劇の多さとその犠牲になった家族の痛みは、決して過去のものとして忘れ去ることができないものなのだが、その強要者本人の極東裁判で、自己の戦争責任すら考えることができない言動に、連合国の関係者が驚愕している。そのことを、後世の世代に警鐘として人類史は記している。

一方、ホロコーストのような虐殺と虐待が満州の人々に対しても、関東軍防疫部（後に731部隊と改称）によってなされて、多くの現地の人々が凍傷、毒ガス、ペスト、チフスなどの細菌兵器や伝染病（感染症、ウイルス）兵器の実験の犠牲者になった。戦後のドイツの歴代政権のリーダーと国民はともに、**『戦争とホロコーストという歴史的事実を、二度とくり返さない能力と責任力を世代継承させるために、その痛みの想像力を自分と自分の大切な家族や近しい人々に置き換える、人としての当然の責務を果たし続けている』**が、ユーラシア大陸の極東では、関東軍の行為の事実すら知らない多くの日本人がいる。民主主義を少しでも実践する民主政は、「**我が身、我がこととして、置き換えて考える**」思考能力の発達がなければ成り立たない。〝**自分と自分の大切な家族や近しい人たちにとって、都合のよい思考能力**〟では、市民と国民の痛みがくり返される人間社会になるのは、当然の〝**人間社会の負の原理**〟である。

⑤**戦後の時代**

戦後は、

i　連合国の一致した大義である民主主義の基本政策を矢継早に導入した一時的な民主政の繁栄の時代

ii　1980年代以降のアメリカを模倣先とする疑似的な民主政の時代

に分けることができる。

ⅰ　連合国の一致した大義である民主主義の基本政策を矢継早に導入した一時的な民主政の繁栄の時代

連合国主唱の『**民主主義**』を、ＧＨＱの日本通の専門家とアメリカ軍の担当官との合同でめざした、民主主義を実現する民主政の基本政策は、無条件降伏という敗戦国ゆえに短い期間で導入できた。しかも大きな抵抗もなく全国に展開できたのは、障壁勢力となる20万人以上の人たちが公職追放されていた点と、従来から搾取されてきた圧倒的多くの国民が、その利益の享受を実感できたからに他ならない。

１９８０年代まで続くＧＨＱが実施した基本政策の成果は、日本の歴史の長さにおいて『**一瞬の輝きとなる民主政に基づく改革の時代**』であった。ところが、１９４９年、中国共産党が蒋介石率いる国民党政府との戦争に勝利しその建国が確定し、それに続く１９５０年の朝鮮戦争の勃発によって、脅威の風潮を背景としたマッカーシズムがアメリカ政権内で大勢を占めると、日本の占領統知の方向軸が大きく変わり、ＧＨＱの改革施策は頓挫した。これがその後の日本の民主政に大きな難題を残すことになった。学校教育では、『**民主主義の教育科目**』が１９５３年に、早々と廃止される。このことは、日本史上、初めての民主政の導入を体験した日本人にとっては、痛恨の転換点となった。日本に住む人々が自ら民主政を勝ち取ってきた歴史のない日本にとっては実に大きな分厚い壁となる。その壁の一例が、日本社会の主要な構造の各組織で、公職追放から舞い戻った20万人以上の人たちが、やがて沈黙から大きな逆流をなす推進力になったことである。

これらの動きは、アメリカ政府や主要な政治圧力組織の利害を巧みにかつ慎重に忖度しながら、時間をかけて従来の日本社会の構造に回帰する流れになってきており、それは、日本の民主政の基盤である憲法の改正をめざす自民党を擁く、日本社会の上位層の動きにも顕著である。そして、その動きの流れは１９８０年代後半から、ちょうど失われた〇〇年と毎年加算される時の流れと同期しながら加速し、公正な社会的競争ルールを崩壊させる規制緩和、自由化という改革の名で改訂を重ねて、政治、経済、社会の構造を逆戻りさせる流れを止めることができない状況になっている。

ii　１９８０年代以降のアメリカを模倣先とする疑似的な民主政の時代

主としてアメリカを模倣した経済という表層の考え方から、世界の先進国たる妄想を持つ価値観は、終戦までと酷似した富国強兵の価値観を、現代風に表装替えしたものに他ならない。アメリカに次ぐＧＤＰ世界二位という一時的な成り上がりに、日本の上位層とともに酔いしれた多くの日本人は、アメリカの利害と実益に忖度し追従する、日本経済の名ばかりの構造改革という逆行を受け入れ、日本のほぼ全地域で時間に比例して継続する過疎化と幸福度の下降を甘んじて受容し続けている。

その実相は、ＧＨＱが導入した公正な競争を促進するための社会と経済のルールを、規制を自由化するという単純なまでの政治スローガンの抽象用語で改変してきた結果を示す、失われた〇〇年の加算の時代の積み重ねに他ならない。自由化、国際競争力強化、グローバル化など、誰もが簡単には否定できない抽象用語の美名を使った改革施策（実際は法制度改定の累積）がくり返されて今日に至っている。

戦後しばらく続いた経済成長によって一般庶民の各家庭が経験した、現在から続く未来への幸福の実感は、今や完全に喪失してしまった市民生活の実態がある。さらに、このような社会構造にしたがゆえに推進できる憲法改定を、政権と忖度に長ける権力思考の強い行政府とともに、マスコミを介して受容性の高い国民にすり込み続けている。法制度そのものや支配権力の行政、司法、立法の歴史、特に、現代の歴史にはほとんど触れない長年の教育への介入によって、〝**先進国の中では飛び抜けて法律に弱いのが日本国民である**〟ことは、諸外国にとって周知の事実でもある。

戦後以降も引き続き、民主政の先進国では、市民が支配権力を帯びる社会勢力と闘い、紆余曲折を辿りながらも社会構造を改革し、立法、行政、司法に代表されるその権力を、市民側の選択に委ねることができる構造へ近づける努力を重ねて、『**社会の上位層がその責任を果たすように、市民の監視の下に置いてきた**』。この点、日本の社会構造とは大きな違いがある。

欧米の先進国での社会上位層の責任のあり方と日本との大きな違いは、日本社会では、〝**責任を問われない、問えない権力**〟が行使され続けていることに尽きる。社会、経済の大規模組織や民主政の権力に関わる政府や行政府などの組織の上位層に共通する能力と責任力の質は、マスコミを使った〝**お詫びの会見**〟という所定の所作に表われており、その内容もすべて一様で〝**多大なご迷惑、影響をおかけしました…。**〟であり、最悪でも辞任で、〝**再発防止に努めます**〟の結びで幕を閉じる、という変わらぬ日常風景が常識となる日本社会である。

「**市民や国民一人ひとりの言動の責任は、権力が介入しないかぎり因果応報にかぎりなく近い責任**」が科せられる。一方、〝**市民や国民への影響力が多大かつ時間軸の長い、大規模組織の上位層による言動は、権力が介入しやすく、因果応報からは遠い責任回避、先送りが慣例になっている**〟のが、日本の社会の特徴である。

(4) 日本の社会構造の歴史的な三つの特徴的な機能

支配勢力が作った、古代王権に続く律令国家から終戦まで続いた歴代政権による法治国家と、戦後以降、現在までも一貫して流れている共通の歴史的な社会構造には、東アジアの歴史でも日本独特の構造として、〝**権力の中枢**〟、〝**権力のための求心力**〟、〝**権力のための濾過装置(フィルター)**〟と呼べる三つの特徴的な機能がある。

① 〝**権力の中枢**〟いう機能

この機能は、〝**責任を問われない、問えない権力として、行使そのものに重点を置く**〟。限定された上位によって権限は握られ、その行使はつねに一方向の下位に向かうほど強くなり、支配秩序のヒエラルヒー社会の構造を強化する。世襲を基本にその秩序維持を最優先とするもの。終戦までの統帥権は、敗戦でその世襲制が固定化する前に倒壊したものである。

② 〝**権力のための求心力**〟という機能

この機能は、**天皇や将軍という地位の世襲で**、市民(民衆、臣民、国民など時代で呼称は変化)にとっては、神聖にして不可侵の存在。〝**権力の中枢**〟のみが出入りが自由の存在。統治能力はと問わないが、〝**権力の中枢に沿う言動が責務**〟で、その〝**責務の国家的監視**〟はすべてにおよび徹底される。支配権力の中枢の人たちが、責任を問われないための、虚構と虚飾の精神的支柱の構造的機能である。

③〝**権力のための濾過装置（フィルター）**〟という機能

この機能は、日本列島の内外のすべての行き来を制御する、東アジアでの地政学的条件も生かした、統治したい社会構造を強化し、維持するための機能を持つ濾過装置である。社会構造の秩序維持にリスクのあるものは排除し、これを利するものは透過させる。仮に外圧による強要されたものでも、そのままでは導入せずに必ず変質させて、秩序に馴染むものにする知恵を施す。物心両面に働く仕組みとして、実質的な法制度などの内容を決める基本軸となるもの。

これらの三つの機能は、有史以降の支配権力の体制ではもちろんのこと、戦後であってもなお、支配権力（力を解決の手段とする）が帯びる組織やこれを行使する人たちに顕著に表れている特徴的なものである。

第2章　人間社会の歪み
～現代社会の歪みの原因とその影響

1　世界の概況～現代まで続く世界レベルでの人間社会の歪みの拡大の流れ

▽人間社会の歪みの世界への拡大の時代の流れ

この地球上の人間社会が五大陸それぞれの歴史を歩んだ時代から、世界を意識した大航海時代以降に〝**国際的な搾取の構造**〟が作られ、〝**一方的な利益の還流**〟が、時代変遷の中で姿形は変えつつも現代まで至っている。その原動力の担い手たちの変遷と現代の影響の概要を述べると、大航海時代をリードしたスペイン、ポルトガルの王権とカトリック教会組織の連携による南北アメリカ大陸、アジア大陸への植民地開拓時代に続き、やがてオランダやイギリスの海軍力を背景とした武力と財力で、主にそれまで未着手の世界の植民地拡大を進め、やがてフランスやドイツやベルギーなどが加わりアフリカ大陸を含む全世界の〝**植民地化と利権獲得の国際競争**〟の近代の時代となる。一方、アメリカはその建国の背景から欧州列強のような〝**植民地化政策**〟は取らずに、欧州からの移民者のニーズに応える利権確保のために新大陸に注力する、いわゆるモンロー主義という外交政策を20世紀初頭まで基本軸とした。それは、新大陸以外に利害と利益を向けずに済んだ時代だったとも言える。

ところが、アメリカもまた、20世紀になり産業経済力が欧州列強並みになり、やがてそれ以上になるにおよんで、欧州各国との貿易と金融の関係が強くなり、第一次世界大戦での欧州の軍事費用への投資と回収も絡みながら、経済が過熱し世界恐慌を引き起こす。もはやモンロー主義という基本軸に固執する政治経済勢力は少数派になり、欧州とアメリカとの強い連携の時代の流れが現実になっていた。その連携の時代の欧米列強の社会構造の歴史的な歪みが暴発したのが、第二次世界大戦だったと捉えることができる時代のうねりがある。

▽終戦後の米ソ冷戦とその終結後の人間社会の歪みの国際化の時代の流れ

圧倒的な規模の大戦の犠牲者は、戦争の当事者である軍組織だけではなく多くの一般市民にもおよび、その苦痛と悲痛の体験を経た『**痛みの共感力**』が、列強のナショナリズムが駆り立てた戦争という人間の傲慢さと愚かさを目の当たりにして、民主主義の新たな価値観を広げ国際連合という枠組みが世界各国の賛同を得てスタートする。しかし、戦勝国側の敗戦国へのリスク政策として、〝**常任理事国五か国による軍事力と経済力を世界紛争などの問題解決能力**〟としたことから、ソ連、中国の二か国とアメリカ、イギリス、フランスの三か国との対立という国連組織の枠組みと米ソ対立が表裏体となる米ソ冷戦時代になる。両陣営の大義名分は、共産主義対民主主義というイデオロギー性が濃厚であったが、世界各地域での紛争問題の長期化で、苦痛と悲痛を体験し生活基盤の脆弱化と崩壊の境遇に喘ぐ人々が増加する時代の流れに、ソ連のゴルバチョフ政権が人類史に特筆する英断である共産政の自らの幕引きで、米ソ冷戦を終結させたのが、１９８９年である。

１９８９年以降顕著になった政権軸は、軍事力と経済力で圧倒的優位にたったアメリカ一強の政権と、これに対峙する必要に迫られた西欧諸国の、政治経済的連合をめざした仮想統合政権としてのEUと、ソ連邦崩壊を受けたロシア政権としての対峙の仕方の行方を制したプーチン政権とによって、欧州の新たな時代の枠組みが現在まで続いている。

一方、ユーラシア大陸の東アジアで歴史的な大勢力を持つ中国では、国際経済の中で軍事力に次いで、経済力を拡大する解放戦略をとった鄧小平による政権が安定することで、アメリカへの対峙力を強化させてきた。その政権と以降の政権の思考能力は、欧米が堅持したい民主主義の理想を実現する民主政と公正なルール（法制度）に基づく産業経済の国際化ではなく、経済力が上回る先進国への政治的憂慮と配慮を背景とした、中国共産党政権の富国強兵が優先する産業経済の国際化政策であるのは、東アジアに影響を与え続けている中国歴代王朝とこれに続く政権の歴史を洞察すると、一目瞭然でもある。現在の〝**政治経済力という力の国際化の流れ**〟を総括すると、軍事力と経済力に勝るアメリカ一強に対峙してきたEU諸国とロシア、2010年にGDP世界第二位となり成長を続けて、アメリカと同等の大国であるという自負の高い中国の、歴史的な政権の思考能力の対立と妥協（本質的な協調ではない）が、大なり小なり世界各国それぞれの国際化に、影響を与えている状況が続いていることになる。

▽三つに大別できる世界の民主政の流れ

現代の世界には、EUを創設した西欧諸国のそれぞれの民主政と、アメリカの建国以来の世界からの移民集団が歴史的に形成してきた複数の政治勢力（約10前後）による民主政と、EUにあまり依存しない北欧やスイスなどの民主政の国々の舵取りの三つの流れがある。前者二つの民主政の政策や舵取りは、大国の力である軍事力と経済力の優劣を前提とした国際化の政治政策が目立つ。いずれも民主主義という大義は、共通の価値観として理解しあえる関係にあるが、実現手法の違いがある。EU内の主要国の政治勢力の調整に、エネルギーをかけざるをえないEUとしての民主政と、欧州各国の民主政の歴史的な経験の違いに基づく国民レベルでの葛藤と妥協は、統合EUとしての宿命でもある。一方のアメリカには、50州それぞれのStateとしての民主国の機能と、合衆国としての政府、行政、司法の明確に規定され制御された国家権力を行使する民主政がある。日本などのように中央が地方自治体の上位権力組織として、予算（税の徴収と支出をする）権と人事権の介入度を上げ続けて長い年数が経過してしまうと、中央が地方に優位するほとんどの権限を持つかのような、常識感覚に陥ってしまう。その日本の多くの人々の知識から、合衆国やEUの民主政を対比してしまうと、大きな誤解と錯誤に陥ってしまう。アメリカの議会選挙と大統領選が象徴しているとおり、50州に跨る約10前後の歴史的な政治勢力が、共和党と民主党という政権選択の投票をとおして、政権の実行政策がこれらの政治勢力の要望に沿い成果をあげてきたかの是非を、選挙ごとに合衆国をあげて問うという利害と利益が衝突する民主政である。

この前者二つの民主政に対比して、三つめの北欧やスイスなどの民主政は、その歩みは目立たないながらも、民主主義を市民の連帯で実現してきており、軍事力と経済力の大小ではなく、市民の生活基盤の拡充と豊かさに力点を置く政策の実績評価に基づく、将来の政策を吟味する国民の判断結果が、選挙という手法で決定される民主政として捉えることができる。日本の民主政がこの三つのどれに当たるかは、とても難しいものがある。なぜなら民主主義の理念からは毎年遠くなる政権運営であり、21世紀に入るとそれは加速度的に強くなっているからである。はたして民主政なのか、本当に民主主義を理解しているのかという、政権を担う人々の思考能力が続いている。失われた〇〇年（毎年加算されていく）と同期している日本の現実がある。

2　アメリカ社会の歪み

(1) アメリカの理想の民主主義と現実の民主政の歪み

▽建国以来克服できていない民主政の歪み

建国以来克服できていないアメリカの社会構造の歪みが世界に飛び火し、介入した世界の紛争地域での憎悪と怨恨が、さらに地域拡大と世代継承の連鎖反応を常態化している。その影響は、つねに当該地域の弱い立場の多くの人々の生活基盤を脆弱し喪失させ、長引くと崩壊に至る。その結果、多くの難民と少なからずの移民の発生を長年くり返してきており、国連の該当当局が、国連への加盟国からの出資金の予算割り当てと民間からの募金などによって、その予算の限度とスタッフの人的限界まで精一杯の救済にあたっても、つねに影響範囲の人々の飢えと病気さえもカバーできていない実状がある。ただし、情勢を悪化させようという意図で介入を始めるわけではないのはもちろんではあるが、軍事力と経済力の圧倒的優位という力での調停と解決策では、残念ながら持続性は期待薄であるのがこれまでの結果でもある。

克服できていない民主政の歪みは、アメリカ建国までの移民と開拓の歴史、建国後の北米大陸横断の移民と開拓の歴史が示すとおり、長い歴史を持つ先住の諸民族と、平和裏に相互に付加価値を出し合い、享受し合うような移民の歴史ではなかったことにも表れている。移民諸集団の開拓を、西欧の諸国の価値観である法制度の手法で正当化し、先住の諸民族の価値観とは相容れないやり方を力（武力と財力）によって居留地などの同化政策として長く続け、それが既成事実となった歴史である。さらに、南北戦争の北軍のスローガンにもなった奴隷解放問題。主としてアフリカから強制連行し、その売買を合法的に進めた奴隷制度は、これを認める宗教的根拠をもった宗派の影響の根強い南部諸州では、当然ながら南北戦争後も何度も社会構造の歪みの問題として、暴動という現象を引き起こし報道されてきている。さらに、アジア系の移民への差別も同様で、最初は中国からの移民が法律によって差別区別され、日米戦争の時には、アメリカ国籍であるにもかかわらず日系移民が、強制キャンプに収監されるという政治的差別があった。それゆえに、愛国心の証明のために、ドイツとの激戦場で多くの死傷者を出したキャンプから志願した日系移民の人々は、この歪みの多くの犠牲者の氷山の一角をなしている。トランプ政権が公約した、メキシコとの国境封鎖の壁建設もまた、中南米からの毎年続いてきた低賃金労働者のヒスパニック系の経済難民の移住問題が、社会的問題に発展したものである。

20世紀後半、１９８０年代までは、世界中からの移民がアメリカの産業、経済の低賃金労働の担い手として、過酷な生活環境に耐えて、アメリカンドリームという社会の中流以上への梯子を昇る夢の可能性も、確率的には低い時代が続いた。しかしながら、コンピューターのハード、ソフトの年々の進化と仕組みの拡大によって、ほとんどの低賃金労働の産業と職種分野は、ＩＴ化、デジタル化の代表例であるシステム開発というアプリケーションによって代替され、多くの移民の人々の仕事量は、劇的に減少してきた時代の変化がある。もはやアメリカンドリームの時代は、過去のものになっており、知的職種などの移民だけが、アメリカの産業経済にとって、付加価値をもたらすことができる時代に変化している。だからこそ、プラスの側面が発揮できない中で、負の側面の大きさが露出する移民問題が、歴史的に克服されてこなかった、アメリカ社会の構造の大きな問題として噴出している。

これまで、アメリカが克服できなかった社会構造の問題は、アメリカ社会の外の紛争地域で発生する害悪を、正義の力で倒すべきものとして制裁する、世界に誇るアメリカの民主政の実行によって、国民の解決への関心がはぐらかされる政治的効果が大きかったと言える。各政権を支えてきた複数の政治勢力が、マスコミなどの世論形成に影響力のある大組織を使って、情報操作をすることで、歪んだ民主政への不満のエネルギーを逸らす利害と、その実行の陰でしたたかに〝**利益をアメリカ社会に還流させる国際構造**〟を作る、という双方の利害を実現することに貢献してきたことは否めない。

合衆国内の歴史的な克服すべき問題を解決できる民主政であって初めて、民主主義を実現する付加価値のある英知によるアメリカの民主政となる。そして、その民主主義を実現できる英知こそが、世界の紛争地域の解決と世界の国々がめざす民主主義を実現することができる。その実現を民主政のモデルとして目標にできると考える人々を世界に拡大させていくリーダーシップこそが、アメリカ民主政とこれを支えるアメリカの人々に、世界の人々が求めていることであって、大国としての振る舞いを求めているわけではないことは確かである。

▽移民問題の本質

移民は、未開拓かつ先住の諸民族がいない地域への移民でないかぎり、移住先での同化には膨大なエネルギーと時間を要するのがつねである。そして、移民の数が多ければ多いほど社会的な摩擦は大きく、本質的な解決策を誤ると長期化し問題が複雑化して、その問題が社会構造に内包するものになるのは、現代のＥＵ諸国の難民受け入れと、安易な移民政策の時間経過を見ても明らかである。もっぱら付加価値のある人々を受け入れる政策であれば、受け入れ側の国で差別や区別する人が例外となる社会であるかぎり、比較的早く同化できるのが世界各国で見られる実態でもある。

欧米社会で多発する現代社会の移民問題の本質は、民族や言語や文化が異なるからではなく、人間社会の歴史的な歪みの拡大に原因がある。多様だからではない。21世紀になりＮＡＦＴＡ（北米自由貿易協定、１９９４年発効）という自由を冠とした貿易協定条約は、国内法よりも優先する国際法として、メキシコの全国の地方地域に生活基盤を持つ、多くの人々の生活拠点を奪う貧困を拡大させ、多数のヒスパニック系経済難民を、生きるためにアメリカに向かわせる時代の流れを作った。トランプ政権が建設した移民の壁は、〝**移民元と移民先双方のアメリカとメキシコの社会の歪みの拡大**〟を象徴するPower Country（いわゆる大国）の巨大なインフラ事業であり、そのインフラ事業の資金もまた、国民の税金という負の連鎖の姿である。

▽軍事力と経済力というアメリカ政権（主に合衆国の連邦議会と政府の対外機能）の大国としての驕り（「ドルは通貨ではなく、あらゆるものの法的な借金の支払い証書＝THIS＝金の支払い証書＝THIS NOTE IS LEGAL TENDER FOR ALL DEBTS, PUBLIC AND PRIVATE」として連邦政府が発行したもの）

戦後、1950年代、1960年代と民主主義を標榜しながら、いくつかの社会構造の民主化を図りつつ、産業経済の世界のリーダーの地位に駆け上ったアメリカの躓きは、終戦まではイギリスのポンド（£）が国際機軸通貨として幅を利かせていたのを、ドル（$）の成り立ちと使用用途の視点と、将来の世界のための民主主義の時代という視点の双方からの評価もなく、その地位を代替するドル（$）を国際機軸通貨とする政策を展開し、国際金融機関と世界各国との貿易金融取引に拡大したことであった。そして、この点と大戦で産業経済が大打撃を受けた西欧や日本などの国々の復興により世界の多くの（冷戦関係国は除き）国々への産業経済の供給国だったアメリカが、これらの国々が競合、競争国になるにおよんで、それまでの大きな利益を享受することが難しくなるという経済の逼塞感に直面する景気低迷の時代になる。

この景気低迷への移行の時代を象徴する1970年代の世界の動きは、中東地域の紛争が世界経済を揺るがした、1973年の第4次中東戦争を引き金とする一度目のオイルショックと、アメリカ政権のイランのパーレビ国王体制への介入の失敗が招いた、1978年のイラン革命による二度目のオイルショックである。

この不景気の状況打開のために、連邦の権限であるドルの歴史的評価もないまま、国際機軸通貨として支配制御できるという大国の矜持によってなされた、それまで自律を重んじていた市場経済の中核である通貨政策への政権介入が、１９７１年のニクソンショックと名付けられた金とドルの兌換停止である。続く１９８５年のレーガン政権の先進国五か国によるプラザ合意は、急激な円高を伴うドル安政策という強硬な政権介入である。前者はそれまでのブレトン・ウッズ体制（１９４４年、44か国による国際通貨基金（ＩＭＦ）や国際復興開発銀行の設立という公共性の高い政策実現）の弱体化という公正な競争社会を保証するルールの撤廃の着手を意味し、後者は固定相場制度をアメリカ政権が自由にできる変動相場制度へ移行させる、この体制の実質的な機能の終焉を意味している。このプラザ合意のあった１９８５年に、アメリカ上院議会では、それまでの議会の歴史では異例の92対０の全会一致で、対日報復措置が可決された。力で解決するその民主政の姿に、倒すべき敵を作る手法そのものが何に対して適用するのか、連邦政府と連邦議会の姿勢の変質を見ることができる。

かつての植民地時代以降に築きあげた、ポンド（£）決済を世界に拡大したイギリスと、ポンド（£）に代わってドル（＄）を世界の基軸通貨として、流通させてきたアメリカ。そのイギリスのサッチャー政権（１９７９～１９９０年）と、アメリカのレーガン政権（１９８１～１９８９年）は、〝**１９８０年代、両国の長引く経済低迷の焦燥感から、産業経済の舵取りを大幅に転換する、市場経済への政権介入政策を共同で推進**〟した。

▽サッチャー政権の〝新自由主義政策〟とレーガン政権の〝レーガノミクス〟による市場経済への強制介入

戦後、自律性のある市場経済の機能を支援する、公正な競争のルール創りによって、経済復興と復興以上の成長を遂げた国が多かった。1980年代のこの両政権で連携推進した政策は、市場原理への強力な政権介入により金融が歪み、次に産業が歪み、経済全体が歪むという連鎖反応の悪循環が、現在まで続く時代の転換期になった、と言っても過言ではない。新自由主義とレーガノミクスの意味するものの結果は、**〝組織のより大きな力〟**が人の付加価値を生む英知よりつねに勝るための社会構造になるように、それまでの公正なルールを規制からの自由として、規制改革というスローガンをくり返しながら撤廃する、各国の政権の時代の潮流を作ったことになる。

この1980年代の大きな舵取り変更をした時代の流れの変化を、本来検証すべきJ・H・W・ブッシュ政権（1989～1993年）であったのだが、アメリカにとっても世界にとっても僥倖となるソ連ゴルバチョフ政権の歴史的快挙となった英断が、1989年2月に紛争地域のアフガニスタン撤退、12月の米ソ首脳による冷戦終結宣言に続き、1990年のソ連の新政体選択と、1991年のソ連解体、ロシア連邦共和国設立後の自らの引退という一連の離れ業は、その先のアメリカ社会と国際社会の両方のリーダーとしての政策を委ねられた、アメリカの使命を果たす役割を意味していた。ところが、このブッシュ政権の4年の実施事項を評価すれば、それが果たされなかったと言わざるを得ない。アメリカ一強という時代の追い風のために、イギリスの新自由主義やブッシュ政権と同じ共和党のレーガノミクスは、世界に格差拡大の社会構造の歪みをもたらす起動力になること、中国共産党による経済の改革解放戦略が、アメリカに追いつくための経済力強化、次いでその経済力での軍事の技術力の追いつきにあることを、見抜くことができなかった。アメリカ一強の驕りと言えばそれまでだが、世界のリーダーという環境が突然到来した僥倖ゆえに、世界の人間社会に貢献するという使命感に基づく、英知の結果で創る具体的な政策の準備不足だった、と分析するのが妥当である。

その後の民主党クリントン政権（１９９３～２００１年）、Ｊ・Ｈ・Ｗ・ブッシュの長男である共和党のＪ・Ｗ・ブッシュ政権（２００１～２００９年）、民主党のオバマ政権（２００９～２０１７年）、共和党のトランプ政権（２０１７～２０２１年）は、準備不足というよりも、民主主義を実現するための社会構造創りに必要な、付加価値のある政策を創り出す使命感に値する能力と責任力が不足していたと言える。それゆえに、１９８０年代から続く時代の流れに抗うことなしに、選挙で勝つための国内の政権を支援する複数の〝**大きな政治勢力の力**〟に配慮と妥協をせざるを得ない政権運営の悪循環を変えることをしなかった、アメリカ政権が作ってきたこれまでの時代の流れである。そして、「**この時代の流れに抗う英知ある人々の葛藤が続くアメリカ社会**」でもある。

（２）アメリカの金融、産業経済の歪み

▽１９９０年代以降現代まで、歴代政権の介入による〝産業経済の歪み〟の原因が、国際社会に与えた影響の大きさ～公共性の高い銀行の歪みが金融業を歪ませ、さらに産業経済を歪ませ、国際社会

を歪ませる負の循環

１９８０年代、世界の市場経済の公正なルールに基づく自律性を歪める、国際機軸通貨のドルのアメリカ政権の利害からの強力な介入後、為替、株の証券取引所のいわゆる相場が、実体経済の動きと乖離した別の動きは、およそそれまでの市場経済の軌道とは異なるものになった。１９９８年、民主党クリントン政権（１９９３〜２００１年）は、１９３３年以来堅持してきた『**グラス・スティーガル法の公共性のある機能**』である〝**商業銀行と投機要素が高い投資銀行との役割の区別を廃止し、高い公共性の役割の銀行の預貸ビジネスを終焉**〟させる。これ以降、金融業界の財力の大小による利益至上主義が加速度的に拡がり、ドルを介したバブルと、その崩壊や世界各地域での金融危機をくり返し、２００８年９月15日のリーマンショックから続く長期間の世界的な経済ショックの影響を拡大し、その巨額の負債を他国の国民の税金で補填する、〝**アメリカの利害と利益に資する世界からの還流**〟を今なお続けている。リーマンショックもまたこの時代の流れの大きな人為的な津波の一齣に過ぎない。

リーマンショック対策対応の担当責任機関であるＦＲＢ（１９１３年設立、リーマン当時はバーナンキ委員長）は、実質リーマン以上の負債額のあった他の金融組織を生かすために、〝**ＱＥ策と呼ばれる量的緩和**〟という〝**金融組織には絶大な効果があり社会には大きな副作用がある政策**〟を、緊急事態としてとったが、大規模金融組織の復興は長引き、出口探しはしつつもいつの間にか常態化する。

日本は、これを模倣し日本型ゼロ金利、マイナス金利などの〝**異次元の量的緩和**〟と日銀総裁がスローガン化し、マスコミによって国民に長くすり込まれた結果、日本のほとんどの国民はこれを異常とも思わなくなり、素直なまでに受容し続けている。日本の政府と行政府は、本来は財政規律を他の先進国よりも、遵守しなければならない責務があるにもかかわらず、マッチポンプのような国債発行と国債購入先の法的構造を、〝**法の支配する日本社会**〟というスローガンどおりに進め、消費税増税と税支出増をくり返し、財政赤字を先進国の歴史にない実に異常なスピードで拡大し続けている。いったい誰がこの赤字を支払うかといえば、多くの国民の老後の生活基盤である年金の支給額の削減、健康保険金の負担増と医療救済のレベル低下（予算の削減）、消費税増税など、レーガノミクスならぬアベノミクスによって、さらに一般の国民が支払うことになる。これでは、次の世代はおろか、その子々孫々まで続く負の連鎖の時代の流れは止まらないことになる。

リーマンショック３年半後の２０１２年３月31日時点でアメリカの巨大金融各組織の負債はまだ、破綻したリーマンの負債の実に３倍以上もあった。リーマンのように、潰れない会社に巨大金融組織の安全保障の社会構造作りを法制度で進めたのが、民主党のオバマ政権（２００９〜２０１７年）である。それゆえに、その後の黒字化による経営層の報酬の桁違いの多さに対し、ニューヨーク市民の不満がウォール街への行進となって表れメディアで流された。

アメリカ政権の金融政策への対抗上、ＥＵ（１９９３年にＥＣからＥＵに）のＥＣＢも同じ政策を選択し、ドルとユーロの為替は安定的に推移したが、この量的緩和の副作用の強さは、ＥＵ内で経済規模上対抗できないＧＤＰが中小規模以下の国々において、２０１０年のギリシアにはじまり、アイルランド、ポルトガル、スペイン、２０１１年にはイタリアなどを直撃し、国民生活の基盤である公共性の最も高い年金などの社会福祉の削減を条件とする緊縮財政計画の提示で、ＥＵのＥＣＢ（ＥＵの財政規律では、国債発行額の１／４までしかその中央銀行は国債を購入できない。日本がＥＵ加盟国ならとっくに破綻している財政責任）とＩＭＦ（国際通貨基金）からようやく資金の貸し出しが可能になった。

これらのＥＵ諸国のリーマン前の財政状態は、日本のような超赤字財政ではなく、黒字で民間収支も貯蓄余剰だったことを、日本のほとんどの人々は知らない。ニューヨークの人々は、不満をデモ行進で吐かざるをえなかった。一方、ＥＵ諸国の赤字財政（ドルの引きあげによる国債の急激な高騰などが主要因）の大元がアメリカの金融業界の常軌を逸する過熱した利益至上主義で、空前絶後の規模での量的緩和という大量のドル（価値の等価交換という通貨の機能を逸脱し、アメリカ経済と国際機軸通貨に必要となる数百倍以上のドル（＄）の流通量は、史上最悪の通貨政策）を、財政赤字とされたこれらの国々に資金提供した返済として、再びアメリカの金融、経済に還流させる構造では、ＥＵ諸国の国民の生活基盤を直撃した泣くに泣けない大きな痛みがある。リーマン後3年半経過しても、アメリカの大手五大銀行の負債総額は8兆＄を超えていた。しかし、いったい誰がそれを埋め合わせし、毎年の多額の利益に変えたのか、現代版錬金術の仕掛けがそこにはある。

ここにクリーンで人道主義を好むオバマ政権の別の顔がある。それは、政権に圧力を加えることができる力のある歴史的なFamilyの思考能力から見ると、最も市民の判断に誤解と錯誤をさせ御しやすいエリートの姿そのものである。虚構と虚飾の仕掛けを法制度で固め、その規模が大きく国際化すればするほどその仕掛けをつくった当事者以外は真の目的を知ることすら難しいものになる。それが、この時代の潮流の怖さで、自然災害よりも桁違いにはるかに大きな社会的影響がある人災なのである。この大掛かりな仕掛けの例として、金融組織に課した形式的な事務作業の大量のシステムチェックが、不正の再発防止策として法制度化されている。どの巨大金融組織も末端周辺の人々が、巨額の不正をすることは事実上不可能であるからこそ、このような虚構の制度を大手会計事務所なども百も承知で、己がビジネスの多額の報酬を得る社会構造作りがある。

公共性の高い使命に基づく役割を果たす、その機能が銀行の「**預貸ビジネス**」である。勤勉に働く圧倒的多くの国民が将来と老齢時期に健康で、文化的に生活できるための資金の保障制度としての預金がある。この預金を基に、銀行の信用でその10倍程度までの資金を、今後の将来の産業経済の成長に寄与していく企業や個人業種に貸金として、経営資金に役立てる。預け金と貸し金の適正な金利差が、人間社会の持続的成長における公共性の高い銀行の機能として期待されているからこそ、規模の保証と過当競争の弊害から守る厳格な営業許可と、その運営内容の審査と管理が必要とされる。その銀行の機能を、アメリカ政権が歪めてしまう介入後、金融の中核として周りの多くの企業を呑み込んでいる。介入前のアメリカの上位銀行のシェアは、10行で銀行全体の10％前後であったのが、今では80％を超える寡占状態にある。そして、50州の地場の銀行もほとんどがその傘下になったり、その影響を受けている。

さらに、オバマ政権は、経済力のある政治勢力の要請に従い、公共性の高い組織への人事介入を、従来までの政権がタブーとした領域を越えて行い、金融経済、産業貿易などを統制する各種委員会の重要なポストの橋頭堡作りの上で、政策の円滑な実現を図った。この手法はトランプ政権も見習い、最高裁のトップ人事を決定しているが、アメリカ政権を模倣することがはなはだしい、日本の政権もまた同様である。知らないのは日本国民だけ、という受容性の高い日本の人々の姿がある。オバマ政権時代に、2010年の最高裁判決で、政治資金規正の撤廃が決定された。その判決の主旨は、法人組織も人間と同じように、言論と政治活動の自由があるとして、政治資金の上限をなくした。財力の支配が、法制度になることを決めたのである。『**アメリカの建国の志と魂に対して、冷水をかける法的判断を下した最高裁の判事たちは、どこに向いて仕事をしたのかを、アメリカ国民が評価**』する日が、必ず来ることになる。戦後、共和党のアイゼンハワー大統領（1953〜1961年）がその退任演説で、「**いずれアメリカは軍産複合体を制御できない時がくるであろう**」と、将来の次の世代のためにアメリカ国民に忠告しているのは、彼の第二次世界大戦当時の各国政権との交渉や大統領などの経験から、権力とその構造を知るがゆえの発言である。先の最高裁の判決の社会的影響の大きさは、トランプ政権誕生をも後押しした選挙戦で使われた財力にも表れている。巨大な財力が、その意図を実現するために、〝**法治国家の法の支配**〟を進める社会構造作りをするのは、当然の時代の流れになる。

オバマ政権は、アメリカ社会で人間性とその均衡を考えた公共性を実現するために働く、慎ましやかな人々への生活基盤にも介入し、教育従事者約20万人と治安従事者約40万人などの、住民生活に密接に影響する分野の職員の大幅削減を実施したり、自由貿易というスローガンのすり込みにより、従来までの国際的な枠組みであった公共性のルールと他国の自衛ルールをともに不平等として、アメリカの利害を優先するＮＡＦＴＡ（北米自由貿易協定、１９９４年発効、民主党クリントン政権時代）に続く、ＴＰＰやＥＵとの貿易交渉を行っている。そのいきすぎた政策は、同じ民主党の大統領選の有力候補からも批判を浴び、トランプ政権によって頓挫したＴＰＰとなったのは、ＮＡＦＴＡによってメキシコ国民の多くが生活基盤を喪失し、ヒスパニック系の不法移民とされた社会的問題（経済難民という実態）の人々の痛みと、経済と社会の歪みの拡大に対して、あまりにも鈍感だったことを示している。

沖縄問題では、平和という綺麗な抽象用語のスピーチを好む人々向けの顔を利用して、沖縄の人々の苦痛を我がこととして政策の柱にした鳩山政権（小沢氏との連帯）を、政治的圧力であっという間に退陣に追い込み、従来どおり沖縄県民を抑え込む役割の、日本の政権の復帰を演出している。さらに、インド洋のディエゴ・ガルシア島（公式にはイギリスの植民地）の住民を、先祖代々の島から追い出し、空爆やミサイル攻撃のための巨大な軍事基地を建設する思考能力は、アメリカの先住民諸族への対応、という克服できない社会問題を引き起こしてきたものと同根のものがある。その軍事力が向かう先では、議会が反対したにもかかわらず、シリア空爆で誤爆も招いた軍事力行使を指示している、政権の別の顔がある。その顔には、過去の政権のトラウマともなったベトナム戦争での地上戦の犠牲者の多さの教訓があり、アメリカ国民の犠牲を最小限にできる誤爆も厭わない、空爆というミサイル攻撃を遂行する、大国の政策の責任のあり方を示すものである。

軍事予算を使い、世界の紛争地域に武力関与し続けた歴代政権（戦後では唯一の「**カーター政権の例外**」を除き）の背景には、巨大な経済力を持つ複業企業がある。アイゼンハワー元大統領が予言したものがその成長によって、姿形を変えた企業体でもある。ちなみに、合衆国の連邦政府の主要な財源は関税であり、その主な消費先は、軍事費とその関係者の年金と恩給である。そして、世界の軍事予算の50％以上に、アメリカ政権が関与できる実態は、その膨大な予算額の消費先の軍需産業にとっては、その経済力をかける、最も効果的な政治的影響力を使った利益の構造作りにある、ことは論を俟たない。当然ながら日本も格好の世界有数の得意先である。

大規模化を進めた金融企業のバブル崩壊（事前の法的保護がなく、リーマンのトカゲの尻尾切りで済ませる）の対策の主要な一つとして、中国を相手とする解決策に大量に注入したドル（$）は、各種委員会の反対者を抑えるべく人事介入して、中国社会への投資に使われたが、その政策の副作用は、人間社会にとっては実に大きく、習近平体制の強化による中国共産党の中華政策と相容れない、多くの内外の国々との摩擦と衝突を起こす原動力になった。このいきすぎた政権の尻拭いが、トランプ政権による中国との貿易紛争や北朝鮮懐柔であり、香港問題、台湾外交の変化にも表れる振り子のような外交政策の影響の原因となっている。

▽経済学の歪み〜付加価値の成長を示そうと試みた指標が変容し変異した指標の歪み

アメリカ政権の介入による金融の歪みが、産業経済という実態経済の歪みへ波及し、21世紀に加速するこの時代の流れは、経済学という学問の世界まで歪めている。それは特にマクロ経済分野で顕著であり、歪んだ時代の流れに沿う説明のために、経済の専門家と呼ばれる学者やアナリストや評論家やコンサルタントなどの人たちは、自分が属する大きな組織がすでに巻き込まれている巨大な経済力に影響されながら、〝**客観性を装うデータ指標**〟という手っ取り早いトレンド説明をくり返し、経済学の本来の役割の軌道からずれて〝**巨大な経済力の衛星**〟という役割をこなしている。その内容は、難解な経済用語と説明に都合のよいデータを使い、誰もが否定するのが難しい論理的思考能力を駆使したやり方は、社会が直面する本質的な因果関係を曖昧にし、利益とリスクのくり返しを短い景気循環のように大衆心理に働きかけ、影響を受けた多くの人々に、仕方がないという心理を受容させてしまう生活習慣の定着がある。かつて克服してきた民主政の前の時代に、戻っているかのような時代の動きがある。

▽アメリカの市民の金融経済への関心の変化

このような生活習慣が定着したアメリカの市民の多くが、忘れてしまった投資銀行や証券会社の金融経済の世界に関して振り返ると、少なくとも１９６０年代までは、株取引や投資信託などにはほとんどのアメリカ国民は関心を持っていなかった。ギャンブル性の高いものとして、キリスト教の信仰心からも敬遠していたことは、１９７０年代初めでも株に手を出す者は国民の16％だったことからもわかる。株の保有者の多くは、アメリカ社会の上位の富と資産を持つ人々であったので、中流以下の人々はなおさら少なかったことになる。この時代の預貸ビジネスとしての銀行の預金金利は5％以上であった。サッチャー首相による金融を軸とする新自由主義政策と連動したレーガン政権によるレーガノミクスによって、金融取引者がアメリカ市民に拡がり、21世紀には、サブプライムローンなどの一世を風靡した、金融派生商品にまで手を出す国民が急増し、国民生活の基盤まで浸食したその過熱さの影響は、想定どおりリーマンショックとなって、当のアメリカだけでなく利害と利益の還流の国際構造にある、世界の国々に波及したのは周知のとおりである。

▽人間社会の持続的成長のための指標と今の喧伝される経済指標との違い

実態経済との乖離の放置は、メディアを使ったマクロ経済などの経済指標が、経済成長のための羅針盤のように使われるアメリカ社会の舵取りによって、歪んだままの金融経済に引き寄せられる実体経済の歪みまで放置する、時代の流れを世界に拡げている。大規模組織によって起こされ拡大される人為的な社会的リスクに対しては、早くからイギリスのジョージ・オーウェルのように、『**大衆はストレスを受けて混乱すると、反論されずにくり返し語られる大嘘（規模が大きいほど）を、しだいに事実として受け入れてしまう**』と、民主政にかぎらずすべての政治政体に警鐘を鳴らしたように、アメリカ政権を動かすもはや国際的な政治的圧力を持つ経済力組織は、己が組織力を使ってこの意図的な大規模組織の利害と利益の舵取りのために、世論形成に資する経済指標として、マスコミとメディアを駆使して、大学や公的研究機関、コンサルタント会社などへの影響力を強化し、アメリカへの

〝利益の還流の国際構造〟を強化している。

▽ワシントンD.C.の変貌が映す時代の流れ

１９８０年代以降、アメリカ政権の産業経済への介入が強化されていく時代の流れを示すものとして、ワシントンD.C.の変貌がある。１９７０年代までは、中心部でさえサンドイッチ程度の中流の質素なレストランが多かった。それが、１９８０年代以降、特に１９９０年代からは、ロビイスト、圧力団体、コンサルタント、政策研究機関などの事務所が増え、それらと政権組織との情報交換、取引の場として、高級レストランなどが急増（戦後の日本の民主政の料亭と類似、日本が先行という皮肉）し、弁護士などの法曹関係の事務所や、全米の政治圧力団体などの事務所も大幅に増加している。ちなみに、１９７０年代、２万人以下だったワシントンD.C.の弁護士数は、今世紀に入ると７万人を超えてさらに増え続けている。政権が交代してもこれらの人々は、回転ドアと酷評されるように、ロビイストや政治圧力団体の交渉幹部として立場を変えて、自分が契約する組織の利害と利益の達成のために、働く専門家集団という社会を形成し拡大を続けている。

(3) アメリカ社会の格差〜格差を生み拡大させる原因が世界を侵食拡大

▽自由競争の変質がもたらした社会の格差拡大の流れ

アメリカの民主政の歪みの時代の流れは、「**人間性を侵害しない公共性のある自由な競争**」を変質させて新型コロナウイルスのような変異の変遷を続けている。経済力と軍事力。この二つが強力に引き合う力が競争力の優劣を決める、と考える人たちの思考能力が、組織の大規模化とその秩序維持の保障体制を、いく重にも社会構造として強化する働きが、アメリカだけでなく世界の自由競争そのものを変質させて、人間性と公共性の喪失を拡大するアメリカ社会の実像を、世界に映し出している。アメリカ社会で進行する大規模化を進める組織の意図とその動きは、政治にしろ、産業経済にしろ、一般市民の能力で見抜き先々の動きを見定めることは、ほとんどの人々にとって不可能である。それゆえに、ジャーナリズムの機能が健全に働くことを人間社会は期待しているのだが、この期待を担うアメリカのジャーナリズムの六大メディアは、すでに巨大複合企業の影響力下にあり、90％以上のジャーナリズムに携わる人々に多大な影響を与えるまでになっている。

一方で、国家の情報組織は伝統的なＣＩＡをはじめとする複数の組織が、国際化の規模拡大を相互にしのぎを削りながら、世界中の要人と将来のその候補の不都合な言動を取得し、いつでもアメリカ政権に利することができるための意図的な接触を続けている。その実態は、ＥＵ首脳国のトップの携帯盗聴事件でも暴露されている。これは過去の事例ではなく、さらに世界各国に拡大しているのが現実である。

アメリカ市民の生活基盤の中心である食生活。その食生活基盤を支えるアメリカの農業は、１９５0年代には95％以上が個人経営だったのが、今は90％以上が多国籍企業上位4社の管理下にあり、消費者向け食品の60％以上が占められている。さらに、ＮＡＦＴＡ（北米自由貿易協定、１９９４年発効）の影響で、メキシコの農業の圧倒的多数の個人農家の生活基盤が崩壊し、生きるための経済難民となり、アメリカへの流入が止まらなくなった。これが、トランプ政権の政策の国境の壁問題である。自由な貿易協定だからと肯定的に捉える人々のために、現実のメキシコの農村の実態について触れる。メキシコ人の主食は、トウモロコシを粉にしたトルティーヤである。アメリカから年間８００万トンの国内産より安いトウモロコシが輸出されるようになり（アメリカでは1エーカーあたり28ドルの補助金行政で支援）、当時数千万人というメキシコの農家の収入は激減した。ちなみに日本人の年間のコメの消費量もほぼ同じ約８００万トンであり、与える影響の大きさを理解できるはずである。

アメリカの自由貿易協定は、アメリカの利害を優先する法の支配圏を、世界に拡げることにその主眼がある。それゆえに、締結国の国内法より優先し、相手国が貿易による自国の社会問題を解決しようとして、国際司法に訴えても敗訴してきた事実を重ねている。それゆえに、ＥＵおよびその主要国であるフランス、ドイツの国民は、数十万の反対デモで条約を拒絶したので、ＥＵで締結は否決されている。しかしながら、日本では、政権が委員会の人事介入の成果を踏まえて、全会一致で可決してしまうという西欧の民主政との質の違いがある。

富と資産軸でアメリカの国民全体の格差の変化を見ると、１９２９年の世界恐慌の頃には、その上位１％で全体の23％の富と資産を保持していたものが、戦後中間層が伸びて１９７０年代には、10％前後にまで低下したが、１９８０年代以降中間層の減少と底辺層の拡大により逆戻り（上昇）を続け、21世紀に入り40％を超え50％という流れの速さで止まる気配はない。さらに上位７００〜８００

の Family と呼ばれる最上位の資産はさらに飛び抜けており、アメリカ社会だけでなく他国の社会にまで、その言動は大きな影響力を与えている。

『格差を世代継承させない』ために、社会的影響力の手段である財力や経済力を踏襲、世襲させない民主政の基本的な防止策である累進課税の法制度は、1950年代、アイゼンハワーの政権（1953〜1961年）時に、最高税率が91％で、この当時のアメリカ国民の世帯の半分が中流の所得を占めていた。ところが、最高税率はその後下がり、レーガン政権時（1981〜1989年）のレーガノミクスで50％にまで下げられ、2018年には37％となり、累進課税の目的と機能を喪失して久しい。税の法制度をもう少し深掘りすると、上位700〜800の Family の税率が平均で、15〜20％で推移してきたのは、収入の多くが勤労所得ではないキャピタルゲインだからであり、ここに税制の裏の顔がある。世代継承させない目的で導入してきた Estate Tax（日本での相続税）もまた、2018年に最高税率が40％にまで下がっている。

リーマンショック後、長引くその影響は、先進国やOECD諸国だけでなく開発途上国にまで大きな経済の打撃を与えて、その国民の生活基盤が崩壊した人々の痛みは、年々拡大している。これに対して、当のアメリカ社会の飛び抜けた上位700〜800の Family をはじめとする限定された最上位層の富と資産は、真逆にも増加している。その増加分は、アメリカ下位からの勤労所得者1億5、000万人の合計よりも多い。この30年間の勤労所得者の年間賃金は280$しか上昇していない。一方、トマ・ピケティ（フランスの経済学者）によれば、1977〜2007年の30年間でアメリカの富の成長の60％をアメリカ社会の上位１％が吸収しており、アメリカ社会の格差拡大の時代の流れは明白である。

▽巨大な多国籍企業、誰が制御できるのか

今や、この大規模に成長した組織は、国籍も多国籍化し成長が止まらない。この巨大組織は、大国でさえ潰せない組織になっている。どのようにして大国以外の各国の国民は、国際間にまたがるこの巨大企業を律することができるのだろうか。トランプ政権では、２０１９年から法人税が35％からさらに21％に急減され、その財政基盤はますます堅牢化し強化されている。

そもそも人個人と比較して法人組織、とりわけ大規模組織の活動によって人と人間社会に与えたその被害の大きさに対する責任の処断はあまりにも小さい。人が犯した他者や他組織、人間社会への侵害は、罪刑としてきめ細かく制限され法規に明記されている、その歴史も長い。ところが、法人は、しかも大規模であればあるほど、国を超えて世界の至る所で尋常ならざる社会的影響の実害を犯している。それにもかかわらず、その実害に応じた罪刑がほとんどないばかりか、むしろ免責され、現状（原状）回復の責任を負わずに済むのはなぜなのだろうか。そして、国際間の活動でますます巨大化する組織を律することは、リーマンショックの対応と対策を評価すると、さらに難しくなっていることがわかる。

▽格差を忘れる一瞬の連帯の場

かつての「アメリカンドリーム」（世界大恐慌時に、アメリカの歴史家ジェームズ・トラスロー・

アダムズが使いだした言葉）に象徴される、アメリカ市民の躍動感溢れる自主的な夢は、もはやアメリカ社会にはない。格差が拡大する原因の社会構造が踏襲され、世代継承されているからである。そして、格差を一瞬忘れさせる場は、アメリカ社会では、もはやそれぞれが信仰する教会と、それぞれが好きなスポーツチームを観戦する競技場だけで、連帯感を鼓舞する国歌斉唱で、アメリカ国民であったことをやっと思い出すという現実である。

3　各国の歴史的な社会構造の歪みの克服と大国の力の影響力への対策が問われる21世紀の各国の民主主義

▽世界各地域の歴史的な社会構造の歪みの克服の問題

有史以来、世界のほとんどの地域では、その支配地域内の多くの人々から搾取する社会構造を〝**法治国家**〟として、歴代政権が強化してきている。〝**武力と財力の力による政権支配**〟ゆえに、社会構造を強化しその秩序安定を本能的に求める思考能力が歴代となったのは、人為的に継承されてきたからに他ならない。一方で、世界の紛争は、武力（軍事力）と財力（経済力）の優劣を決めるエネルギーの衝突でもある。このエネルギー衝突によって発生する影響被害の苦痛が、その意思決定をする支配権力層や政権行使者という社会的上位層におよばないかぎり実行推進されるが、「**およぶことが相互にリスクとして自覚できている場合**」には、20世紀後半の米ソ冷戦に象徴されるとおり、その当事者間では決して実行されずに、代理戦争や紛争が他の地域で実行されるだけである。21世紀には米ソ冷戦が米中（二大Power Countryと自称）貿易紛争に変わり、相互の利害をぶつけ合っているが、その経済紛争でさえ、その意思決定をしている両当事国の上位層には、決してその紛争による苦痛の津波の影響は押し寄せない。このメカニズムゆえに、世界中の武力による戦争や紛争、財力による経済紛争は、くり返されることになる。

武力、財力、権力というメカニズムは、これらが働くすべての人々の思考能力に強く影響をおよぼす。それは組織ストレスという作用で、軍隊であれば〝**生死の緊張の継続**〟であり、その精神基盤の崩壊を伴うリスクに対して、愛国心などのナショナリズムの高揚感を疑似麻薬のように投与して、開戦を正当化させリスク現出後は、麻薬依存症に苦しむ多くの戦争体験者や黙して語らず精神的苦痛を内に込めた体験者を、戦没者追悼や退役組織の活動などでケアする、というのが現代までの歴史である。こうした苦痛への想像力と共感力の乏しい人たちの世代継承によって、〝**安全保障という抽象語を駆使した武力の拡充を、国民の生活基盤崩壊の防止と拡充よりも優先する、政権維持強化の思考能力**〟の社会的影響が拡大浸透することになる。

▽**大国が作る〝利益の還流の国際構造〟**

世界の人々の付加価値を生み、創り増やす努力による利益の還流先は、アメリカが最も強く、アメリカに次ぐ大国を自負する中国が先を行くアメリカを模倣し、映し鏡のごとく歴史的な統治権力を駆使して、一帯一路などのスローガンで中国への〝**利益の還流の国際構造**〟を、条約という国際法規ノウハウを使い強化している。その統治の政体は共産党一党独裁と言われているが、中華の人々（少なくとも中国語と漢字を使い、共産政という同じ価値観を信じる人々）が、対中華の価値観の人々とどう対峙するかという観点においては、歴代中国王朝とはなんら変わっていない政権であり、論理的な説明が現代用語に変わっているだけにすぎない。それゆえに、陸では14か国、海では6か国を国境とする周辺の国々と、中国の国内の自治が認められた形になっている異民族に対しての基本政策では、前者には軍事力を背景にしながら経済力という圧力で、中国との親交という名の外交と通商貿易を、後者には同化という価値観の共有を求め続けてきたのは、中国共産政の政権維持の特徴が、排他力を帯びる絶対性にあるからに他ならない。

大国が人民のためにとか民主主義のためにという大義を翳して、世界の紛争地域に介入してきたメディアによる目立った言動だけでなく、１９８０年代以降の時代の流れとして、前代の動きを彷彿とさせる〝**利益の還流の国際構造**〟を構築し続けている、巧妙なる見えざる言動を看破することが大切になる。この〝**利益の還流の国際構造**〟の利益配分にあずかってきた大企業組織は、自国よりも安い不動産、労働力、エネルギーなどに吸い寄せられ、為替変動の利益も生かしながら母国の市場と開発途上国の市場で二重価格を操りながら、利益に貪欲な思考能力に長けている経営者たちが、手っ取り早い経営手法を重ねてきた、この30有余年の国際化、グローバル化という時代の流れがある。その中心であるアメリカの推進力を、巧妙に自国の大国化のエネルギーに活用した中国の戦略と政策の力は、まさに、中国の歴代政権が持つ伝統的な思考能力の高さゆえのものである。

〝**利益の還流の国際構造の歪み**〟は、なにも21世紀の〝**リーマンショックなどの金融恐慌**〟にかぎったことではない。20世紀の〝**世界恐慌**〟だけでなく、それよりはるか昔の大航海時代以降の植民地政策の搾取が起こした〝**東アジアの大きな金融経済ショック**〟もまた、中南米からの大量の銀流入が原因となった。貨幣、通貨の法制度は、人間社会の市場という産業経済と人々の生活基盤にとって、最も「**公共性**」が求められるものである。その「**公共性**」の発揮は、公正なルールと運用監視による改善のリスク対策と対応の備えがないかぎり、必ず社会の底辺層の人々からその規模に応じて影響が拡大する、という〝**人間社会の負の原理**〟がくり返されてきた歴史がある。

▽各国の対抗と対策の知恵〜知恵のヒエラルヒーが逆転していない国々の事例も踏まえて

アメリカの経済力と国際機軸通貨ドル（＄）に対抗すべく、米ソ冷戦終結を機に、それまで世界の各地域で起きた金融危機からＥＵは、ユーロ（€）を２００２年から流通させるが、ドル（＄）への対抗はほぼ目的どおりに、リーマンショックの影響も対ドル（＄）、１・８％高に止めることができた。ちなみに日本では、リーマンショック時は50％超え、その前のプラザ合意時は60％超えの円高である。しかしながら、通貨、金融政策の権限のみを行使するＥＵのＥＣＢは、ＥＵ各国の政権の財政をはじめとする産業経済政策とはまったく連動する責任がないという、大きな欠陥を露呈した。アメリカの利益の強い還流の流れによる、ギリシア、アイルランド、ポルトガル、スペイン、イタリアなどの国債の利子の急騰への対応対策で、金融緩和と緊縮財政（消費税増税とセット）を強いるＩＭＦ（ＩＭＦの職員は特別待遇の非課税、はたして人々の痛みを我がことととして理解できるのか）と同じ発想から連携したＥＣＢの資金援助では、金融経済の大企業の経営者たちが引き起こしたリーマンショックの社会的な巨大な責任を、EU内で国債が急騰した国の国民が負担するという歪んだ構造に対してなす術がなかった。それがEU国であり、ユーロ（€）導入国であったからであるが、矛盾以外の何物でもない。責任という痛みに共感できない、EUが克服すべきECBの組織の大きな問題でもある。

これに先立つ北欧の通貨危機は、1987のノルウェー、1991~1993年のスウェーデンで相次ぐも、1980年代のバブル経済の歪みを、それぞれ2年程度で切り抜けている。その対策を評価し生かしたユーロ（€）導入国のフィンランド、自国通貨（クローネ）のスウェーデンとノルウェー（非EU国）は、日常からの金融と財政などとの連動政策の積み重ねで、リーマンショックの金融経済の大きなリスクの影響を、最小限で乗り切っている。その政策の背景を分析すると、金融経済のバブル崩壊の第一波ともいえる金融危機の当時のスウェーデンの対応対策は、金融企業が向かった不動産、建築などのバブル崩壊の債務を、処理すべき負債と良債とに詳らかに国民に仕訳して透明化し、政府と行政府や有識者の知性のヒエラルヒーのチームによって推進された政策は、国民への生活基盤への影響を極力少なくする基本的かつ有効なものであった。利益の還流の国際的な構造の影響の波をまともに受けて、国民の痛みを拡大した国々で見られる対策と政策の内容を見ると、〝**知性のヒエラルヒーの逆転社会**〟であることが多い。有効な対策と政策の舵取りで国民の生活基盤を守ることができた国々との大きな違いである。この違いは、新型コロナウイルスという世界的なリスクにおいても、時間経過とともにより鮮明に、同じ差異を世界各国の対策と政策に見ることができる。

この北欧の事例と同様に、金融が引き起こした初期の歪みである不動産、建築産業などのバブル経済の崩壊の時代は、アジアでも1997〜1998年の通貨危機（タイ、インドネシア、マレーシア、シンガポール、韓国、中国などでも）という同様のことが起きて、大小それぞれの影響を与えた。しかしながら、北欧とも異なる自国の社会構造の歪みと、ドル（＄）の圧力の双方を洞察したマレーシアの金融財政政策もまた、国民の生活基盤を守る付加価値のあるものだったと特筆できる。この時、マハティール首相に抜擢された中央銀行総裁のゼディル・アクタル・アジズ氏は、マレーシア通貨のリンギとドルの為替変動による利害と利益の大きな影響力を排除するために、緊急避難措置として固定相場であるペッグ制を実施し、株価の大暴落による国民の動揺と産業経済の混乱を防ぐために、株購入後の1年間の売買を禁止して、アメリカなどの海外の財力を武器とする株価操作を封じ切り、予想どおりにマレーシアの産業経済を安定させている。さらに、ＩＭＦの緊縮財政というもっともらしい資金援助の影響が招く結果を洞察し、ＩＭＦの要請を拒否し、将来にわたる国民の生活基盤を守った知性の力量は、当時においてはとても勇気のある決断として評価できる。約10年後に起きたリーマンショックのＥＵ諸国の対策が、国民の生活基盤の崩壊を招く緊縮財政を呑むか否か、二項対立の思考能力との交渉の結果、ＥＣＢとＩＭＦの条件を受け入れざるを得なかったのは、ＥＵ国でありユーロ（€）導入国であったからに他ならない。

▽国民の生活基盤の拡充のための付加価値能力と責任力

国民の生活基盤の主要なものの一つであるエネルギーの中長期政策で、今では世界的な成功体験になっているデンマークの再生可能エネルギーへの大転換政策がある。デンマークはもともと酪農国として世界で名高い中規模国であるが、このエネルギー政策は、大国が作る当時の時代の流れに抗う動きである。１９７０年代の当時の主要国の政権と行政府が常識と考えた、原子力発電や炭素エネルギーの代表である火力発電ではなく、再生可能エネルギーという付加価値の高さを必要とするエネルギー政策を、自らに課したその中長期の展望と、これを理解し支持することができた国民の知的レベルの高さが、その政策推進を継続させ、エネルギー輸出国になって大分時が経つ。この大転換の決断時期のデンマークは、中東依存率が99％の高さにあり、政治的リスクの高い海外依存の状態にあった。この依存状態を脱却し地政学的条件を考慮して、風力を再生可能エネルギーの主軸に置き、科学技術力を高めてヴェスタなどの世界有数の特許とシェアを誇る企業が成長し、世界に示すことができたのは、国民を生活基盤崩壊のリスクから守るだけではなく、付加価値を伸長するという民主主義の基本を、実行したからといえる。

▽生活する人々の豊かさを拡大するための成長指標

欧米をはじめとする世界各国の経済成長を示す従来からの指標とは別に、人間社会の成長を示す指標の多くは、北欧などの中小規模の国々から、その民主主義を実現する社会的な取り組みの成果を踏まえて、世界に発信されてきている。国連の公共性を有する国際機関でも、これらの多くの指標を活用しているが、その元となる情報は国連加盟国の情報取得管理手法に依存しているため、国際比較はあくまでも各国の政権がどこを向いてどの方向に舵取りをするかしだいで、これらの『**人間社会の成**

長を示す指標』についての評価は異なることになる。

４　日本社会の歪み

（１）日本の経済成長の社会的原因

▽民主主義の理想を実現するＧＨＱの社会構造改革

夏の暑さのなかで、玉音放送を耳にしたほとんどの日本人が虚無感にも似た思いを持ったこと自体が、日本の人々の〝**精神構造の奥深くまで何世代、何十世代以上にもわたって刷り込まれた、思考能力の影響の大きさと恐ろしさ**〟を物語っている。終戦までの間、義務教育や社会ですり込まれてきた歴史的な社会構造の呪縛から、やがて時間の経過とともに解放されて、日本の社会のあらゆる分野で、一人ひとりの個性を踏まえた能力と責任力を試し、自らと自らが大切にする家族を含む人々との相互協力で、自分たちの生活基盤をつくり拡充する豊かさを取り戻していく、戦後の復興に次ぐ社会の成長の実感を、共有できる時代になるまでの時間は、日本の歴史の長さから見ればわずか20有余年という短さである。東条英機の戦陣訓のような、国民の精神に緊張を強いられる被害もなければ、いつも腹をすかせているひもじい思いもない。そして、自分も家族もその大切な人々が実感として持つ明るい豊かな時代に変化したのは、人々の努力が報われる社会構造に、ようやく変革されたからに他ならない。

その姿は、日中戦争、日米戦争による国民の生活基盤の崩壊を長く続けたがために、戦後も、食べること生きることに、毎日の時間を使うことを余儀なくされる時代であったが、国家のために命と家族や大切な人々のあらゆるものが搾取される時代ではなくなっていた、戦後の日本がある。「**サザエさん**」に描かれている国民の心は、明るく卑下してもおらず、周りを思いやりいたわる公共性の中で、子供、老人、大人、男女の個性が見事に輝いており、豊かさを広げていけるという思いが溢れた時代の変化がある。

１９６０年代になると、焦土化していた欧州も復興し、アメリカはもとより欧州、日本などが相互恩恵の産業経済の成長を遂げる。中でも日本は、加工貿易国として「高度という冠」の付く経済成長を１９７０年代まで続ける。その原因は、終戦までの政権と行政府による富国強兵政策による社会構造作りの強化とは、まったく異なる社会構造への改革の成果であったのは明白である。終戦時の若者世代や戦後のベビーブームの世代が、ガムシャラに働いたからなのか、経営者が知恵を使い社員をリードしたからなのか、政府と行政府の産業経済政策の改革が功を奏したからなのか。マスコミや書籍の多くは、このような現象面を捉えて経済成長を説明するが、それゆえに、１９８０年代以降の長期低迷の原因もわからずに、今の流れの特徴をそのつど揮発性メモリーのように、新たな抽象用語と横文字をやたらに使うだけで、なんらの付加価値を生まない説明になってしまっている。

戦後の復興に続く経済成長は、ＧＨＱによる民主主義を実現できる、歴史的な日本の社会構造の改革を素早く断行できたから、創業者と呼ばれる人々が付加価値のあるビジネス活動を、周囲の人々とともに支え合いながら根気強く継続することで、後に国際的にも名を馳せる企業が多く生まれたことになる。公正に近い競争ルールという社会環境が整備されたからに他ならない。『**これは何も産業経済だけではなく学問、文化などの社会全般におよんでいる**』。自営業、中小企業が成長によってその規模を拡大するにあたって、大企業の圧力を受けずに『**大企業の規模に対等に競争できる環境が法制度で整備**』されていた時代（それでも規模が小さければハンデキャップはある）ゆえに、21世紀のように合併、統合という法的手段をとる法治国家の力による国際競争力ではなく、人と人間社会に付加価値を提供できる能力と責任力による国際競争力で成長した時代である。それゆえに、日本の社会全体に多様性ある能力と責任力がヒエラルヒーとして機能し、好循環を生み、中間層が飛躍的に増加して一億総中流という意識の共感を持てるまでに、成長した時代があった。これは、すでに過去の時代となってしまった日本の実情がある。

▽西欧と日本の経済成長の違い

西欧がなぜ日本ほどの「**高度という冠**」が付かない産業経済の成長だったのか。それは戦勝国側では、日本でGHQが行ったような、民主主義に近づくための社会構造改革を、当時の知恵として、断行できない旧来からの改革すべき社会構造の問題があり、戦勝国側のそれぞれの国の政権与党でさえ、解決するには反対勢力も根強く、時間のかかる特性を持っていたためである。一方、敗戦国であるドイツは、ナチスドイツが欧州に犯した賠償の負担と米ソ冷戦の主要な地域としての東西ドイツの分裂という負担を抱え、さらに、欧州経済圏としての相互成長にならざるを得ない、地政学上の環境要因が大きく働いたからでもある。

日本が1978年に世界第2位のGDP国になるや、前述のような表層の動きの解説が巷間の常識として、日本社会に浸透してしまうと、プラザ合意をはじめとするサッチャー政権とレーガン政権の連携による、新自由主義とレーガノミクスの恰好の餌食となり、Japan as No.1などという冷ややかな賛辞も束の間の夢として消え去る。そして、日米通商問題、日米構造問題と銘打った歴代アメリカ政権による、アメリカ社会への**〝利益還流の国際構造作り〟**を積み重ねる流れに変化し、今に続く時代の流れになる。戦後幸運にも、他者の高い知性の善意からもたらされた法制度によって、公正に近かった産業経済の競争ルールが、改革という名の下に改変されて、歪められてきた失われた○○年の実績でもある。特に、21世紀になると顕著な強い時流となり、その社会的な歪みは、日本社会の底辺からその上位であるかつての中間層に拡大し、新しい次の世代は、それらの法制度の改変をまともに被り、格差の世代継承が拡大したがゆえに、生活基盤の脆弱な業種と職種などで将来に展望すら描けない人々が増加している。

(2) 格差拡大がとまらない日本の社会構造の歪みをもたらす人為的な原因と人々の痛みの拡大

①アメリカの政権に制御され続ける中で回帰する日本の政権の支配権力思考の拡大

▽政権交代のない自民党一党独裁の疑似的な民主政〜アメリカの民主政の模倣による回帰

戦後のアメリカ政権のほとんどが介入してきた世界の紛争地域（極東から東南アジア、南アジア、中近東、北アフリカなど）では、その国民が民主主義をめざしている、いないに関係なく、アメリカにとっての利害と利益を基本とする政策だったがゆえに、パーレビ王政体制、サダムフセイン独裁体制、サウジアラビアの王政体制など民主政と明らかに異なる体制への一方的支援が、このユーラシア南部の東西一帯の変わらぬ貧困と格差と闘争の解決を、難しい情勢にしてきた外的主要因でもある。この戦後のアメリカの歴代政権の意向に染まり忖度しながらも、日本の国民生活への視点を失わなかったのが、自民党一党独裁のなかでも機能していた自民党内の派閥間論争を経た調停と一部の見識ある野党とのせめぎあいのある民主政であったとみなすことができる。ところが、１９８０年代以降しだいに変質し、21世紀になると、アメリカの歪んだ民主政に呼応し、日本の国民の生活基盤への影響の想像力に欠ける政策を、グローバル化、自由化、規制撤廃などの改革という政治スローガンで、マスコミを巧みに操縦（介入から変化し強化）し、〝**アメリカ政権の日米構造改革という思惑どおりに日本社会の構造改革**〟を成し遂げ、〝**その利益をアメリカに還流する仕組み**〟を、法治国家として法制度で強化する21世紀も、すでに20年が過ぎている。

　アメリカ政権の要求に応じるその積極性は、日本の民主政の歪みの拡大のリスクから目を遠ざけ〝**日本の政権の安定秩序を優先させる相互恩恵という支配権力思考の強い帯電**〟を示すのだが、民主主義の人間社会の拡大というかつてのアメリカの政権が持った使命を失い、オバマ元大統領が言い放ったアメリカはもはや世界の警察ではない、という真意と重なる。アメリカ独立宣言（１７７６年、『**万人が幸福の追求において、平等の権利を持つ**』）が、後世の人々に継承され発展することを願った建国の人々の想いを、すでに忘れ去っているアメリカ政権の人々の姿がある。

その利益の還流は、同じ思考能力に長けている、〝**力を競争力の条件**〟と考える大規模組織の成長力を加速させ、『**産業経済の本来の推進力である人の付加価値の能力と責任力の成長**』を抑圧してきた日本の失われた〇〇年の止まらない時代の流れにもなっている。日本の政権中枢に近づくほど、付加価値を生む能力と責任力は乏しく、財力と政治力が政権の利害に合う〝**もの**〟として機能する、人間性と均衡ある公共性を喪失させていく日本の歴史的な社会構造へ、回帰し送行する力が強くなっている。

▽21世紀に顕著になったアメリカ政権が作る国際還流の構造下での政策内容

産業経済分野では21世紀に入り、2000年代の独禁法改正、大規模店舗法、商法・会社法改正(持ち株制度)、司法制度改正、郵政民営化の名による金融事業における公共性機能の終結、建築基準法の改正、会計基準の改正、派遣労働の解禁、産業の適正な競争ルールの撤廃(26種)など、自由化、グローバル化、規制撤廃の改革という抽象用語の政策美名をくり返してきた20年だが、その手法はまだまだ続く時代の流れがある。この流れの原因は、会社統合という用語に慣らされてきた日本社会ではすでに忘れ去られてはいるが、企業の大規模化は終戦までの用語を使えば財閥による持ち株会社の法制度であり、1997年に、この持ち株会社の法制度が復活して以来加速している。20余年で多くの企業が、専門分野と異なるさまざまな業種の企業を財力で買収し併合を重ねている。金融の中核である銀行は、今や、公共性の高い市民の生命と健康の、保険勧誘のダイレクトメールで、割りのいい手数料ビジネスに鎬を削っているが、保険業務そのものには責任を負わない、という歪んだ社会の構造を拡大させている。

これらの政策決定のプロセスは所定のものとして、○○委員会、○○専門家委員会などの答申を受けて、あたかも客観性があるかのように受容性の高い国民へのすり込みを、これもまた制御可能なマスコミを使って行い、実態と影響が異なる虚構と虚飾をいく重にも重ねる、という責任回避ができる政策が続いている。

さらに、この時代の流れに抗った鳩山、小沢政権をアメリカ政権の援護で葬り去った勢力が後援する安倍自民党政府（２０１２〜２０２０年）もまた、異次元の金融緩和を皮切りに、税金支出拡大と人事介入拡大を駆使して、政権秩序の安定のために、日本社会のあらゆる影響力のある組織に、着々と橋頭堡作りとその強化を進めた。その財源はといえば、天井知らずの財政赤字のなかで国民からの巨額の税金であり、東日本大震災前後からも続くさまざまな自然災害と新型コロナウイルス感染拡大防止の失策を糊塗し、それらも一定以上の評価にしてしまう批判なき世論の実態では、毎年莫大な支出が政権秩序安定と強化のために使われ、市民ひいては国民の生活基盤の脆弱化が拡大され、その基盤の弱い人々から生活が崩壊する、という当然の〝**人間社会の力の原理**〟を続けることになる。これは、この時代の流れの実に変わらない長い期間、改革という次から次へと続けてきた政策の積み重ねと巨額の税金を使い続ける一方で、財政赤字が拡大し続ける世界でも唯一の財政規律もない国となっていることを示している。失われた○○年も同期化し毎年加算され、社会構造そのものが歪み、日本社会の格差拡大が止まらない。将来だけでなく現在、生き甲斐や夢を持てなくなっているのが、多くの日本人の実感に他ならない。

日本の政権で、アメリカ政権の政策にしたがわずに、国民の将来の生活基盤拡張を考慮した政策を推進したために、内部崩壊させられたいくつかの政権がある。この短命で終わった政権のめざした価値観を簡単に紹介したい。石橋湛山自民党内閣（1956〜1957年）は、日中、日米戦争の日本と諸外国の国民の尋常ならざる**〝痛みの共感力〟**を持続させるための取り組みとして、東アジアの近隣諸国との信頼回復をめざす。田中角栄自民党内閣（1972〜1974年）は、日中国交正常化（近隣諸国との信頼回復）と、オイルショックのリスク対策のために、イランとの石油エネルギー協定による国民の生活基盤拡充を、独立国としてめざす。鳩山民主党内閣（2009〜2010年）は、二大政党による国民の選択という民主政の基本の定着と、沖縄の人々の痛切な思いを実現するために、アメリカ軍基地問題の解決について、アメリカ政権のアメリカ建国の精神に根ざすその良心に賭けて交渉を試みるが、交渉のテーブルにすら着けずに、内外からの**〝国民にグレーと思わせる理不尽な手法〟**で、**〝世論の嫌悪感をマスコミに流布され、支持を失い潰される〟**（国民投票である選挙ではない）という共通した幕引きであったのは、**〝隠然たる日本の社会構造を作ってきた勢力の存在〟**を物語っている。この勢力の常道の戦術は内部崩壊策で、1999年の社会党連立村山政権が野党7党の合意よりも、橋本自民党との連立を選び内部崩壊させて、自民党橋本総裁に政権を手渡す。2012年の民主党連立野田政権は、消費税反対を掲げた鳩山政権が自民党独裁体制を崩し、政権を奪取したにもかかわらず、自民党安倍総裁といっしょになって消費税増税を公約とし、わざわざ解散総選挙で内部崩壊させて自民党安倍政権奪回に貢献し、安倍政権による時代の流れを加速する政策強化、憲法改正の活動への回帰の陰の功労者となったのは、時代の流れの諧謔なのか、それとも意図的なものなのか、その言動はまさに摩訶不思議である。

▽貿易・通商協定の歪み

昔も今も交易、貿易なくして国民の生活基盤の拡充が困難なことは、鎖国や昭和以降の国家の舵取りを見ても明らかだが、これも自由な貿易という抽象用語が国民に大きな誤解を与え、何か大きな規制があるかのような錯覚に、意図的に陥らせている。アメリカ民主党政権がめざしたＴＰＰ（環太平洋パートナーシップ協定、アメリカ離脱後はＴＰＰ12）は、ＮＡＦＴＡの延長線上にあるより巧妙なアメリカへの〝**利益還流の国際社会の構造**〟を作るためのものであったが、同じ民主党の大統領候補のサンダース氏と共和党のトランプ候補の国民の声の反対を受けて、挫折したものである。このＴＰＰの将来の日本の社会構造への影響力の一例は、ＩＳＤＳ条項（Invester–State Dispute Settle-ment）と呼ばれる、相手国を外国企業、投資家などが被告にできる国際裁判の規定の条約で、アメリカの圧倒的優位に働く法治国家の法制度であり、遺伝子組み換え、食の安全、医療・薬の安全、金融・保険などの公共性の安全などを守る日本の国内法に優先してしまう。このＩＳＤＳ条項は、米韓ＦＴＡ、ＮＡＦＴＡにもあり、これまでの訴訟で、米国以外が勝訴した実績はない。

最高裁の判事への政権介入も、簡単にできるアメリカ政権が、国際機関の人事に早くから関与し介入してきていることを合わせて考えると、必ず国民生活に影響が出てくることは、想定内のリスクである。ドイツ、フランスの国民が示した、アメリカの自由貿易協定への拒絶の言動は、主権の行使の仕方と、ジャーナリズムなどの質の高い情報との連携力を伺わせるものであり、日本との大きな違いがある。

▽金融行政、財政行政の歪み

アメリカFRBの政策を模倣しつつも日本の国情を加味した日本独自のものとして、時にはFRBの参考にもされるスローガン政策を推進してきた日銀（ジャスダックに上場している特別な株式会社の中央銀行で、政府が55％、39％が個人【ロックフェラーやロスチャイルドが筆頭で戦前は天皇家が筆頭】で、FRBも同じFamilyが所有。）の金融政策は、通貨の対価交換の保障と流通の安定という人間社会の公共性の責務を喪失し、政権と二人三脚の政策を進めてきている。日本の1980年代後半以降の金融が引き起こした、産業経済のバブルと崩壊の第一波だけでなく、その後のくり返す金融政策の副作用で、比較的公共性を残していた金融組織の破綻が起こり、1997、1998年の北海道拓殖銀行、山一証券、日債銀、長銀という第二波のトカゲの尻尾切りで、金融組織の大規模化を進める法制度を整備した。2008年のリーマンショックという巨大な第三波では、国民のための銀行の預貸ビジネスという公共性のある使命さえも、喪失させるゼロ金利を定着させる。定期預貯金の市民向け金利が、1％の1／100以下、という預貯金者が一回の手数料で支払う金額の方が高い、長期間保管するだけの商品サービスでは、もはや民主政の国としての大企業である存在意義さえない。国民の生活基盤の中長期安定、という民主主義における金融の高い公共性の使命とは、真逆の舵取りが長期化している。

〝**政府と行政府が欲する巨額の税支出を可能に見せる**〟、赤字財政の国債の返還利息を下げながら、日銀が大量に国債や債券を購入する金融市場への大規模介入の歪みは、株式市場の活性化を装う日経平均株価と関係のある企業の株の大量売買の疑似的な経済成長を演出させて、ＮＨＫをはじめとするマスコミのニュースで国民にすり込まれる日常になっている。少なくとも１９９０年代までは、多くの日本人にとっては、ドル（＄）と円（￥）の為替や株の日経平均株価は経済指標ではなく、勤勉な一般人が手を出すべきではない〝**相場という別世界**〟であった（かつてのアメリカ社会と同様）。かつての産業経済の健全な成長時代の常識しかない国民にとっては、博打にも似た投機対象の為替と株であるにもかかわらず、国民の生活基盤であった預貯金の利息がまったく期待できない年数が長く続いているがゆえに、株や為替変動と関連する外国債券などの金融商品に手を出し、老後の生活資金でさえ喪失していく国民が増加する悪循環の日本社会の現実が続いている。

▽産業経済行政の歪み

産業経済の持続的成長のためには、多様である個である人の人間性と、利己的な人の活動を公共性のあるものに誘導できる均衡ある人間社会の成長が保障される、その意味での法制度や仕組みがないと歪んでしまう。それが、めざすべき『**民主主義を実現していく公正な競争ルールの法知社会**』であり、市民が、国民が意識して自らの知性を磨いて、法制度を活用した社会構造創りの経験を積み重ねていかないかぎり、戦後の多くの国民が選択した民主政、共和政などの政治体制は、衆愚政に陥る大きなリスクを内在させている。企業にしろ、歴史的な権力の象徴である三権を担う組織にしろ、規模拡大を制御できない社会構造は、圧倒的多くの財力や政治力を持たない個である人に圧力をかけて、人間性と公共性を喪失させる人間社会になるのは、人為的な〝**人間社会の力の原理**〟であることは、歴史が証明している。

これまでの金融バブルなどのリスクの対策と呼ばれる〝**もの**〟の日本の産業経済の影響は、この大規模化が制するヒエラルヒーの下、かつての幕藩体制下の農民と酷似した中小企業のヒエラルヒーの下層ほど潰され（一声、30％のコスト削減）、生き残っても中長期の借財返済ゆえに従業員と非正規の契約社員とその家族ともども、〝**生かさぬよう、殺さぬように、絞り取るだけ絞るという社会構造**〟の構築が、進んでいることにも顕著である。これらのヒエラルヒーをもつ社会では、規模拡大化の放置による組織の質の低下を招いている。付加価値を生む本来の現場である底辺部において派遣、非正規、委託・再委託が進めば、当然ながら商品・サービスの劣化が進む。

一方で、現場から遠くなる管理層、上位層ほど、抽象的な二項対立の善悪の価値観の選択と判断の思考能力が、その長い大企業の組織活動の中で強化されて、責任をとらずに済むこまかなマニュアルプロセスの順守に多忙になる。大組織化の組織で必然的に起きる上位への素直なまでの指示拝受と意向を忖度する環境がいく重にも重層化し、実際の現場と経営トップの行き来は、所定のプロセスの所作として定着し常態化する。それは、付加価値を生むことと創ることの大変さの違いすらわからないまま管理層になり、やがてその中から上位経営者となる〝**付加価値の知性が逆転する組織のヒエラル**

ヒーの構造〟では、組織秩序に染まる時間が長く、この階層を昇る人ほど、この組織の中で生きながらえる思考能力が成長し、大規模組織が必ず帯電する力学を制御できるはずもないのは、これもまた人為的な〝**人間社会の力の原理**〟である。忖度、聞こえはいいが、かつての高度経済成長時代の原動力になった人々は、バランスの取れた言動や、抽象論は得意ではなく、回りの多くの人々が好む人間性とも異なる強い個性の持ち主が多かった。現代だけでなく古代からも付加価値をもたらした人々が、その成功の成果を見る直前にあるいは達成の後で、貶斥されることがとても多かったのは、組織の大規模化によって、付加価値のある人の言動とは異質な周囲との和、バランスのある言動、組織秩序維持の忖度を優先させるという衆の共感力を強めることの方が、圧倒的に多くなるからである。

国内外とりわけ海外の発展途上国での市場における桁違いの財力と政治的な恩恵を駆使して、安い人材と場所という競争条件の優位が確保できる海外進出によって、大規模化する組織の上位層ほどその国の要人にＶＩＰ待遇を受ける。その〝**組織の力の魅力**〟は、世界の著名人として自覚させるにあまりある魅力にもなり、マスコミに登場し社会を動かすリーダーのように振舞い、自己と巨大組織を混同しながら〝**法治国家**〟に貢献する担い手と自負し、やがて〝**政府と行政府との距離を取れない公**〟という職責のポストを、慣例にしたがって占有していくことになる。公正な競争ルールへの改革に、自ら業界の慣行に抗い付加価値を人間社会にもたらしてきた長年の実績と体験もないがゆえに、〝**公の職責**〟の期間、職責に関係する影響力のある複数の大規模組織の秩序維持のために動くのは、至極当然の人為的力学になる。公共性の役割は、『**個である人と人間社会を豊かにする付加価値を増**

やす実績を導く能力と責任力に対しての評価に基づくものであり、未来を創る高い公共性の達成』にあるが、日本社会ではこれが歪められ、政府と行政府による人事介入がより強力に広範囲に拡大している。

日本社会の上位層ほど日本の国と世界の政治経済を語り、自らが属する組織の成長を経済成長に寄与したと誇り、勝ち組としての成功体験を自負する。〝**武力の時代の勝てば官軍**〟と何も変わらない構造になっていることにまったく気付きもしない。はたして人間性や人間社会を豊かにする付加価値を増やす実績に対する評価を受けてのポストであり報酬なのか、そして、それは未来を創るという責任の達成を裏付けてきたのかという、客観的な自省があるのかもはなはだ怪しい。歴史はなぜくり返すのか、その答えがここにある。

高度経済成長の担い手だった日本企業の良心的特徴、と言われた経営者の基本的ノウハウと人格を示す、かつての製品の「品質保証（アフターサービスの長い期間）」を、昔話や神話かのように思わざるを得ない、日本を代表する大企業を含む品質問題による大量リコールのくり返しや、情報隠匿の不正と会計不正などが頻発している。そのつどくり返される経営者たちの〝**世間をお騒がせしました、ご迷惑をおかけしました。再発防止に努めます**〟という、マスコミ、メディアをつうじた所定の画一的な〝**お詫び会見**〟で、儀礼所作のように演じ切る、法人という名の企業組織の権限者たちの人間性としての資質と能力や責任力は、長年の産業経済活動でどのように評価されて、企業組織のヒエラルヒーを昇ったのか。その組織構造の人事ルールと上位評価者に、大きな問題があることは明白である。これらのリスクに対し、我が身（我が社）も他山の石として、人事ルールと評価者の能力と責任力の改善の取り組みが業界として広がれば、社会的被害をたびたびくり返すことはない。公共性のある立場にある人たちの責任も大きいのだが、その自主的な取り組みが極めて珍しい理由は、上述のとおりである。結局、消費者である市民や影響を受けた限定された国民（全体から見れば少数派）である、その原状回復がなければ痛み苦しむ人々が、影響を与えた企業の営業・サービスの拠点に対して、自助努力するしかない日本の社会の実態がある。

産業の成長を担うはずの企業の経営者の中で、グローバル経済の競争力強化、という誰にとっても否定しようのない当たり前の流行の言葉をくり返し、具体的な付加価値のある施策を、自ら立案したり調べるノウハウに大幅に欠ける人たちが多いのは、〝**付加価値をめざすという創造性と意思が欠落したその才能で、組織のヒエラルヒーを昇った**〟からに他ならない。それゆえに、マスコミやコンサルタントや研究機関が異口同音に喧伝する、アメリカ経由の年々変わる流行の言葉を、用意された原稿に沿って発言する、多くの経営者の実態がある。

企業倫理、コンプライアンス、ハラスメント対策、ボランティアなどの横文字での社会的な善良であるイメージの企業組織をアピールする大規模組織が増えて一般化までした日本の社会であるが、はたして20世紀の日本の経済成長を支えた人々は、こうした社会貢献という公共性に乏しかったのかという視点で考えると、わざわざ虚構と虚飾をアピールする必要のなかった時代、それが一般的と考えて言動する人々の方が多かった時代との違いを、現在の経営者たちの言動から伺うことができる。環境問題に貢献していると多額の宣伝費を使いアピールするその経営者が、スポーツカーや大型ＳＵＶに乗る。大きな社会的影響を出した企業のトップの責任の言動を目の当たりにしながら、業界としてこれを規制制御するために法人を罰する法制度の制定を求めない多くの経営者たちの思考能力。社会的影響力がない組織の歯車である社員のハラスメントは、司法が裁いてもいないのに厳格に処断するが、企業のしかも大規模組織や公共性の高い企業の社会的影響の大きな被害に対しては、業界は横並びでその法制度化にはおよび腰である変わらぬ実情には、日本社会の公共性は誰のためか、という痛みが拡がる。

これらの大規模組織の経営者と呼ばれる上位の人たちと比較して、はたして若者や一般の名もなき人々は能力や努力の継続が弱いのかの答えは、洋の東西問わず簡潔だ。能力が高く、努力をいとわない若者であっても、社会秩序を賢く渡り歩いて利益を得る処世術の経験がないために、あるいはそういう処世術を潔しとしないために、成功しないリスクが非常に高いのは、日本社会の歴史的構造に原因がある。公正な競争がもともと期待できない既存秩序の不公正な産業経済の環境下では、創造性豊かな人やこれらの人々の連携（ネットワーク）でなす中小の企業の付加価値活動は、日の目を見る可能性は極めて低いし、政権でさえ潰せない大企業、巨大企業と競争すること自体が無理な〝**人間社会の力の原理**〟になる。産学官連携、官民一体などのスローガンで多額の税金支出を毎年継続しても、増加する新たな組織に税金が吸収される新たな社会構造を作っているだけである。残念ながら、これらのスローガンで作られた組織の付加価値度を示す指標もなければ、税金支出を止める自己制御、自己清算の仕組みもない。当然のことながら市民や国民はその税金支出の日常や実態は知りようがない、行政府の結界の中にある。健全な人間社会では、起業家は個人からスタートする。それが成功できる環境こそが、創造力のある人どうしが創っていく本質的な産業経済の競争力を生み、人と人間社会に貢献する付加価値を生み、創り増やすことができる。

▽農業行政の歪み

日本列島、多種多様な市町村地域があって、それらがつくり出す付加価値を交換したり調整したりしながら他地域へ有機的に繋いでいく社会的なハブとなる、その機能に応じた（一律ではない）大都市が本来の姿である。これに対して、上からの政治力と経済力を背景に進める政策によって、東京は、日本の中央であるという大きな誤解があるがゆえに、あらゆる力の集権化が進む東京があり、日本の社会の歪みの拡大が止まらない。一方で、日本列島の市（町村）民の主要な生活基盤の一つである食生活を支えるのが農業であり、その農業は全国の地方地域に地盤を持つ。

戦後のＧＨＱによる日本の社会構造の改革の一環で推進された農地解放は、小作、自作の区別を撤廃し本来人が有する自主的な産業経済活動を営む原単位として、〝**農民という税を搾取される過酷な労働を余儀なくされた長い歴史と日本社会の伝統**〟から、『**民主主義に基づく自営業主としての農家**』に変革する、歴史的な画期的大転換であった。それゆえに、ＧＨＱの改革が、その後も日本人一人ひとりが自律的に民主主義を実現する民主政の能力と責任力を行使できる状態になるまで、その影響力を行使する仕組みであれば逆行する舵取り変更は、なかったはずである。アメリカ政権の方針変更によって短期間で終わったがゆえに、GHQが未着手だった〝**農協という大規模組織**〟が、農家の自律的な農業経営力の成長の阻害要因になったのは確かなことである。

1924（大正13）年まで、農協による農村の組織率は低かったが、政権による挙国一致体制作りのための産業経済への介入の一環の中で、農協が強力に組織率を高め農村社会での上下秩序の社会風習を定着させた。戦後その農協の見直しや組織変革はされずに続き、公職追放が解除されて多くの人々がこの社会構造の秩序に戻ると、戦後の民主政の選挙での政権の勝利のための大票田として、この農協の大規模組織は政治力を長い期間帯電する。ところが、その利害と利益をアメリカへの〝**利益の還流の国際構造作り**〟にアメリカ政権の舵取りが変わると、日米構造協議という名目で、日本の農業政策を変える強要を続け、アメリカからの食糧の輸入を数値目標で拡大し続けることによって、国民の食形態を変化させ米価にも影響を与え、その損失を国民の税金で補償することで農家が胡座をかいている印象を長年、マスコミを活用してすり込み続けた効果は、まさに歴代の政府と行政府の政策の成果だったと言わざるを得ない。その結果が、全国の大量にいた自営業主としての農家の大きな減少と、後継者の成り手のいない農家を支える外国人労働者（技能実習という虚飾）依存という、全国の過疎化を加速させている農業の実態である。これに代わる大規模農法の機械化は聞こえはいいが、技術力と良心がある長年のノウハウを持つ農家ならかたくなに守る品質問題に関しては、法に触れていないコンプライアンスという農業経営方針の下、生産性と利益性を重視した遺伝子組み換え、ホルモン剤、化学薬品、肥料、保存薬などその範囲を拡大させた収益力を強みに、全国の市町村でその勢力を拡大する新しい農業、というアメリカを模倣先とする手法の時代の流れに変化している。

地球温暖化による環境問題が、年々悪化する深刻さに加えて、人口増が続く世界の人々にとって食糧問題は、つねに飢餓と病気との闘いという大問題を人類に突き付けて、すでに数十年以上になる。この期間、先進国はもちろんのことＯＥＣＤ諸国の多くも、食の自給率を上げ輸出国として自国の農業の成長の舵取りを国民とともに進めている。ところが、日本の政府と行政府は、自給率を下げ続けている唯一の先進国になっている。さらに、生命、人体に与える食の安全保障面で見ると、安全を確保する厳しい条件を科学的な視点から強化していたかつての日本は、現在ではこれも自由化政策の中で、品目数で言えばアメリカの約３倍の規制をしていたものを、アメリカの利益のためにその規制解除を続けている。遺伝子組み換え、成長促進のホルモン剤や放射線などや、食品加工添加物、輸送や保管のための保存剤や防虫剤などがある。一方で、海外諸国への輸出量を増やす当のアメリカの市場では、社会の上位層ほどこれらの食品を購入しないのは、体に与える中長期の医学的な影響をよく知っているからであり、同時に、輸出と食の自給率拡大という食の安全保障をも、よく理解しているからである。

▽労働行政の歪み

派遣法の改正による非正規雇用の拡大（１９９５年21％、２００６年33％、２０１３年37％、２０１４年40％、以降年々増加）に続き、外国人労働者の人権の軽視と安い労働力に依存する法改正でしかも行政組織が責任を負うことのない、お手盛りの内容にまで劣化してきた、労働行政の歪みの拡大がある。そして、雇用の質の低下にも歯止めがかからない。

労働市場という言葉は、商品・サービス市場と同じように使える言葉ではない。人の思考、言動などの活動を市場メカニズムと同じ手法で管理することは、そもそも困難で実益はない。そして、行政が細部にわたり介入する労働政策が多額の税予算を毎年支出し続けて、それに見合う効果をもたらしたこともない。職能訓練、資格取得講座や社会福祉という、名ばかりの旧態依然の失業保険やハローワークなどの機関は、実質はお為ごかしでしかなく、早くから再考すべき労働行政分野であり、西欧では社会派映画の批判の対象にもなっている。

経営者側の団体組織と連携しながら、進めてきた労働行政の当初の目的は、GHQの方針変更にもなったレッドパージによる共産、社会主義政党の労働者組合の勢力拡大の防止にあったが、やがて多くの官僚たちの自覚意識とは別に、労働行政の労使環境への積極的な介入の継続は、日本社会の伝統的な構造的力学の影響を強く受けて変質してしまい、人の努力に報いる対価という価値観からほど遠く、政府と行政府が介入し続けることで、かつての搾取の社会構造へ回帰する時代の流れが続いている。

働き方改革というスローガンも、いかにも改革のような政策で介入できるのは、摩訶不思議でしかない。欧米、特に西欧、北欧では1990年代までに、35時間、有給5週間が確立されて久しい。当時の組合がこれに倣えと進めた労働時間をはじめとする過酷な労働環境の改善運動にもかかわらず、組合の組織率が悪化し続けると、高負荷残業、労働疲弊による病気、自殺まで毎年のようにくり返し、失われた○○年と同期する長い期間は、先進国どころかＯＥＣＤ諸国との比較でも最低レベルの労働環境のままでは歪んだ労働行政の誹りはまぬがれない。企業側が多額の広告宣伝費をかけて良き企業市民であることをアピールするよりも、むしろ、年々、目に見える改善をせざるをえない法制度をつくって推進し、その改善の指標を市民、国民と注意深くフォローしてこそ、遅れた数十年の反省を生かして、労働環境の原因である構造そのものを改革していくことができる。このことを国民自身が、その痛みの共感力を日本社会に広げていく民主主義を実践しないかぎり、今のスローガンはこの先もくり返され続けることになる。

▽教育、文化行政の歪み

社会秩序に抗わない順応する人を育成し、属する組織のために一枚岩（チームワークとも言い）となって言動する衆を作るのが、支配権力の思考能力の本能的作用であることは、世界だけでなく日本の歴史でも同じである。特に明治維新以降、欧米を倣い身分制に基づく軍事国家ではなく軍部というプロ集団を養成しながらの国民を対象とする軍事制度による富国強兵政策を急務とした政権にとって、国民の武力が政権や支配権力の中枢に向かうことを恐れ、愛国心に基づく忠孝の思想教育を、道徳文化の精神基盤（武士道も身分としての価値観ではなく国民性としての価値観に変換）に据えてともに幼少時から義務教育として徹底的にすり込んだのを、終戦までの限定された時代のできごとであったと説明することは、前章でも触れたとおり極めてリスクが大きい基本教育になる。

国家にとって都合の悪いかつての時代の義務教育を、軍国主義のせいにするのは、歴史の真実から目を覆わせる社会の虚構作りになる。明治維新以降、一貫した行政府による介入政策によって終戦まで長く続いた、支配権力層にとって都合のよい国民の精神基盤作りとしての教育であったことに対して、日本人は警戒を怠ってはならないと自覚すべきであり、『**人の自主自由な思考能力と精神知性のあり方の安全保障**』の出発点でもある。

GHQによる改革は、すべて一枚岩で民主主義を実現すべく社会構造の改革が行われたわけではないことは、すでに展開したとおりだが、GHQ内の論争対立を利用し、日本国憲法に〝**教育と納税を国民の義務**〟として、明治憲法を踏襲することに固執し成功させた日本の勢力がある。先にも述べた朝鮮戦争勃発に続くGHQの方針の対共産政策のために、20万人以上の公職追放者が利用されるにおよんで、教育文化分野への行政府による介入が始まる。その典型的な日本の人々にとっての不幸が、1953年の民主主義の科目の義務教育での廃止であり、以降反共に基づく保守的（終戦までの思考能力）な圧力が教育分野の現場でくり返されたことは、判例などにもある教科書検定事件や日教組と中央官庁との対立などからも明らかである。

教育組織のヒエラルヒーの上位にある大学への介入を、就職に有利な大学の入学試験を個別大学から共通試験として、中央が関与統制できるところから始めるその戦略は、終戦までの官僚のノウハウ者にとっては基本的なものである。マスコミも活用した試験問題の客観的答えという画一性は、制限時間以内での〇／×式、選択式の問題と解答のスタイルを定着させると同時に、教育ママという代名詞とともに受験合格のための学習塾のヒエラルヒー（大学→高校→中学→小学→幼稚園）を拡大させて、教育の現場である教師への信頼を弱くした上で、衆や組織活動の圧力に弱い個である教師への圧力勢力として、地方自治の教育委員会への介入を進め、ＰＴＡの意見を取り入れながらこまかな服務規程にまでおよぶに至った。教師の日常は生徒、学生への授業内容の深堀りや発展と、個性ある生徒、学生へのフォローアップの本来の時間よりも、上位からの指示と報告、加えてＰＴＡ対応に追われる時間がはるかに多い、本末転倒の教育者としての実態になって久しい。それゆえに、教師自身ではすでに改善すら難しい、現場という学校の秩序社会が完成している。

教育現場への介入の政策の舵取りの流れは、当初は教育指導の〝**目安**〟から始まり次に〝**指導勧告**〟に強化され、最後には〝**法治国家としての罰則による強制力**〟で完成することになる。さらに２０１４年の学校教育法の改革で、大学の自治、自主性を大幅に縮小させて、経営効率化などを柱とする経営に疎い教授陣にその義務を法制度で縛ることで、大学経営の予算計画と消費実績に事務局として公的に介入し、やがて人事にも拡大し、現場である教授会の権限をほぼ有名無実化した。その上で学長、総長選挙の候補選定と選挙というプロセスまで手中に収めている。これが内部告発などで時々、世間の表層には一過性の事件として表れるが、２０２０年の学術会議の伝統的に続く自主運営にまでも予算と改変した法律を、政府と行政府にとって都合よく解釈する、首相などの答弁は、丁寧な説明と言いながら回答にならない一方的なものであり、長年の教育、文化行政の歪みを拡大してきたものと共通の思考回路、思考能力がよく表れている。

大学を上位とする知性の教育のヒエラルヒーを保つことが難しい教育環境下では、その〝**知性が逆**

転するヒエラルヒーの秩序形成〟が進んでいる大学も少なくなく、その流れは一向に止まらない。同時に、民主主義の根幹をなす人間性と公共性の双方を成長させる、日本の社会構造が脆弱化している現状では、さまざまな場での公共性の役割を担うはずの専門家と呼ばれる人たちの言動は、それを象徴するかのような〝**知性の逆転のヒエラルヒー**〟を見せている日常になっている。

人間社会の知性を磨き付加価値を生み、創り増やすヒエラルヒーは、教育機関で終了するのではなく、その長い期間をとおした基礎能力と責任意識の萌芽を、社会生活という実践の場で、公正な競争のルールの中で揉まれながら、能力と責任力の双方を成長させていくことに本来の姿がある。

物心がつき忙しい家庭の環境下で、スマホ（携帯）などのゲームで二項対立型のＹｅｓ／Ｎｏ、○／×式の直答型の思考回路と思考能力に染まり、大学までの受験制度というヒエラルヒーを上がる長い期間でも、短い制限時間以内での画一的な直答の思考能力を成長させていく教育内容がある。この内容にしたがって企業の選抜を受け、企業でもその社員教育が、その時代の流行の外部機関にも依存する横並び式の内容で、それが企業組織の秩序に順応する個を捨てたチームワークという抽象用語を使った、組織に尽くすという思考能力の強化育成では、束の間の時間を、電車や地下鉄、街中でもスマホに興じる複数世代の多くの人々の日常風景になることは、避けられない社会になる。

それゆえに、先進国だけでなくＯＥＣＤ（経済協力開発機構）諸国のなかでも「**知の国際比較の指標**」で日本は年々低落を継続し最下位レベルに向かっている。これは、長年の教育、文化行政の政策に原因がある。「**人間性が豊かであって、その個性を生かしながらとかく利己的な言動になりやすい**

人々を、公共性を考える自省と自制に誘導する能力と責任力を教育現場に行き渡るようにするのが、教育、文化の環境整備である。その環境が人と人が織りなす人間社会の成長を支えることになる」。「**知の国際比較の指標**」は、その政策の歪みが拡大していることを切実なまでに警告しているのだが、この拡大を阻止する言動を、教育行政を主導する人たちに見ることができない。

それどころか、中央による文化支援と言えば、教育、文化、スポーツの名を冠する次から次と新しい建造物が作られ、並行してその維持費用も年々負担を増やす財政の圧迫の要因にもなっている。さらに、特定の観光業界の企業の利益を拡大するために、歴史遺産や海外を模倣し、日本独自の先住民族を冠する観光促進政策にも税金投入の拡大増加を続けている。この模倣先の海外の先住民族の文化とは、観光のための復刻版興行ではなく、先住民族の人々のための自治権拡大を支援する法制度の政治改革の一環として積み重ねてきたものであって、日本のそれとは真逆の取り組みである。このような政策に気付かない、生活に余裕のある全国の地方地域の善意ある人々を、推進活動の委員などとして組み入れて動く時代のあり方は、前時代の国民一丸となっての動きと瓜二つの歴史の動きである。

学ぶこと調べることを面白いと感じる生徒、学生と、これに応えることを伝える教師との人間性と公共性を高めていく人としての繋がりから、新しい付加価値を生み、創り増やしていく楽しみを経験則として継承し成長させていくことが、本来の民主主義がめざす人の育成であり成長である。

▽ＩＴ、デジタル行政の歪み

行政業務とこれに関わる関係組織のシステムは、長い期間をかけ莫大な税金を支出して、システムを導入してきた。一方で、日常の運用費用も増加させ、累計では途方もない予算が消費されている。しかし、市民は誰もその費用の実態と理由を知ることはできない。行政府の人々がなすべき事務作業を外部への委託業務や非正規の人々に事務作業をさせるという、依存型の事務作業を拡大してきたこと。各省庁の責任回避を主目的とするこまやかな業務プロセスを追加し複雑さが累積したこと。これらを見直さずに、膨大なシステム化をくり返し進めてきたことが、ＩＴ化、デジタル化の実態である。鳴り物入りで膨大な税金の支出で導入したマイナンバーのシステムは、行政府のエリートと呼ぶべき立場の人たちの説明とは裏腹に、市（町村）民にとっては、忙しい日常生活の中でこのシステムの不便さを一時、耐えることで今までやり過ごすことができたが、新型コロナウイルスの対応として当たり前の簡単な行政事務にもかかわらず、行政事務が滞り遅れて行政府側と市民側の双方に手間と、考えがたい時間が過ぎたのは、これまでのシステム化の実態が大きな原因である。この原因を、システムが統合されていないとか、行政府が縦割りであるという前世紀からくり返してきた時代錯誤の言い訳で、再びデジタル担当大臣という職を改革であるかのような役割として新設し、累積財政赤字もまったく考えずに、膨大な予算を使うサイクルに変わるのが、ＩＴやデジタルの負の特性でもある。

この負の特性を理解できないのは行政府の政策立案者にかぎらず、大企業に庇護されている各種コンサルタント会社や研究所などのアナリストのＩＴノウハウもまた同じであり、その負の特性を作るノウハウは、日々の商売と業務の実践に付加価値をもたらすシステムの企画、開発、運営のノウハウとはほど遠いものである。各自の勝手な思い込みによって欧米での流行の言葉を重ねるだけで業界を語れるという、日本社会の関連組織のノウハウの質の問題が実に大きい。

ＩＴ産業の公共性の問題は、ＩＴが人と組織のほとんどすべての言動と今や密接に関わっている時代だから起きるものである。セキュリティや個人、組織に関わる情報保護はその一部であり、人と組織の利害と利益に関わるから、ＩＴの負の側面である違法な活動の影響が大きい。

この問題の本質に対して、大国間相互のサーバー攻撃をゲームのように見てしまうと、大きな現実のリスクと影響を見落とすことになりかねない。たとえば、原子力発電所は、電力とＩＴ（コンピューター上で稼働するソフトとアプリケーション）の機能を失わせることで簡単に止められるし、暴走を引き起こすこともできる大きな現実のリスクがある。アメリカの原子力発電所で、予告どおりに外部からの不正アクセスで稼働の制御を失った事件は、そのリスクが現実に起きることを発電所の責任ある経営者たちに強く警鐘する目的で、有意の人が科学的に立証させて見せた事件だったが、日本の安全保障の責任者たちが、はたしてこの内容を理解できる能力と責任力を、今日までに身に着けているのかは、はなはだ心もとない。

▽日本のマスコミ、メディアと民主主義のジャーナリズムの違い

日本のマスコミは、日本の人々と同じように、民主主義の実現をめざして民主政を導入し改善した経験がない。それゆえに、「ジャーナリズムという使命と役割の実践において、知性を磨き努力を続け、そのノウハウを世代継承させてきた経験がないという歴史的な課題」がある。そのことに、日本に住む人々は注意を怠らないように努める必要がある。

明治維新以降、しばらくの間、有意の人々が持ち込んだ市民のための政治思想が、日本の地方地域の知性を磨く有識者に広がり、市（町村）民のためのネットワークを形成する手段として、地方新聞、雑誌などを自主的に始めて、民主政をめざすマスコミ、メディアの萌芽が短い期間ながらあった。しかし、〝**1875（明治8）年の新聞紙条例に始まるマスコミの統制強化**〟が進むにしたがって、行政府の官憲の圧力と弾圧によって、マスコミの内容は、政治や社会の批評からしだいに、経済と産業、娯楽に重心が移る時代の流れを許容するものになる。地方地域の自主、自律的な成長を支える、「**社会の木鐸**」たらんとすることが、しだいに困難になる環境に変わっていく。新聞紙条例以後の5年間で、投獄されたジャーナリストは約200名に上るが、その中に、秋田魁新報社（前身の新聞社）の橋本一止氏の痛ましい獄死事件がある。それは、一山百文と蔑視した石田英吉県令と瀬川安五郎の不正告発の投書を掲載した咎（科）であったが、あまりにも理不尽極まりない。昭和に入ると、長年の介入政策によって作られた「**全国紙**」と呼ばれる今日の〝**中央の新聞社**〟だけでなく、地方地域を拠点とする「**地方紙**」の〝**統合合併政策**〟を進めて、挙国一致体制の社会構造作りが終戦まで続いた。このマスコミの自主性と多様性の喪失は、エネルギー行政が向かう電力会社も同様であり、統制前は100社以上あった電力会社が地域独占となる現在の10社（沖縄を入れて）に統合されて、戦後も見直しされなかった。その現在までの影響は実に大きい。

明治の最初の20年弱のマスコミ、メディアの地方地域の活動は、地方地域の知性を磨く人々のネットワークの手段として、地方紙が機能していた象徴的な時代である。先の秋田魁新報は、日本で４番目に古い１８７３年の発刊の歴史を持ち、反骨の記者魂として「**蹈正勿懼**」（せいをふんでおそるなかれ）を社是にし、犬養毅も主筆を務めたことがある地方紙であるが、当時の有識者相互のネットワークを垣間見ることができる。

日本のマスコミは、民主政に則るものだと思う日本の人々が多いが、長い期間にわたるすり込みの影響があり、実態は乖離している。〝**歴代の政府と行政府によるマスコミ、メディアとの距離の関係は、実にリスクが大きい関係のまま、市（町村）民と国としての括りでの国民のためのジャーナリズムとは、ほど遠い組織**〟に成長してきている。

国際評価である世界のジャーナリストの投票による〝**日本の報道の自由度という評価は、２００９年には17位に大きく下がり、２０１５年にはさらに61位と急降下し、その後もこの評価の流れは止まらない**〟。

日本の全国放送と全国新聞という統合組織のリスクの大きさを考える一例として、アメリカ社会をあげる。政治や産業経済分野の社歴を持つマスコミ、メディアは、ＮＹタイムズ、ワシントンポスト、ロサンゼルスタイムズなどの「地方紙」である。その発行部数は「**日本の全国紙**」よりも専門紙ゆえにはるかに少ないのは、娯楽報道と基本路線を明確にわけているからである。ＴＶ放送というメディアも、ＣＮＮはニュースに特化しておりアトランタを発祥地にするが、戦後の三大メディアのＣＢＳ、ＡＢＣ、ＮＢＣは、いずれもニューヨーク市を本拠として娯楽報道を主体としながらニュースも流す特徴を持つ。ＦＯＸがこれに加わり四大娯楽放送として急浮上してきている。アメリカ市民は、テーマや分野によってマスコミ、メディアを使い分けて世代継承させており、西欧でもまた、教育などをとおして必要な専門分野の知識と社会の動きを、マスコミ、メディアを評価しながら見定めている。

日本の全国放送のＴＶ局は、娯楽報道が中心であり、ニュースの時間も少なくそのソースも当局によって制御されてきた歴史を持ち、早くから海外ジャーナリストに批判されてきた、記者クラブという統制に慣れた業界横並びの習慣は、その一例でもある。

娯楽報道ゆえのジャーナリズムにとっての歪みは、人の基本的人権を守る司法分野にもおよび、その侵害は著名人だけでなく娯楽報道の視聴率重視の社風のために、市井の人々とその生涯にまでおよぶ。それは、世論と称する芸能人や専門家と呼ばれる人たちによってなされる報道で、いわゆるスキャンダル放送の時間の多さとくり返しすり込む徹底度にある。その影響の怖さは、善悪や正義と不正義の二項対立の思考能力を醸成機能とする〝**嫌悪感の共感力**〟の拡大にある。人の共感力の中で、〝**嫌悪感は最も容易に拡大させ排斥力を持つ、日常生活の蓄積した不満のエネルギーを転嫁しやすいものである**〟ことは、特に、〝**民主政では古代のギリシアのアテネの陶片追放という投票制度**〟にもよく表れているとおり、注意を要するものである。

報道されるスキャンダルものは、プロである能力と責任力を鍛えてきた人々による司法制度に代わって、あたかも司法が許しても世論が許さないと言わんばかりの役割で、中世の魔女裁判のような無責任な審判を、加害者とされた人に下して全国の人々に周知徹底をくり返す。この加害者とされた人の多くの場合は、理不尽な圧力を受け生涯その苦痛と悲痛を味わい、国民レベルでは歴史的事実として記憶されてしまい、家族にとっても長い時間軸の汚名の烙印に耐えることを余儀なくされることが多い。たとえ後の司法の裁判で無罪を得てもそれは、一過性の短いニュースの取り扱いにしかならず、本当の意味でのマスコミ、メディア裁定による加害者とされた人々の救済にはならない。たとえば、オウム真理教による初期の松本サリン事件がある。マスコミ、メディアの力によって、周辺の人々から生涯、回復することができない人間関係の絆をズタズタに切られてしまった痛ましい事件である。加害者という烙印は、その後、被害者であったことが判明しても、その生活基盤に大きな影響を受けて、決して回復できない痛みと苦しみは今なお続いている。

世論を背景と言いながらも、社会的影響が桁違いに大きい、大規模組織の明らかな加害に対しては、マスコミ、メディアに対する〝**お詫び会見**〟という所定の所作による禊を済ませることで終わりにし、検察もマスコミの報道で世論の裁きは受けているかのごとく、司法権の裁きの作動に消極的になるのは、これまで意図的に作られてきた日本の社会構造の機能として、実に有益なマスコミ、メディアの世論作りの働きだからである。

先にもふれたアメリカ政権に果敢にも抗ったかず少ない三つの政権は、内外の大きな勢力により公私におよぶ醜聞のネタで、多くの放送時間を使って〝**嫌悪感の共感力**〟を国民に拡大するすり込みによって、政権のリーダーの辞任を余儀なくされてきた。特に今世紀に入ると、検察側も加わり世論による辞職の圧力を作り、目的達成後には「選挙法違反の虚偽記載事実はなかった」として、裁判そのものを見送っている。〝**法治国家**〟と喧伝する人たちの言うとおりの行政とマスコミの動きがある。その影響は、いまだにこの辞任した政権のリーダーには、〝**国民の嫌悪感の共感力**〟の強さによる世論の裁定が強く定着したままである。トランプ政権のように、国民投票によってその去就を裁定として受けたのではない。ましてや裁判によって有罪が確定したわけでもない。世論という〝**嫌悪感の共感力を操作できる、日本のマスコミ、メディアの恐ろしさ**〟がある。

本来の「**ジャーナリズムの使命と役割**」は、「**支配権力を帯びる政府と行政府や大規模組織による力がおよぼす社会的影響力の実態を追及しその原因を究明して、市民ひいてはその市民の知性の連携による共感力が国民レベルに広がるように知らせる、これらに対峙する国民のための情報機能であって、娯楽報道ではない**」。「**娯楽報道、しかも全国放送という利益目標の大規模組織としての言論の自由**」と、『**ジャーナリズムとして、個である人の知性が中心であるジャーナリストの言論の自由**』は、「**その目的と役割、そして使命そのものがまったく異なるものである**」。娯楽報道として、企業の宣伝広告を収入とする利益企業の中央思考の思考能力では、政治勢力という組織を持たない全国の地方地域の不特定多数の市（町村）民や国の括りとしての国民の生活拠点と生活基盤を、身体を張って守る責務の体験と、その知性を磨き能力と責任力を高め次の世代に継承することは、当然のことながら期待できない。娯楽を主とする全国放送という影響の大きさを鑑みれば、他の娯楽組織と同様の取り扱いが本来妥当であるのに、そうしないのは明らかに政権にとって必要な、中央集権に資する報道機関だからである。民主主義を実現させる、民主政の歩みの大きな足枷であることは明白である。

▽税の行政の歪み

これまで、全国の地方地域で国税の交付金などを受けた大型プロジェクトは、その税金の利益を享受した組織をリードした人たちとは異なり、これによって影響を受けた住民の痛みを伴うものが多かったが、それでも未曽有の産業経済の成長があったのは、その邪を呑み込む成長の大きさがあったからと言わざるを得ない。それだけＧＨＱの日本社会の構造を改革する法制度は、的を射ていたと評価できる。

一方で、この当時から現代まで続く社会問題を、発生させ拡大させてきた根本的な原因は、地方地域に対する中央の行政府の国民からの税の徴収権の大きさと、税の使用の独占権に酷似した権限の強さである。それゆえに、全国で汚職腐敗という事件が今日まで後を絶たない。そして、時代が進むにしたがって、地方地域への国税の使い方は、より巧妙に国民への見せ方が変質し、ＴＶと全国紙などのマスコミ、メディアを使った世論形成の介入から操作の構造作りへと強化を重ね、国税を地方地域で使える自治体首長と議会、これとの連携強化を図る経済界のリーダーが、その利害で選挙を支える社会構造は、中央が進める政策とその秩序維持に敏感に反応し続けることになる。それゆえに、知性を磨いてきた少数の人々の改革は、つねに少数派にならざるを得ない、日本の社会環境が続くことになる。

１９８０年代以降の流れは、21世紀に入り加速し、官民一体から良識の大学府を巻き込む産学官連携というスローガンによる税金の支出政策は、２０２０年末には、官学連携ファンドという法律を制定するまでに至っている。１９８９年に財政赤字脱却をスローガンに導入した消費税は、３％ゆえに、所得の差を無視した一律課税を呑む学者、有識者の了解を得ることに成功したのだが、この30年あまりの消費税の増税によって実現したのは、地方地域の市（町村）民の生活基盤脆弱化と崩壊の全国拡大と、財政赤字の天井なき巨額の税金使用の累積であって、止まらない、止めることができない税の行政が続いている。

紀元前、中国王朝の支配権力である前漢時代、その皇帝だった「**文帝（B.C.１７９〜１６７の治世）は民衆の痛みを理解し彼らの生活基盤拡充のために、搾取と化していた税を廃止し、罪刑の法制度も見直し、産業経済対策として貨幣制度の改善も行った**」。彼の死後、すぐに納税は復活したが、歴史的には奇跡とも評価できる偉業である。民主主義を標榜する21世紀の日本。人々の痛みを覚える共感力が、なぜ政府と行政府の人たちに広がらないかと思う、２、０００年の重みを感じざるを得ない日本の歴史の長さがある。〝**納税は義務**〟ではなく国民生活が良くなっている、という実感を持てる人々を増やすための社会構造に改善する政策への、言わば支援金である。ところが、１９８０年代後半から増え続ける政府と行政府の政策と、この政策の尻ぬぐいを国民の義務とする増税では、〝**律令国家時代から搾取する義務の税制**〟と実質的に何も変わっていない現代の税の法制度の現状がある。

②日本の社会構造の歪みによる生活基盤の崩壊に苦しむ人々の痛みとその世代継承

▽国際比較から知るべき日本社会の歪みの拡大

日本の社会構造の歪みの拡大、という長い時間軸が証明している時代の流れは、一人当たりのＧＤＰでは、〝**２０００年では世界3位だったが、２００６年には18位、２０１６年には22位と下降は止まらない**〟。個人業種や中小企業に従事する人々の過重労働の実態も長年変わらず、大規模組織の官民の双方でも裁判になる不幸な事件がくり返し後を絶たない。しかも、ＧＤＰそのものは低率ながら成長を継続しているのに、実質賃金がほとんど変わらぬ日本の労働環境の質の低下がある。長年の歴代政府と行政府の政策のどこに、説明してきた成果があるのか、その大きな虚構と虚飾は、規模が大きく常態化する期間が長ければ長いほど、どの国民であっても受け入れざるを得ない〝**人間社会の力の原理**〟が働いている。

格差を表す指標として、国際的に広く活用されている「**ジニ係数**」（イタリアの統計学者の考案で、数値が1に近付くほど格差が拡大していることを表す）で、〝**日本は１９８０年代前半の0・31を改善のピークとして、以降は格差拡大を示す上昇が止まらない**〟。派遣法の改定に続く非正規社員の増加拡大を見直さないがゆえに、〝**中間層以下の労働者の正規と非正規の平均年収は、2倍を超え3倍の差**〟になろうとしている。これが大企業の国際競争力を強化するために、国内人件費の削減の政策支援であることは変わらない事実である。失われた○○年の長さ。〝**下位10％の人々の実質所得がマイナス成長になったのは、ＯＥＣＤ（経済協力開発機構）諸国では日本だけである**〟という人々の痛みに、「**我が身、我がこと**」として目を向けず、自分たちにとって都合の悪い情報として、自省の外に置き続けている政府と行政府であるかぎり、この流れは変わりようがない。

これに対して一人当たりのＧＤＰが、つねに上位の北欧やスイスなどでは、ジニ係数の格差は低く過重労働も以前からなく、大切な家族や友人などとの時間を使い、女性の社会進出も達成されて、社会的な共通認識である男女対等の子育ての時間を使うことで、次の世代の人々を育てるという付加価値を高めることにも成功している。

老齢化によって、将来の生活費を稼げなくなることが現実となるから、そのための生活費としての年金がある。さらに、自然災害や病気や障害によるリスク対策のために、そのリスクへの自助努力としての貯蓄は、人としての当然の命と苦痛への安全保障対策費となるが、〝**日本の貯蓄のない世帯は、１９８０年代までは5％で推移していたものが、その後上昇を続け、２０１０年代には25％を超える状態になり、その上昇は止まらない**〟。

▽地方地域（大都市を含む）の人々の生存、生活基盤崩壊の痛み

人々の生活基盤は、地方地域（大都市を含む）にあり、先人の開拓の努力の積み重ねの継承によって、現在生きている複数の世代に繋がってきたものである。政府と行政府や大規模組織の本社がある中央という拠点にあるわけではない。そして、人々の生存、生活基盤における税金徴収から受ける行政サービスの骨格内容のほとんどが、中央である政府と行政府によって決められてしまう。その決め方は、政治的圧力を持つ組織の利害と利益を代弁する委員と、政府や行政府が介入関与してきた大学や財団などから出された委員などによって構成される委員会などを使って、海外諸国の民主政のような形式をまとったものであるため、その実態は、地方地域の現実の厳しさを解決する成果に繋がらないものがほとんどになるのは、権力を帯びる中央という日本の組織が持つ伝統だからである。

国民の生活基盤が拡充している国々の地方地域と国との役割、権限の分担は、日本とは大きく異なっている。「**人々の老後の生活基盤の安定の保障と、命や苦痛のリスクへの備えのための安全保障の多くは、地方地域が主体的に決めることができる税金徴収の権限があり、中央が介入できる分野は、法制度で限定**」されている。したがって、「**国の借金の理由とその対策対応のための財政規律が、住民サービスの税源である地方自治の財政とは明確に分けられた上で、国民としての監視と管理が投票によって、つねに判断される社会構造**」になっている点が、日本との大きな違いである。それゆえに、「**生活拠点、生活基盤に関わる地方自治の政策やサービスに関して、選挙を含めた投票の言動で、市民が決めることができる行政サービスの内容がある。そして、その改善が継続する社会構造**」だから、住民の生活を豊かにすることができている。

１９９０年代から全国の地方地域で、共通の時代の流れとなっている過疎化。戦後の産業経済成長の中心地域である駅前や商店街は、軒並みシャッター街化し、地元の有志の人々と地方自治体の共同での取り組みにもかかわらず、過疎化を止めることができた事例を全国で見つけることが難しい現実の厳しさがある。高度経済成長の担い手だった中小企業や個人業種の多くの人々が活躍の場を失い、再生できないまま続く姿がシャッター街であり、過疎化である。最も人口集中の激しい首都圏、関西圏でさえ過疎化が進む地方自治体が多い。都道府県と国の税金支出を受けて、道路などのインフラ事業によって作られた新しい街並みには、駐車場完備の大手チェーン事業の看板が全国どこでも見られ、代理店契約などで地方地域の消費利益が、〝**中央の大規模組織に還流される社会構造**〟が作られている。かつての小売自営業者は、統合合併で寡占化が進む大手コンビニなどの下請けとして、過酷な労働を余儀なくされる社会問題として取り上げられるまでに、社会構造の歪みの拡大が進行している。市（町村）民の食の生活基盤である農業と漁業もまた、外国人労働者（国内の首都圏などへの移動と同様、生きるための国際移動労働者）に依存するという、過酷な労働と収入が見合わない業種に変化して、先祖代々、農業漁業に従事してきた職と土地と漁業権を手放す人々が後を絶たない。〝**生活基盤の崩壊があるから、老々介護になり遠隔地介護となる、人間性と公共性が低下していく社会環境と家族環境**〟にならざるを得ない。そこには単なる過疎化という現象だけではなく、全国共通の多くの人々の痛みの拡大が止まらない実相がある。そして、これらは〝**世代継承され連鎖拡大するリスクが、極めて高い日本の社会構造**〟に変質し、いわゆる失われた○○年の加算が続いている。

力が勝敗を決める、中央が決める。それゆえに、人と企業などの東京圏の一極集中度の高さは、世界でも例がない。利害と欲望に敏感なアメリカ社会でも、ニューヨークにあるアメリカの大企業の本社は1／4にすぎず、大企業以下も合わせるとさらに集中度は低い。

▽**地方地域における沖縄の負の連鎖の社会構造の事例**

沖縄の人々の痛みの歴史は、根深いものがある。日米戦争の県民の1／3という犠牲者の多さだけではなく、日本軍による理不尽な非人道的虐待は、尋常ではない痛みを歴史に刻印している。政府と行政府の介入度は、全国で圧倒的に強い沖縄返還後の歴史。日本の国土面積の０・６％で、基地の県としてアメリカ駐留軍の74％を受け入れてきた長い期間があり、そのほとんどは私有地（沖縄以外はほとんどが国有地）で利害と利益が優先する基地の行政がある。〝**介入度が最も高い地方地域の沖縄**〟ゆえに、格差は全国1位。一人当たりの県民所得は最下位。ジニ係数も全国最悪の1位。離婚率も全国1位。非正規雇用もトップレベル。年金加入もままならない加入率最低レベル。国の安全保障として、思いやり予算というおよそ得体のしれない予算も含めて、巨額の税金を投入し続けてきたが、沖縄の人々の生活基盤は、良くなるどころか、民主主義の社会からは遠くなる真逆となる時代の流れは止まらない。明治の沖縄の地方自治を改革しようとした、上杉沖縄県令（上杉鷹山の治世を座右の銘とする）の中央の圧力による改革の挫折。鳩山、小沢政権がめざした沖縄の人々の痛みの緩和政策は、強い内外の権力によって挫折するが、圧倒的多くの国民にとって、「**我が身、我がこと**」として、沖縄の人々の痛みを緩和する、国民の声の広がりにはならなかった〝**世論の形成の仕方と質の両方の問題**〟として、日本の社会構造の根深さがある。

▽**民主主義の第一歩である社会的弱者への社会福祉の民主政の先進国との格差の大きさ**

民主主義の実現をめざす、日本の憲法が想定している社会的弱者の生活基盤の保障は、人間社会における最も基本的な公共性の実現政策でもある。児童養護施設利用者は、全国で約２８、８００人、乳児院約３、０００人だが、その実態は大倹約の大部屋生活。これに対して、制度模倣先の欧米は、個室で専門のスタッフがこまかくケアできているが、日本ではいつまでも夢の話。そのような環境下で、最も差別、区別に敏感な思春期には、社会で生きていくための職探しをせざるを得ない環境にあるが（18歳から自立する法制度）、そこからがさらに苦しい状態が続く。学歴、仕事、結婚などあらゆる面での不当な社会慣行とルールによって、努力過重に対して報われない状況になるのは、これまで説明してきた日本の社会構造のさまざまな歪みの拡大と、その世代継承まで進ませる構造上の大きな問題があるからである。生活基盤を確保する術である日本のさまざまな分野での契約には「**保証人**」が必要になるが、これらの人々のための保証人の成り手がいない。それがどんな想いになるのかを、想像できる日本の人々はどれだけいるのであろうか。マスコミによって喧伝されるボランティア精神の発揚の善徳の世論形成力とは異なる、日常の大きな社会的ハンディキャップを負う社会制度の表裏は、何も変わっていない。

▽市（町村）民の生活拠点の地盤沈下による人々の痛みの重さと人間の尊厳

市（町村）民の生活拠点の地盤沈下の常態化は、およそリスク管理とはほど遠いものがある。そして、生活基盤の脆弱化の放置の継続は、弱い立場の人々から崩壊していく社会構造になる。この社会構造の歴史的な因果関係を変革していかないかぎり、生活拠点と生活基盤の崩壊の拡大、という時代の流れを止めることはできない。残念ながら、生活基盤が豊かになると感じることが増えて、持続的成長の連鎖が働く社会構造となった地方地域は、日本にはほとんどない。

日本の社会構造の環境下で、痛みを覚える多くの人々は、その共感力が広がらないように意図的に分断されている。世界の人々が『**痛みの共感力を拡大させて求めた民主主義を政策に反映できてきた**』時代の合理的な因果関係を、歴史として覚醒させないかぎり、「**人々の痛みを、我が身、我がこと**」として考えて、人と人間社会に付加価値をもたらし『**人間の尊厳**』を取り戻すために、日本の社会構造を自ら再び改革することは期待できない。歴史が警鐘し続けている、〝**人間社会の力の原理**〟が強く働くゆえんである。

☆マザー・テレサが、「**この地球上では、二つの飢えの地帯がある。一つはアフリカであり、今一つは日本である**」と看破できたのは、組織にとらわれることなく、人々の痛みを生涯癒し続け、その痛みの原因と対策対応を歴史からも学び、生涯考え実践する努力を続けた人であったからである。その洞察力は、歴史の警鐘をわかりやすく世界の人々に伝えている。その想いをあえて換言すると、前者は「**物質的な飢え**」であるが、後者は〝**人間社会の歪んだ構造が起こす人為的な人々の痛みという飢え**〟である。『**マザー・テレサの能力と責任力は、まさに英知を磨き続けたその人の生涯の輝きであるばかりではなく、未来に続く人類の普遍的な人と人間社会のめざす姿への強い光明でもある。**』

第3章　憲法とは何かを知る責任
～法治国家との闘いの歴史

1　法治国家の歴史

▽支配権力の武力による建国と法律による〝法治国家〟の秩序維持の社会構造作り

支配権力を拡大する最も効果的な手法が、法による人々の縛りでいく重にも法制度化すればより強固になる。それは、武力による制圧後の支配圏確立以後の政権にとって、その体制の秩序維持のために最も効果的な手法であり、洋の東西を問わない〝**人間社会の力の原理**〟を示す〝**法治国家として正当化させてきた支配権力の思考能力の産物**〟である。したがって、法制度で人間社会をどのように変えていくのか、〝**その人為的な意図と成果は、その法制度制定からの時間経過に応じて人間社会の構造の変化の因果関係として明確に表れる**〟ことは、論を俟たない歴史的事実である。

第二次世界大戦の人々の巨大な痛みの共感力の広がりが、その痛みを理解する世界の歴史を学び知性を磨いた人々によって、世界各地域で歴史的に支配してきた社会的上位層の圧力に対抗して、民主主義を実現する人と人間社会に付加価値のある法制度を、獲得してきた時代の流れが20世紀後半に顕著になった。この時代の流れの中で、日本では、政治のリーダーと目される人たちの〝**民主主義＋国家**〟という言葉使いをよく耳にするが、民主主義を実現する法制度創りの人々の言動としては、終戦以前も以降も相応しい言葉ではない。なぜなら、支配権力を象徴する〝**国家**〟と対峙し闘う普遍的な価値観が民主主義であるから、〝**民主主義＋国家**〟という、相反する価値観の結合を意味するものではない。それゆえに、現行憲法では国家などの言葉は、明確に区別して使用していない。

日本の有史として支配権力層による支配、被支配の社会的秩序が成立して以来、戦後のＧＨＱによる民主主義に基づく法制度が日本社会に導入されるまでの長きにわたって、〝**法治国家**〟としての日本の社会は、支配権力層とこれを支える与力層や利害や利益の享受層にとって、有益で安定秩序となる法制度が構築され続けてきたのであって、戦後になって急に〝**法治国家**〟になったわけではない。少なくとも現代社会にあって、〝**法治国家**〟と説明する政権を担う多くの人たちの中から、ＧＨＱによって導入された民主主義に基づく主権在民を実現する民主政の政策と法制度創りを継承し、発展させる舵取りをしてきた人を捜すことは、とても難しいこの数十年の時代の実績である。

民主主義は、地方地域の生活拠点で多様に生き、その個性を生かしながら努力する人々が、その活動の付加価値に応じて報われ、人間社会が豊かになる連鎖という世代継承を普遍的な価値観とする。国家がその法律を駆使して、〝**国民に義務**〟を課して、動かすものとは対極にある価値観である。

人はその利己的な利害や欲望を達成するために、他者に与えた〝**人権侵害に対して責任**〟を持つのであって、〝**国家から義務を課せられることは、どのような法律であっても許されるものではない**〟。それゆえに、現憲法は、人の基本的人権の内容を明記しているのである。なぜ「**現憲法が国民、国家という用語を区別して人々と記し**」、現憲法制定後であっても、政府自体が、基本的人権に制約をかけ、国民に義務を課す法制度制定の権限を憲法上持てるように、憲法を変えようとするのか。それは、現憲法を制定した人々は、圧倒的多くの市民が苦痛と悲痛の体験を繰り返してきた長い法制度の歴史から警鐘すべきものとして、民主主義の最大のリスクとして、学び得ているからである。日中戦争、日米戦争による尋常ならざる痛みの体験のない世代がほとんどとなる時代を迎えた時に、必ず起きる憲法改正のリスクに対して、「**憲法そのものが法の怖さ、法の支配の悲痛さを刻印している**」のである。

生活拠点のある地方地域の住民が起こす、その生活基盤の侵害に対する訴訟の根本的な解決の多くは、法制度の改善にある。かつての公害訴訟に、なぜとても長い期間がかかったのか、病気の医学的科学的根拠がすでに明白にもかかわらず、なぜ伝染病とされ長く隔離され多くの人々の基本的人権が蹂躙され、大切な人々であったはずの家族や親族や友人との絆が断ち切られ、さらに差別、区別されなければならなかったのか、そのすべてが中央からの物理的な距離が遠いからではなく、地方地域の被害を受けた多くの人々の痛みが、共感力となってその影響を回避しようとする住民自らの立法措置が取られるまでにならない、その社会構造に決定的な問題があるから中央は遠いのである。生活基盤の脆弱化や崩壊を第一義的に救済するのが、地方自治の本来の姿であって、それを国と称して作る法制度より緊急避難として優先される法制度にしなければ、市（町村）民である人々を支配してきた〝**日本の伝統的な法治国家**〟となんら変わらないことになる。阪神淡路大震災、東日本大震災と原発事故の被害など、次から次と起こる住民の苦痛の継続に対する、早期解決に関わる法制度の内容改善は遅々として進まないのに、巨額の税金の支出をともなう法制度は極めて速く進むのは、その目的と受益が日本列島に住む多くの人々のためにあるのではなく、特定の財力を持つ権力と帯電する政権との距離の近い人たちが利する、組織のための法制度が機能しているからである。憲法が保障している主権在民が、極めて歪む立法、司法、行政の法的権限の所在を示している。

▽三権分立の政権体制の歴史

〝法治国家〟の濫觴は、東アジアにおいては歴代中国王朝を遡ることになるが、武力で国を統合した商（殷）王朝が最初であり、それ以前には伝説の三皇五帝という孔子などが理想とした社会のリーダーの時代がある。この時代が後世から理想とされるのは、後世が支配権力の政権の時代であるからである。この時代のリーダーが、リーダーたる能力と責任力を発揮した有史以前の長い時代が、むしろ世界中の地域では多かったと言える。そこには人間性とその均衡ある公共性を実現する、知性を磨いた人々によって創られた公正なルールが、「**相互の契約**」として、社会に流通する長い時代が続いていたと想像できる。

東アジア、その中国では、公正なルールに基づく「**相互の契約**」がなくなり、〝**法治国家**〟としての王朝が、20世紀まで歴代政権として続いた。一方、ユーラシア西側では、現代社会までその「**相互の契約**」の価値観は継承され続けている。古代ギリシアで始まったスパルタの王政、アテネの民主政は、ともに「**法治社会**」として歴史に登場する。スパルタのリコルゴスがBC８世紀にデルフォイの神とスパルタ市民との契約を結ばせることによって、スパルタの「**法治社会**」をつくった由来には、武力によって〝**法治国家**〟を作った東アジアとは異なる社会形成がある。さらに特筆すべき特徴に、旧約（新約も）という聖書の名に冠する神と人間（人間社会）との契約という概念の価値観の現代まで続く継承が、中世から近世に欧州の人々を解き放つプロテスタントという宗教改革を生み、広げる精神的土壌がある。少なくともこの精神的土壌には、「**相互の契約**」という相互の恩恵を前提とする、相互の責任が基本となる価値観が脈々と流れており、それをして中世まで長く続いた支配権力層の思考能力が営々と作り上げた〝**法治国家**〟から、市民のための法制度に舵を取る時代変遷となる。その舵取りの変遷は、決して平坦で真っすぐなものではなかったことは、20世紀までの歴史と、再び回帰のリスクがある1980年代以降、現在まで続く時代の流れに示されている。この時代の流れにどう向き合い対策を重ねるか。政権とそれを選べる人々の知性の磨き方しだいで、立法、行政、司法という歴史的な三権は、〝**国家を自認する人たちのもの**〟になるのか、市民の基本的人権を守り拡充するためのものになるのか、大きな違いが生じる。市民の三権への対峙は、武力と財力という〝**人間社会の力の原理**〟と『**知性を磨く人々の痛みの共感力**』との闘いでもある。

有史以降の長い時代、支配権力としての社会的上位層ほどその思考能力にとって、社会秩序とその構成単位である組織秩序の維持は最重要課題である。その取り組み対策が〝**国家の安全保障問題**〟であり続けた。それゆえに、政権を握る者たちが使役する立法、行政、司法の大規模組織の支配権力が、搾取する人々に向かわずに、政権を握る少数の者に向かうことを極度に恐れ、三権の相互牽制の分立は、基本的な統治方法として早くから確立された。この三権の組織の他の支配権の世襲制を認めずにこの三権を直接支配することを、王政、皇帝政、天皇政（日本の場合の呼称）と呼んできた長い歴史がある。

20世紀に起きた〝**武力と財力の力で解決する巨大な歪みの国際化**〟の暴走は、二度の世界大戦に代表される戦争と世界恐慌やたびたびくり返される金融を原因とする経済ショックが引き起こした、世界の人々の苦痛と悲痛という、巨大な犠牲を与えてきている。日本の民主政のほとんどの歴代政権のリーダーたちは〝**法治国家の国民の代表**〟として、犠牲となり今もなお痛みの共感力を持ち続けている被害側の諸国の人々に向かって、〝**過去は水に流して未来志向での国際協力を**〟と述べることが、自由、平等と同じ言葉の響きを持つものと信じて疑わない。国内政治と同じ思考能力の延長から、外交声明をくり返し続けている。巨大な痛みの共感力を継承しているならば、〝**被害者ならいざ知らず加害者であれば、決して個人としても言えない言葉を国民の代表として言える**〟その理不尽さを、内外のすべての人々に対して示していることへの自覚がない。それゆえに、戦争も金融を原因とする経済ショックのくり返しも、その現実の因果関係は、人災という法制度の改定の積み重ねで、日本社会の歪みの増幅による暴走を止めることができなかった、終戦までの歴史的事実について学ぶことができない。そして、時代を回帰する言動と姿を露呈することになる。人間社会にとってのリスク対策対応の能力と責任力が、リーダーだからこそ強く問われるのである。

21世紀の民主政のアメリカの政権の舵取りは、明らかに建国の精神を刻印した独立宣言の主旨である、知性を磨き付加価値を人間社会にもたらすその努力に報いる、というものとは明らかに乖離してきており、その精神の継承は、アメリカの利害や利益という近視眼的なものではないはずなのだが、**〝法治国家〟**として立法、司法、行政への政権の予算権と人事権による、従来踏み超えなかった領域への介入が継続してきている。それでも今のところ、大統領職務の任期と選挙によって、まがりなりにも政権交代という民主政は保たれてはいるが、トランプ政権の大統領選の終末段階での言動は、法には違反していないものの、アメリカの民主政の建国の精神に沿う舵取りとは大きく乖離する、違約だったことは確かである。この違約が招いたアメリカ社会の分断は、2020年の選挙で負けた政権のみの現象ではない。克服すべき点は、アメリカの独立以降の利己的な法制度制定の勢力との絶え間ない闘いであり、南北戦争後も続く歴史的な課題でもある。力による解決ではなく何をすべきか、20世紀の世界大戦の勝利でも、同じ課題を突き付けてきたアメリカの歴史を、分断という現象が問いかけている。

▽〝国家、国益と公益、国民〟という法的思考能力

前憲法ほど、この〝国家、国益と公益、国民〟という強い法的思考能力を駆使して作成されたものはない。そこでは、**〝国民の命、財、その大切な家族や人々や価値観などすべてが国益と公益のために、国家に尽くす義務〟**が明記され、支配権力を帯びた政権と行政府、さらにこれと同じ思考能力を帯びた組織のより上位層が、一方的にこの**〝国家、国益と公益〟**の大義と正義を決めることができた**〝法治国家〟**であった。それゆえに、**〝国家、国益と公益、国民〟**を語る人々が作る法制度の積み重ねで、内外に向かった**〝国民一丸〟**となった暴走を、誰も止めることができなかった。その**〝巨大な**

力〟と〝**周辺諸国に及ぼした尋常ならざる影響の大きさ**〟にもかかわらず、その加害者たちはほとんど誰も責任を取っていないのだが、東京裁判で有罪となり刑に処せられた人たちは極めて少数の例外である。これに対して、人の痛みと人間社会の理不尽さを是正しようと強く言動した人々の多くは、獄死や殺害や弾圧を受けて、その家族や親しい人々までも生涯苦しむという長い時代が続いたにもかかわらず、その加害者たちの責任は取らされていないし、自ら責任をとっていない摩訶不思議な日本の、〝**国家、国益と公益、国民**〟という法的思考能力の特徴がある。アメリカ政権の舵取りの大転換によって、戦犯として公職追放後、許されて復帰した20万人以上もの人々の動きは、その責任をとらない氷山の一角でしかない。

この〝**国家、国益と公益、国民**〟という法的思考能力は、戦後もまたつねに全国津々浦々の地方地域に生きる人々の忍耐を強いてきた。それらの多くの人々の命、病気、傷害、思想信条などへの現実的な基本的人権の侵害という事実があるにもかかわらず、〝**国家、国益と公益**〟のための産業経済の成長と高度な安全保障という、政治判断を優先させる中央の人たちの思考能力を、法制度によって正当化することがくり返され、国民はこれを遵守するという〝**法の支配という法治国家**〟作りが続いてきた。〝**前憲法における天皇大権の統帥権という神聖にして不可侵の虚構と虚飾を、法制度でいく重にも強化し、その責任を問わせない、取らない社会構造を作ってきた、支配権力の中枢を継承してきた人たちにとって、現憲法でも再び日本に住む人々の民主主義に基づく、主権在民を具現化する基本的人権の不可侵を、絵に描いた餅のごとく虚構と虚飾化することは造作ないことで、終戦までと同じ**

思考能力に基づく、法の支配を進めている〟。

それゆえに、日本の政府と行政府が長年進めてきた〝**法の支配による法治国家**〟という、統治のための法制度と政策の流れは、中央が支配管理する社会の分野を拡げ、細部まで介入強化できる影響力を拡大している。その手段が、巨額の税を支出するための税の徴収であり、1989年の消費税の導入以来の30年あまりの長い時代、財政の壁もない天井知らずの税金負担を、国民の子々孫々まで確実にする方向軸が変わらない。民主政の先進国では日本だけが、この異常な長い時代を止めようとしない、「**現行憲法が定める主権者である日本の人々**」が〝**誰も止めることができない時代が長く続いている**〟。一貫して継続してきた政策ゆえに、全国の市（町村）民の生活拠点と生活基盤は、脆弱化し崩壊することが拡大し、消滅リスクの現実化に直面する市町村も増えている。

民主主義の政治では、「**主権在民である市（町村）民が連帯して、自分たちの生活拠点と生活基盤の脆弱化と崩壊から、自己防衛できる法制度を速やかに自らつくること**」と、「**主権在民と基本的人権を否定する法制度による中央からの圧力に対して、違憲とする最高裁判所の判断が速やかに行われること**」、この「**最低二つの法制度の保障**」があって初めて、大規模組織である政府、行政府、司法府（日本の場合は法務省と検察庁が最高裁判所とは異なる権限を有す行政組織）に対峙して、闘うことが可能になる。しかしながら、現実はそうではなく、ここに記したたった二つの法制度を自ら速やかにつくることも、中央の圧力に対する最高裁判所の速やかな判断がなされたことも、戦後の歴史ではほとんどなく、年月をかけた長い中央との司法闘争で、住民側が違憲勝訴を得ることは多くないがために、住民はたとえ勝訴したとしてもその長い年月の経過の前に、自力で乗り越えていくしかない、日本の民主政の理不尽な現実を味わい続けている。

このような現実の放置は、人間社会の構造の歪みを許容することになる。違憲状態を長く続けないためには、市（町村）民が連帯して『**痛みの共感力**』を拡大し、自己防衛できる法制度を速やかに自らつくることと、中央の圧力というストレスを長い期間受け続けないために、最高裁の裁決が速やかに行われる法制度をつくること、この最低限の二つの法制度の整備が必要なことは、改めて言うまでもない。国が被告なのではなく、政府と行政府や長年続く政策の利害と利益の受益者である大きな組織が、本当の被告である。それが、ほとんどの違憲訴訟の特性である。一方で、その違憲状態という被害を受け大きな精神的ストレスが続く原告である本来、主権者である市（町村）民は、組織を持たず政治力も持たない「**個である人々**」であり、これを支援する弁護士もまた「**個である人々**」である。被告の「**力を持つ大規模組織**」との彼我の実力の差は歴然としている。

対抗しうるものは、『**民主主義という正義の連帯感と現行憲法**』でしかない。その『**正義の連帯感**』が、支配権力や大規模な組織力や武力や財力と闘い凌駕できた時代は、残念ながら日本の有史の歴史にはない。戦後、ＧＨＱによってもたらされた民主政を支える現行憲法が保障する最高裁の違憲審判によって、人々の民主主義の正義が守られても、加害者である被告の〝**圧倒的な力を持つ組織**〟を律する、有効な法制度の制定はほとんどない。違法な影響を与えた組織の上位層の罰則規定も定められていない。罪刑法定主義の大きな欠落は、続いたままである。

▽痛みの共感力の拡大を封じ込める伝統的な手法

「なぜ違憲状態に苦しむ人々の痛みが、国民の共感力として拡大しないのか」。それは、基本的人権の侵害を受ける人々が、まだ侵害を受けていない他の地方地域の圧倒的多くの人々との連帯を遮断され、封じ込まれてしまうからである。一方で、基本的人権の侵害は言葉の世界とは異なり、毎日という日常ゆえに切羽詰まった精神的なストレスを家族ともども蓄積すると、人であるかぎり家族や大切な人々を守るために冷静さを保つことは、ほとんど不可能である。これまでの多くの人間社会では、必ず意図的な扇動が起こり、事件になっている。この忍耐を続ける人々の精神ストレスの状態に、一触即発のエネルギーとして、アンダーグラウンドの組織的な力を煽動役として紛れ込ませると、不可抗力としての暴力性を帯びる言動がマスコミの映像をとおして報道されることになる。現場で不正を見続けていない多くの視聴者の人々は、『**痛みの共感力**』を持つことなく、連携どころか無関心になるか、逆に、その暴力性に批判的な世論としてマスコミに報じられてきたのは、歴史のつねである。

日本のアンダーグラウンドの代表的な例は、暴力団組織であるが、広域暴力団対策法とは裏腹に、日本全国の地方地域のこれらの拠点の影響を受ける市（町村）民は、常にリスクから精神的不安の日常生活に晒されている。その暴力団組織は、日本には約８００前後、その構成員は10万人もいるその現実を日本の誰もが知っているが、普段そのリスクに晒されていない人々の方が多いゆえに、オウム真理教のように暴発しないかぎり、摩訶不思議ながらこれらの組織の活動に、黙認のような状態が続く日本社会である。ちなみに、暴力団組織に入る財は、ＧＤＰの数％もの規模であるが、アンダーグラウンドだからその巨額の利益の構造そのものが、現実の多くの人々の痛みを伴う基本的人権の侵害がある高い違法性が放置されていることになる。これは、日本の生活基盤を守る治安という役割を担う、行政組織の対峙の仕方という基本的な問題も浮き彫りにしている。

2　日本の法の支配による法治国家の実態

▽法治国家の思考能力が暴走した終戦までの統帥権とその変異の継承

戦後の教育の判で押したかのような〝**軍部の独走による戦争被害**〟という、平和という抽象用語と反する簡単な〝**善悪論理**〟では、天皇大権とされた〝**統帥権**〟という責任をとらない、問わせない支配権力の人たちによる〝**国民を総動員する力の暴走**〟の原因すら知ることができない、日本人の現状となってしまう。原因を日本人が共有しその共感力を世代継承できているのであれば、戦後の時間に比例する、めざす民主主義を実現する日本社会に近づき、多くの人々が豊かさを実感し次の世代に自分たちの生き甲斐を伝えて、将来に夢を持つ共感力を拡大できているはずである。ところが、失われた〇〇年として、毎年加算されるこの時代の流れは、一部の例外を除き、生活拠点のある地方地域の過疎化によって、将来の消滅自治体を具体的に予測され、さらに格差拡大で多くの人々が死ぬまで働かざるを得ないという、現実の苦しみをすでに目の当たりにしている。

前憲法である、大日本帝国憲法に定めた天皇大権である〝**統帥権**〟によって、なぜ軍部が天皇個人と天皇家一族を無視して、日本の国民だけでなく周辺諸国の桁違いの多数の人々にまで、国家の武力と財力を権力として、使い続けることができたのかを知る必要がある。〝**日本の人々が自ら止めることができずに、受容し続けなければいけなかった終戦までの暴走**〟は、アメリカの軍事力によって止められたのは、歴史的な事実である。止めることができなかったのは、天皇個人とその一族にもその意思がなかったのか、意思があってもすでにかつての天皇政の時代でも傀儡だった、歴史のくり返しだったのかについては、いずれも的を射ていないのは、権力の中枢を握る人たちに抗った形跡が、皆目存在しないからである。前憲法の記載するところの形式上は、国民にとっては、天皇個人が自由に扱える神聖にして不可侵の独裁権が、〝**統帥権**〟の説明であるはずなのだが、天皇機関説事件のおりの昭和天皇の側近への言葉にもあるとおり、本人も、一族もそのように帝王学として教育されてはおらず、天皇に仕える多くの忠誠心溢れる人たちも、支配権力の中枢を知りつつも抗った事件のニュースの形跡はなく、支配権力の中枢の中での権力争いも、見ることができない。

権力の中枢を支配する、一部の限定された人たちは、〝**神聖にして不可侵という彼らのための結界**〟の中で、欧米列強を模倣した三権の組織の頂点としてだけでなく、武力の象徴である軍部を統べる力と日本の伝統的なアンダーグラウンドの力も支配し、〝**国家の社会秩序を乱す者、乱すリスクがあると判断した者やその大切な人々までを、理不尽なやり方で排除してきた長い歴史**〟を持つ。その代表例が、表は特高警察で裏が右翼団体と暴力団などである。その表裏一体の手法は、1928（昭和3）年に制定の〝**統帥綱領**〟に、〝**超法規的権限であり、議会などに対して一切責任を負わないもの、機密扱い**〟として、明確に記されている。支配権力の中枢を握る者たちにとっては、自分たちが神聖にして、侵すべからずの存在であって、一方的な権力を行使し、その責任は負わない、問われない、問わせない存在である、という徹底ぶりである。さらに〝**機密として記録に残さない後世の批判さえ許さない**〟、という強い思考能力が発達している。この思考能力の影響は、その権力の行使を担ったすべての組織の責任ある立場の多くの人たちにおよんでいる。諸外国と、そして同じ東アジアの諸国と比べても、際立った責任回避の言動が多いのは、現代の〝**法治国家**〟と自称する人たちもまったく同じである。民主政の基本である議事録とその公開という大原則に反して、国の安全保障などの重要審議事項ほど、〝**非公開かつ議事録も残さない**〟という徹底した、〝**自分たちとその子孫のための名誉のための無責任**〟を貫いている。まさに〝**彼らのための法治国家**〟であることは、法的になんら異論の余地はない。

戦後、戦犯として公職追放（１９４６〜１９５０年）された20万人以上の人たちが、アメリカ政権の舵取りの大転換で、その反共政策の手っ取り早い官吏として、関係するすべての組織に復帰した。彼らはその能力を駆使し、レッドパージという大義名分で万という単位の有能な人々を排斥したのは、アメリカ政権の庇護の下では容易なことであった。１９５３年の民主主義の教育の廃止と、この権力を担う民主政のあらゆる組織での人の入れ替えは、その後の日本の地方地域の人々の痛みが、拡大浸透してしまう大きな要因にもなっている。

終戦までの特高警察が長い間、日本の市井の人々に何をし続けたのか。改めて説明してもきりがないが、あらゆる基本的人権を侵害し続け、どれだけの多くの人々が辛酸を舐めて、その家族や親しい人々も理不尽な扱いを生涯にわたり受けたのかは明白である。その特高警察の強い指揮命令権を持っていた局長クラスの7人もが、不思議にも公職復帰後、国会議員選挙で当選し、さらに1960年の総選挙での60名に上る当選者は、絶大な権力を行使した旧内務省などの出身の人たちだった。これらの人たちの政治と行政の活動に対するアメリカ政権の対応を見て、かの吉田茂元総理大臣は、日本の政治社会体制の構造への無知、それを知ろうともせず自国の利益のみに関心を示す政策の圧力手法ゆえに、対応する日本側の隠された意図に、まったく気付いていなかったと後に語っている。地方、地域の公害問題における中央の産業経済分野の言動は、この氷山の一角でしかない。

『周辺諸国との尋常ならざる人々の痛みの共感力』を相互に世代継承しているドイツの現代まで続く戦犯の事実の追及という**『責任のあり方』**と、〝**日本の責任のあり方の大きな違い**〟は、2011年の東日本大震災の自然災害と、東電の福島原発のメルトダウンによる「**桁違いの多数の人々の痛みに対する共感力が生む、二度とくり返さないという政権のリーダーと、それを判断し支持するドイツの人々の多さとの、大きな違い**」にも、象徴的に表れている。ユーラシア大陸極東の先の他国で起きた地震と津波を契機として、地震と津波をほとんど体験する機会のないドイツにもかかわらず、『**日本の人々の痛みを自国の人々のものとして、我が身、我がこととして、考えその共感力を広げて**』、〝**原発行政の経済**〟をあっさり捨て去り、本来の再生可能エネルギー政策に拍車をかけることで、2022年には全原発施設の廃炉を完了する、ドイツの『法知社会』としての責任のあり方がある。先祖代々住み続け、生活基盤のある故郷を追われてしまった4万人もの人々の悲痛さが、10年経った今でも、そして今後も癒されそうにない背景には、日本の〝**中央という官民一体の人たちの変わらぬ思考能力**〟が働き続けている。

▽〝国家、国益と公益、国民〟という思考能力が作る日本の法制度と〝改正憲法による法治国家の完成〟という回帰

〝前憲法での天皇大権、という統帥権の神聖にして、不可侵の虚構と虚飾を、法制度でいく重にも重ね、その責任を問わせない、取らない社会構造を作ってきた、法的思考能力の強い人たち〟は、明治の前半に高まった自由民権運動や全国の地方地域でのジャーナリズムの言動を抑え込むことに成功し、ひたすら富国強兵の中央主導の政策を、自分たちに都合のよい論理で、止まることのない狂走を続けた。止まることができなかった国民全体の狂走のエネルギーとなったのは、国民の精神基盤へ介入し歴史的な伝統として作った国民の受容性が持つ蓄積する不満のエネルギーが、愛国精神を大義の発揚として変質し〝**国民一丸となる強い排他力**〟であった。国内ではこれにしたがわない人々を、住民の密告という前代から続く伝統的な〝**相互監視**〟で排除させ、国外では人道に悖る言動をくり返した。ヒットラー政権がその独裁体制を強化していく過程で、法制度の改定とオリンピック誘致を強力に進め、最も単純に政権に同調しやすい愛国精神の高揚に効果があるオリンピックの運営を、国家を挙げてプロパガンダに掲げたのは〝**娯楽報道による国威発揚の最大の祭典**〟だからである。政権の目標達成にとって必要なことは、愛国精神に訴えて異論を許さない〝**国民一丸となる、一体となる大きな精神エネルギーの表層を隠れ蓑として突き進む、政権の本来の狙いの確実な達成のための憲法や法**

制度改変〟にあることとは、法的思考能力の強い人たちにとっては、最も古典的ながら効果が最も高い手法である。

それゆえに、この権利を行使した者たちの能力と意識や人格には共通の特徴がある。他者を圧するその場しのぎの修辞で、権力を行使する卓越した〝**論理思考能力**〟。〝**その権力行使の結果責任は、他者、社会、国民や市民に転嫁する**〟、という強い自己防衛能力。人の命や人の尊厳ある生き方よりも、〝**支配権力を行使する側が考える国益と公益が最優先**〟する、という人格の強固さである。

▽現憲法下における虚構と虚飾の社会構造作りの法的思考能力

現憲法が定める立法権は、国民によって選挙で当選した国会議員間の討論によって、最終的に多数決で法制度が成立する。しかも、両院という違う視点からの討論を経ての成立であるが、実質は日本の人々がその国会中継でも垣間見ることができるように与党議員の居眠りと野党議員の野次と罵声で討議ではなく、議員数比で最初から結論ありきの所定のプロセスにしかすぎない虚構と、丁寧なご説明という噛み合うことのない一方的な答弁は、変わることのない国会の内容である。立法権の実質は、法制度の立案から関係省庁の調整と答弁原稿。さらにその事前説明まで、中央の行政府の官僚たちの手に委ねられていることは、なんら変わらない日本の法制度権限の実態である。それゆえに、地元地域の知恵のある地方自治体の首長や地方議会の議員では、自主的な付加価値のある法制度整備に関与することが難しい。このことは、地方地域に生活拠点と生活地盤がある全国の市（町村）民の立法意思が反映されない、という政治的な構造に陥っていることを意味する。中央の行政権の立法権に対する越権状態が放置されてきた、日本の民主政の実態が長く続いてきている。

　さらに、司法権の最高府である、最高裁判所への長年の行政府の介入が続いているが、一方で、行政府である法務省が司法の役割を憲法上持っている、と誤解している日本の人々が多い。最高裁判所の自主的自律的な実権は、いまや司法の現場の判事ではなく、人事権を握る最高裁事務総局が握り、それを正当化する法制度によって、現憲法が日本に住む人々の基本的人権を守る砦とした最高裁の姿は、文学的表現を借りると、その使命と役割からほど遠い、風前の灯のような虚飾の色彩を揺らしている。

　このような法的思考能力を持つ人たちによって、積み重ねられてきた法制度の改定の時代の流れは、安倍政権とこの後継政権を支える大きな影響力を持つ人たちによる、〝**現行憲法を虚構と虚飾ではない実態に合わせる憲法の内容にする改正**〟によって、最後の締め括りとする完成を見ようとしている。戦後のこれまでの4分の3世紀を超える長い期間、「**現行憲法があるから他国からの攻撃で、安全保障に重大な危機が現出し、命を奪われたり生活基盤を崩壊されて、複数世代にわたる辛酸を舐めた人々が拡大した、という事実があるのであろうか**」。あるいは、「**現行憲法の内容によって、基本的人権がかえって侵害される状態が長く続き、世代を超えて苦痛と悲痛を味わう人々が増えたのだろうか**」。あるいはまた「**現行憲法のせいで、産業経済の成長の大きな阻害要因を解決できずに、本意ではない職を続け長い苦渋を舐めてきたのであろうか**」。そして、「**生活基盤が脆弱になり失われた○○年が加算され、全国に見られる止まらない過疎化が続いてきたのであろうか**」。非常に不可解な憲法改正理由と改正内容である。この改正内容で、日本のどんな人々が満足する将来の日本の姿があるかといえば、終戦までの長い間、日本の国家を舵取りした人たちが招いてきた姿と同じである。

政権リーダーの改憲理由は、思想的背景や日本国の自主的な立案という価値観を強調する。〝**論理的**〟ではあるが、今後の将来の時間軸で、生活拠点生活地盤のある市（町村）民が豊かさと幸せを具体的に定量的に増幅するものを、まったく示していないどころか、憲法の改定内容と直接関係するこれまでの実績も、何一つ示すことはしてきていない。その言動には、なんらの「**合理性**」も存在していない。それゆえに、日本の伝統の時代に回帰する、変わらぬ一貫した舵取りの実績は、理由以前の意図と目的を示し続けている。

3　法的思考能力の成長を阻む日本の社会的環境の中で進む改正憲法のリスクの現実

▽欧州諸国のそれぞれの民主政の改善の原動力

二度の世界大戦の主戦場ともなり、自分たちの生活基盤を根こそぎ喪失した欧州諸国の体験は、国境を超え、さらに戦勝国敗戦国という勝敗を超えて、人類の普遍的な倫理の共感力を呼びさまし、支配権力が積み重ねてきた〝**法治国家**〟の基盤作りの原因となる、法制度の内容に対峙するために、個々の知性の磨く重要性を改めて覚醒させた。

古代ギリシアの民主政が、衆愚性を帯びて自ら崩壊した教訓は、〝**社会構造の歪みを続けた法制度の改定**〟である。そして、二千数百年を経て、その民主政の欠点を補ったワイマール憲法下で改善したつもりの民主政の法制度に基づく選挙で、ドイツ国民はナチス政党と党首ヒットラーを選択し、独裁と暴走をその法制度で止めることができなかったという痛恨の反省を、国民の『**痛みの共感力**』として継承することを決める。そして、ドイツの人々だけでなく周辺の関係諸国の人々とも共有して、自由、平等という抽象用語での○／×式の思考能力で簡単に、〝**戦争を過去のものとして水に流す**〟のではなく、『**政権が作る法制度、ひいては憲法改正への強い警戒心を、教育と家族や周囲の人々との連携を図りながら、世代継承させてきている**』。そして、これが、民主政の改善の原動力になっている。これに対して、ユーラシア大陸の東側の日本においてはその自覚はなく、戦後であっても権力に帯電した、行政組織や官僚たちの一貫した政策を具現化する法制度によって、〝**意図的に社会構造が歪められてきた数十年という時代の長さ**〟を受け入れてきている。民主主義は抽象的な用語ではない。〝**痛みを引き起こす原因が改善されない法制度を受容してきた時の長さが、大きな問題**〟になることを知り、学ぶことから始めないと、民主主義を具現化する社会からは遠くなる時代の流れを、止めることが難しくなる。

▽『**痛みの共感力**』**の世代継承が民主主義を浸透拡大させていく**

国際法の創始者の一人とされるオランダの法学者、ユーゴ・グロティウス（１５８３〜１６４５年）は、「**全能なる神の意思によっても、倫理道徳の原理を変えることはできない、自然法によって**

保障される人間の基本的な権利を廃することはできない」と、日本で言えば徳川幕藩体制初期の時代に、その著書を記している。オランダの市民勢力の台頭を象徴する、独立戦争を時代背景に持つ彼は、そのナショナリズムの高揚感に左右されずに冷徹なまでに、人と人間社会を洞察し、法制度を支配権力の思考能力を持つ者たちの組織から切り離し、個性ある人の人権とそれを相互に尊重し守る人間社会のために、役立てる法制度として考える。その合理的な思考能力は、４００年経っても変わらぬ普遍的な知性の継承として発展する法体系思想をもたらしている。当時、オランダと交易していた、支配権力の思考能力の強い日本の国家にとっては、まったく歯牙にもかけない海外の先駆的な価値観であった。

　その先駆的価値観である彼の法体系思想が、なぜ欧州の人間社会に拡大浸透しなかったのかは、独立戦争に至るまでの『**人々の痛みの共感力を継承**』させずに、一時的な体制打破のエネルギーの爆発に留めてしまったことが、人間社会の進化を阻む原因と考えることができる。『**人と人間社会が豊かになるためには、個性ある人々が、知性を磨き努力を積み重ねて、付加価値を人と人間社会に増やしていくことによって、成し遂げられる**』。その『**豊かさをもたらすことに貢献した人々が、公正に報われる法制度が保障された社会構造**』があって、初めて人間社会の持続的な成長が可能になる、『**人間社会の知性の連鎖の原理**』が働く。一方で、人はその知性を磨く長い努力を嫌い、利己的な利害や利益を得る安易な言動をし、困難なやり方を回避しやすい、さらに、痛みは早く忘れたいものであり、加害者であればなおさら水に流したいものである。それゆえに、〝**人間社会の力の原理**〟が多数派として機能しやすく、人間社会の法制度による構造作りが有史以来、長く続いたことになる。〝**古代ギリシアの陶片追放と呼ばれた民衆の投票によって、知者を排斥するという衆愚政**〟の歴史は、その後に継続した数々の法制度改定による社会構造の歪みが古代ギリシアの民主政を崩壊させるという古くて新しい時代を超えた教訓である。オランダに富をもたらした海軍力と貿易の財力に謳歌し、独立戦争に至るまでの『**人々の痛みの共感力の継承**』を忘れた人々は、ユーゴ・グロティウスの先駆的な法体系思想を市民社会に拡大浸透することができなかった。それゆえに、周辺諸国も含めたフランス革命や都市の空気は自由にするというイギリスの議会制民主政の動きがあっても、20世紀の二度の世界大戦を引き起こすことになった。尋常ならざる『**痛みの共感力の欧州諸国の国際的な共有とその継承努力**』が、戦後の民主主義を、スローガンという抽象用語の一時期の流行ではなく、歴史から学び得た知識を生かして、人々の基本的人権を守る内容のある法制度を積み重ね、基本的人権を侵害する〝**力**〟のある組織とその権限を持つ人たちから守ることに機能してきて、本来の民主政がめざす舵取りの原動力となった。400年前の先駆的な法体系に立ち戻り、ようやくそれを発展継承できた、法制度の内容とこれらを創ってきた人々の思考能力がある。

それゆえに、『**人々の痛みの共感力の世代継承**』は、民主主義の実現にとっての基本原則であり、しかもその周辺国を含む国際的な継承の歩みの努力がなければ、ますます国際化という現代の社会環境では大きな歪みが拡大されて、その影響を受ける人々の痛みが拡大していく。民主主義を普遍的な価値観として浸透拡大していくためには、痛みを直接受けなかった多くの人々の共感力の広がりを支えとする力強い舵取り（知性を磨くリーダーシップ）と歩み（人々の協力と努力）が、必要なことは言うまでもない。

▽民主主義を学び、それを実現する法制度を学び、法的思考能力を高める責任

戦後わずかの期間で、姿を消した民主主義の教育科目。そして、高校までの教育でも、法的ノウハウを育成し、社会の問題を解決するための合理的思考能力を高める教育の機会はない。大学では少数の人々が教養科目で興味を持ち調べるか、法学部の単位取得レベルの内容で済ませる。社会では比較的大きな組織の法務専門部署に従事する人々や専門家としての資格保有者と、裁判所や法務省、検察庁などの行政府組織に従事する人々を除いて、ほとんどの人々にとっては、人間性と公共性を高める本来の民主主義に近づけていくために、有効な社会制度と法制度を考える、法的思考能力を鍛えるような環境下で学ぶ経験はない。それゆえに、市（町村）民の日常生活では、契約文章すら目をとおさずに、選択の余地のない大企業が作成した契約書に、署名押印する習慣が長い間、常態化している。その契約書の特徴は、忙しい市（町村）民が読むにはあまりにも大量かつ小さな文字で、難解な表現がされており、契約文書に異議を唱えても、結局はなにも修正できない、時代劇の証文のような契約時のプロセスがある。ほとんどの人々は、よく読みもせずうなずき、企業の一方的な契約をそのまま受容することが、日本の多くの人々の日常風景である。

そして、結果的に訴訟が少なくなる。利己的な組織や人々の言動が多いにもかかわらず、基本的人権を守るはずの日本の弁護士率は、欧米諸国の1／10よりはるかに下回り、アメリカとは桁が2つも少ない弁護士の数である。個人が犯す違法性の高い重大犯罪率は低いのだが、取り締まる警察と検察の要員は桁違いに多い、日本社会の法治国家の組織実態がある。さらに民法上の訴訟においても、示談や和解の比率が欧米諸国よりもはるかに高い。それは道徳心が高いからではなく、つねにより力のある側の意図に沿う法的決着を取らざるを得ない、社会的弱者が置かれた日本社会の環境を示す比率の高さでもある。

終戦までの実に長い時代、日本のどれだけの人々が当時の法治国家の法制度下で、非業の死を遂げ、理不尽な扱いを生涯受け続けたのか。しかもそれが世代継承されるという、将来にも希望を持つことが許されない苦痛と悲痛を味わった人々の多さが尋常ではなかった、日本の歴史の重さがある。

この〝**尋常ならざる痛みの歴史を**〟を将来の世代にくり返さないための内容が現行憲法の内容である。はたして、日本の人々は、どれほどこの歴史的に稀有な現行憲法の内容を理解し、改正しようとする人たちの隠された意図を、理解できているのであろうか。

4　憲法を知り、民主主義を学んで、普遍的な人間社会を築いていくために

▽主権在民、人の個性ある基本的人権を尊重する義務を持つ主体は、いったい誰なのか

政府と行政府やその権力を行使することに、利害関係を持つ組織が、基本的人権の尊重の義務を負うのが現行憲法である。その理由は、〝**法治国家**〟として長い時代、〝**支配権力としての政府や行政府**〟と利害関係のある〝**力を持つ大きな組織**〟の上位の人たちが主権在民とは真逆の〝**法治国家**〟と

して日本の社会構造を歪めて、日本に住む人々の基本的人権を侵害し続けてきた歴史だからである。それゆえに、**『日本国憲法が厳守させようとしている主権在民と基本的人権の尊重』**は、当然のことながら**『歴史上長く継続してきた政府と行政府に永久に課す』**もので、その前文において、日本の人々に周知させていることを、よく理解する必要がある。それゆえに、自民党の改正憲法の前文では、この観点の内容がすべて削除されて、単なる〝**カモフラージュされた伝統的な隠れ蓑のやり方**〟で、同じ基本的人権という抽象用語を記すに留める、〝**虚構と虚飾**〟を策していることを知るべきである。

日本の政府と行政府が主導する〝**国家の安全保障**〟は、**『主権在民である日本に住む一人ひとりの生活拠点と生活基盤の脆弱さと崩壊を防ぐ安全保障』**という、民主政の先進国の安全保障の内容とは異なっている。「**国民**」である日本の人々が自主的に判断できるものではなく、政治的エリートが判断すべき高度の内容ゆえに、〝**法制度によって国家機密にし、非公開と議事録さえ残さないという正当化をすでに法律によって達成**〟している。終戦までの圧倒的多くの日本の人々が、知り得なかった〝**国家機密である統帥権と同じ虚構と虚飾の国家の安全保障**〟は、改正憲法を達成したい人たちのためであって、全国の地方地域に生活拠点と生活基盤を持つ日本の人々のためではないことを、今後、受容しなければならなくなる本当の安全保障のリスクに直面している。

▽法知社会への舵取りが民主主義の第一歩

主権在民と基本的人権の一体の法的倫理が、民主主義に基づく人間社会の豊かさを実感できる人々を増やす基本的な原則である、ことは言うまでもないが、この舵取りの第一歩は、人間社会にこの原則を生かすその社会構造創りをする、法の価値観を知ることから始まる。民主主義の濫觴をなした欧米の国々の歴史に学んで、その警鐘から終戦までの社会構造に回帰させてはならない、日本の今と今後に続く次の世代、未来の世代の人々のために法的思考能力を鍛え、本質的な幸せと豊かさを実感できる人々が増える社会制度や法制度を創り、その運用と改善から民主主義の実現をめざしていく必要がある。それが、〝**法治国家**〟に対峙する『**個である人と人間社会のための法知社会**』である。いまだにこの『**法知社会**』とはほど遠い日本の社会だからこそ、痛みのある生身の人々が全国の地方地域で増え続ける時代の流れは、止まらないのである。

5　改正憲法の内容に見る、主権在民と基本的人権の喪失による虚構と虚飾の日本独自の民主政への変質

▽改正憲法と現行憲法の対比〜誰のために、何を変え、何を達成したいのかは明確

〝**日本の国の支配権力を握る人たちのために、その障害となる最も危険な現行憲法を変え、自分たちとその子孫の将来もその権力行使による責任を負わないために、日本社会の安全秩序の保障を確実にする法治国家の法の支配権を達成する**〟というその意図は明確である。

この思考能力は前憲法でも同様であり、明治維新以降の時代の日本語の法的用語が、現代の日本語の法的用語に変異しただけである。〝**天皇の大権である統帥権という虚構と虚飾から、主権者である**

日本の人々の基本的人権である民主主義という虚構と虚飾に変えただけで、まったく同じ論理のレトリック〟である。改正憲法の目的をマスコミ、メディアをとおして時間をかけてくり返すことで違和感をなくし、**〝自主憲法というスローガン〟**で、日本に住む人々の改正憲法に対するリスク意識を覚醒させない。欧米諸国並みの自衛権行使を、憲法上保障したい利害と利益のために、周辺の国々がくり返す海境紛争とミサイル実験を、国家の安全保障のリスクとして置き換える格好の材料にして、マスコミ、メディアを使って徹底的なすり込みを重ね続けてきている。一方で、アメリカ政権の利害と利益を満足させる莫大な軍事費支出の圧力を利用し、巨額の赤字財政にもかかわらず、思いやり予算というオブラード（隠れ蓑）で危機の演出をすることで、同盟国の責任を果たすという、**〝アメリカ政権の改正憲法への理解活動〟**をも続けている。護憲派野党と有識ある国民に対しては、**〝国民の命を守る、守らないという二項対立での否定しようがない論理を前提にしながら、過去の尋常ならざる痛みの継承がされない日本社会〟**を作ってきた結果、その痛みを体験した人々の生存とその継承者が少数派にすぎないという確信の下に、安倍政権とその後継政権は、確実な国会議決の機会の照準を絞るまでになっている。このような日本の現状を、憲法や法制度の法的ノウハウの取得育成と成長の機会がほとんどないという、日本の環境と歴史的な受容性の高い国民性から評価すると、今、最もリスクが高い状態にあることを自覚できている日本の人々は少ない。

▽ **《改正憲法、第一章 天皇》では**

国家観として、国旗・国歌を手段に、法律によってこれへの不敬を罰することが可能になる、基本的人権の制約。

天皇の国事行為を地方自治と公共団体にも拡大し、法律で自由に決めその権限は内閣総理大臣が持つ。

▽《改正憲法、第二章 戦争の放棄から安全保障に変える》では

戦争の永久の放棄を廃止。軍事力を安全保障権として持つ。軍事力は、自衛権の行使と他国との同盟で国際平和と安全を掲げて海外でも行使できる。

領土、領空、領海の保全だけでなく確保のために、国民を協力させ使うことが法律でできる。

▽《改正憲法、第三章 国民の権利及び義務》では

基本的人権の大幅な制約をかける手段として、〝**公益と公の秩序に反しない義務を国民に課す**〟。この国民の義務は法律で決めることができる。これは、現憲法では、政府と行政府が『**個人の基本的人権を侵してはいけない義務**』を負っていたのが、真逆に、国民が、〝**法律で決める公益と公の秩序に反しない義務を負う**〟**主従が逆転する終戦までの法治国家に回帰し**、さらに、第97条（**基本的人権の将来にわたる永久の権利の保障**）**を廃止し、代わりに第102条で子々孫々にまで徹底強化**〟。

身体の拘束は社会的経済的理由ではできないが、〝**政治的理由で身体の拘束ができて、その内容を法律で決める**〟。

現憲法で、人々の思想および良心の自由の侵害を、政府と行政府に禁止しているのを、逆に政府と行政府が保障する権利に置き換え、〝**主従の逆転**〟の明記。

〝個々の国民が知る権利、その知る基本的人権に貢献するジャーナリズムの権利が、法律によって制限できる〟。

宗教組織の活動制限を撤廃し、政府と行政府が法律で、**〝社会的儀礼又は習俗的行為とできる宗教活動は、国と地方自治体、公共団体も、公金と財産を使い行うことが、憲法で保障〟**されることになる。

ジャーナリズムの大幅な制限。**〝公益と公の秩序に反する〟**という理由で、**〝政府と行政府が、法律でその活動と結社そのものも禁止できる〟**。これらの**〝基本的人権の制約を強化する法律と政策の国政の責任は、国民に説明するのみで免れる〟**。

〝家族への介入の内容は、助け合うことを義務として課し、政府と行政府が、法律で内容を決めることができる〟。終戦までの民法、家族法に回帰。

〝社会環境への介入内容は、良好な環境を整える義務を国民が負い、政府（政権）と行政府が法律で内容を決めることに、国民が協力する義務を負う〟。基本的人権への介入と侵害の法律の正当性を憲法で保障する一文。

〝教育への介入を、政府と行政府が、法律で内容を決め義務化する正当性を憲法で保障〟。

公務員の勤労者としての基本的人権の侵害を禁じる現憲法から、**〝政府と行政府が、法律でその全部又は一部を制限できる内容で、公務員を使役できる〟**ように変更。

基本的人権の財産権への介入内容は、**〝政府と行政府が、法律で決める公益と公の秩序に適合する**

内容にできることを憲法が保障〟。

▽**《改正憲法、第四章 国会》では**

〝政党活動は、政府と行政府が、法律で決める内容に制限できることを、憲法が保障〟。

▽**《改正憲法、第五章 内閣》では**

内閣総理大臣は、国会議員の中から国会の議決で選出されるのではなく、指名で選出。主権在民として投票された議員の投票議決で選出しないことを明記。

内閣総理大臣は、国防軍の最高指揮官。権限のみで、責任と義務は何も定めていない全権委任。

▽**《改正憲法、第六章 司法》では**

現行憲法の主権在民としての最高裁判所の判事の審査権を削除。**〝政府と行政府が、法律で決める内容の審査ができる、という政権の支配下に司法権を置くことを憲法が保障〟**。

裁判官の任期10年と再任を最高裁判所が持つ権限を廃止し、**〝政府と行政府が、法律で決める人事権を持つことを憲法が保障〟**。

▽**《改正憲法、第八章 地方自治》では**

新たに、**〝市町村民は、地方自治体に対してもその活動の負担の義務を負う〟**。さらに、地方自治の本旨として、地方自治体が主体になり、住民は参画する側に置き換えられる。その実質は、**〝政府と行政府が、法律で決めることができる住民のための地方自治への介入権を、憲法が保障〟**。

さらに、財源の縛りとして、地方税と自主的財源に限定し、不足分は、**〝政府と行政府が、法律で**

決めることができる地方自治の財政のあり方を、憲法が保障〟。

▽《改正憲法、第十一章 最高法規》では

現行憲法の第十章の、『日本の人々の基本的人権は子々孫々まで、政府（政権）と行政府が永久に侵すことができない永久の権利として、政府と行政府の義務、責任とする憲法の保障』を削除し、新たに、〝全て国民は改正憲法を尊重しなければならない義務〟とし、さらに、〝国会議員、国務大臣、裁判官その他の公務員は、改正憲法を擁護する義務を負う〟という〝徹底した三権の従属を最高法規〟として、法を支配できる者の国家であることを明記している。終戦までの〝統帥権と呼んだものと実質、なにも変わらない改正憲法の最高法規の特徴〟がある。

▽日本の歴史的な社会構造ゆえに、改正憲法の永続性は高い

終戦までの憲法体制での暴走を日本の人々は止めることができずに、〝数百万以上の人々の命とその家族や親しい人々の苦痛と悲痛、基本的人権を侵害された桁違いの一般市民の尋常ならざる苦痛と悲痛〟は、国内だけでなく周辺諸国の人々も同じである。加害を受けた痛みの重みが周辺諸国の人々にはある。前者の痛みの世代継承はほとんどならず、後者の痛みの継続の世代継承は確実にされている大きな違いがある。改正憲法の前文と本文で、終戦までの日本に回帰しようとしている強い思考能力の人たちが、終戦後現在まで、確実に支配権力を帯びる思考能力を継承させ拡大できた大きな環境要因。その主要な一つは、皮肉なことに支配権力である歴代政権の長い時代に、人為的に作られ強化されてきた、〝**日本人の精神基盤の特徴である受容性の高い国民性**〟にある。そしてもう一つの〝**対**

外的な主要な要素は、アメリカ政権の力によるアメリカの利害と利益の政策と意図を利用する、日本の支配権力層の人たちの世代継承による確実な勢力拡大〟である。

この内外の二つの要因が、尋常ならざる痛みを喪失した現在の〝**日本の多くの人々の法的ノウハウの弱さ**〟を利用し、再び止めることができない基本的人権を犠牲にして、多くの人々の命、財産、思想信条、生き甲斐、尊厳を搾取する社会構造作りの強化を憲法上も保障し、〝**この改正憲法の成立を欲する人たちの子々孫々までの社会的秩序の安定と、これによる社会的犯罪の悪影響のすべての責任を負わない両面の安全保障を、いく重にも堅牢にすることができる**〟ゆえに、〝**改正憲法の成立に向けた尋常ならざる努力**〟をくり返してきたのである。

失われた○○年と毎年加算される産業経済の時代の流れも、まったく同じ原因を持つ、日本の社会の報われない構造に回帰しているのは、早くから歴史を知り、学ぶことへの警鐘でもあったはずである。公共性の高い分野を優先して、税金を支出する民主政の価値観が浸透してこなかった時代の長さは、〝**国益や公益と称する公の秩序の維持**〟に、有効な税金の財政規律のない巨額な使用をくり返し、人事介入という手法も駆使して、日本の社会構造の組織面から、〝**人間性と公共性を軽視する組織における知性のヒエラルヒーの逆転**〟を確実に進行させてきた。それゆえに、民主主義を知る人々にとっては、あまりにも真逆な改正憲法そのものの危険性は、世論として拡大することはなく、政府と行政府が圧倒的多数の両院で議決ができる選挙の時期の照準を、見定める段階まで迫っている。

日本の人々にとって、地方地域の過疎化の長い進行も、生活基盤崩壊の人々の増加も、格差拡大の長い年数も、毎年くり返される自然災害の被害も、政策とは関係ないと思えるのは、〝**我が身、我がことと考える『痛みの共感力』が意図的に分断されてきたこと**〟にいまだに気付かず、主権在民という意識の覚醒を、共感力として拡大する手法にも思い至っていないためである。日本の人々は日本独自の民主政の現実の厳しさに直面している。

▽日本国憲法の普遍性

あと四半世紀のうちに、現行憲法は100年を迎える。人類普遍の原理として、人災の象徴である戦争を絶対しないという平和を愛し、公正さの信義を実践する世界の地方地域の人々と連携し、その絆を深めていくことで、日本に住む人々の主権と基本的人権を守ることを、終戦時の東アジアや世界の圧倒的多くの人々の『**痛みの共感力**』と連携して誓った。その民主政のやり方は、個性ある人の知性を磨く努力によって、人と人間社会に付加価値を生み、創り増やしていくことが報われるようにすることである。そして、世界の地方地域の同様に尽力する人々と連携して、その協力関係を日本社会から国際社会に敷衍させていくことが、最も大切なことであることを教示している。それは、それまでの〝**大国をめざすという人々の驕り**〟を自省し、その名誉ある国際社会のリーダーという舵取りの魁としての位置を示すことで、『**侵略者と歴史に刻まれた終戦時の不名誉を克服するにたるものである**』ことを、今、日本列島に住む人々は、『**憲法の前文**』から切実に理解することを、最も強く求められている時代に立っている。

第４章　人と人間社会の特性を知る

◇宇宙の中の地球、地球という自然の中で生きる人。その自然環境の中で長い時間をかけて適応してきた、人をはじめとするあらゆる生命体は、科学的には遺伝子の働きでその種を継続してきており、今後も未来へと続いていく。その多種多様な遺伝子の働きを持つあらゆる生命体の中で、ホモ・サピエンスと呼ばれる人類だけが、他の動植物などの生命体と異なるいくつかの特徴的な能力を持っている。人と人間社会の歴史を洞察し普遍性のある本質的なことを学び取り、未来の世代に繋いで成長していくために、**『めざす海図や羅針盤を明確化することが、21世紀に生きる世代の役割』**である。

１　人の思考能力の特性

▽**個としての人の生き方と人間社会での共生の生き方（社会性）**

人は個として生まれ、自他の人間社会を意識しながら生きて、個としてその生命をまっとうする。人間の生き方には、人それぞれの個性がある。誰一人としてまったく同じ生き方はできない、「**個性ある人の生き方**」は、古今東西、変わらない普遍的なことである。

一方で、人類と呼ばれるホモ・サピエンスは、「**社会性**」を持つ。その生存において、一人では生きていくことは難しく必ず親なり親代わりの人に育てられ、家族との関係を軸としながら、人間社会の中で、「**個性に応じた適合を図って生きていく**」本質的な生き方がある。個である人が、まわりの人々や人間社会、自然環境に適合して生きていくのであって、有史以降の現代まで続く長い時代、その時代の支配権力という大規模組織の社会規範にしたがうことを余儀なくされてきた人々の思考能力の習慣は、現代社会にあっても、各国それぞれ固有の社会構造の影響を受けている。それゆえに、本質的にはその歴史的な社会構造を、民主主義という倫理観で評価し直さないかぎり、人は社会規範（多くは法治国家という歴史の長さゆえに、各国の法制度）に、『**安易にしたがうべきではないし、強制されるものであってはならない**』。この強制の極みが、国土を守るという戦争のための命と身体の徴収であり、税という名の財の徴収などであり、反対する者は身柄を拘束され、官憲の意思しだいで命を失うことも多かった、終戦までの日本の時代がある。それは、世界中の多くの人々が経験してきた時代でもある。日本の有史以来の長い時代の歴史的評価を、法制度として深く反省し二度とくり返さないと、いう『**痛みの共感力**』による人々の英知が、民主主義どころか民主政さえもまったく知らなかった日本のほとんどの人々のために、主権在民に基づく基本的人権の憲法を制定し、政府と行政府が未来永劫これを奪うことがないように、憲法の不可変を規定した。ところが、前章のごとく〝**改正憲法の内容では、基本的人権は公益と公の社会秩序に反してはならない、という大きな制約を意図的に規定しており、誰も違憲訴訟すら実質的に不可能になる**〟時代の回帰を、再び日本の人々は体験することになる。

終戦までの長い時代、人としてその信条と倫理観から、人が殺しあう国益としての戦争を反対したりあるいは拒否した人々は、官憲に身柄を拘束されたり最悪、獄死するか殺害されて、その家族まで塁がおよぶ事例は枚挙に暇がない。基本的人権の最も重い侵害を重ねた人たちの思考能力で、言わせると、愛国心を持たず、国益や公益に反し、社会秩序に反する非国民というレッテル張りで、周囲の差別と非難を浴びさせる、見せしめにした、許すことができない人々ということになる。

▽多様性という欧米の価値観への無理解が招く修辞の論理への誤信

政権と行政府やマスコミによって、有識者あるいは専門家と呼ばれる人々がくり出す、英語で言う「Diversity」は、日本社会に入ると、自由、平等、平和などと同じ流行の誰もが否定できない綺麗な抽象用語に変質してしまう。**「個性ある人の生き方を基本にして、個性に応じた適合を図って生きていく社会性」**を重視した価値観であるが、日本社会では、組織や社会の秩序に沿うように、個である人を制約し自粛させる規則にいとも簡単にすり替えてしまう。民主政を獲得してきた歴史のある海外の「Diversity」は、千差万別という個である人の違いを原則とする政策や法制度のための立脚点であって、組織や社会の秩序維持を優先する思考による、法制度の政策とは明確に異なる。

▽人の思考能力を分ける前頭葉の対置的な思考回路の成長発達

人の脳の働きの解明は、現代までの科学の進化を、結果としてだけ記憶する教育環境の日本の社会では、ＤＮＡの遺伝子情報の解読が済んでいるとか、ミクロの世界のデジタル映像化の技術というソフトが開発されて、いかにも既知の領域が多い印象を、マスコミを介して持っている人々が多い。しかし、既知に比べれば未知の領域が圧倒的に多かったと、未来の時間軸が後々示すだろうことは、これまでの科学の先端を切り開き継承して、次の世代に繋いできた人々の歴史から理解できる。その時間軸を踏まえて、ホモ・サピエンスと呼ばれる人類と他の動物との大きな、しかも決定的な脳の働きの違いは、前頭葉の思考回路の発達と思考能力の成長の仕方の違いにあることが、古代から現代、そして未来を想像しても普遍性のあるものとして、考えることができる。

人は生命体である以上、地球という自然環境生態系の食物連鎖の中で、その活動に必要なものを約4兆個の体内の細胞に取り込み、遺伝子情報によって成長しやがて老いていく。その過程で、免疫力などの機能も、自然環境と人為的な人間社会の環境の影響を受けながら、人それぞれの異なる対応をしながら生きていく。自然環境と人為的な人間社会の環境による、期間経過での人の全細胞活動への影響は、健康障害から死に至るまでの医学や科学的な要因が解明されるまで、ストレスという用語での説明が代替されるのが今のところ一般的と思える。ストレスは身体と精神、心という表現の使い分けになるが、より科学的に見ると、脳を含む身体各機能の働きによって、その表現の使い分けも、未知の領域の解明の進度で変わっていくことになる。

2のn乗という遺伝子の世代継承（nは世代数、2は子孫を残す男女）の長さと、宇宙のような染色体の組み合わせの広がりを考えると、個である人の可能性は、いかに人間社会との関わりで影響を受けやすいか、そして、人間社会にこの個性を生かす多様性があるとすると、近い将来において、付加価値を増やす持続的成長が可能になることを合理的に理解できるのだが、これまでの各章で説明してきたとおり、現実の人間社会で実現できている国はとても少ない。

前頭葉の思考回路の形成と、この形成に基づく思考能力の発達成長にとって、人間社会の環境の影響が実に大きい。人類ほど脳の成長に年数を必要とする生命体はないのだが、その長さゆえに、人間社会の環境の影響との因果関係は強くなりやすい。したがって、〝**社会環境が歪めば歪むほど、社会環境下に生きる人々の思考能力にも、大きな影響を与えることになる**〟。

「**前頭葉の思考回路の形成と、この形成に基づく思考能力の成長発達は、ほぼ三十代までに人の生涯の思考能力の成長の仕方を方向付ける**」、という科学的な解明の動きが進んでいる。日本語で表現できる適切な言葉は、今のところ社会的慣習としてないが、あえてわかりやすい日本語の言葉を使うと、前頭葉の思考回路の形成の仕方に、「〝**論理的思考回路の形成**〟と『**合理的思考回路の形成**』という対になる二つの方向軸」があると考えられる。どちらも人間たるゆえんの思考回路の形成で、誕生以降三十代までの成長段階で、この思考回路の形成に基づく「**思考能力の成長が対置的に分岐し、人間性と公共性の価値観の考え方の方向軸がほぼ定まる**」、と考えられている。もちろん、三十代以降の大きな転機が起こす自省と覚醒が、この思考能力の形成の方向軸を変えることも多々あるのは、人と人間社会の歴史が語るところでもある。

▽論理的思考回路の形成とその思考能力の成長

人の発育段階の最初の過程では、大きな一つの特徴として、〝**自分の感情欲求を満たす自己目的の達成を優先することが先行する**〟のは、生命維持優先だからに他ならないが、やがて目にするもの耳にするものを中心に、言葉を覚え文字を覚え、家族やその周りの人々との会話や応対などから、「**人が持つ社会性を学習**」していく成長過程で、〝**論理的思考回路の形成**〟要因と『**合理的思考回路の形成**』要因のどちらの社会的環境要因が多いのか、この環境要因に対する個性ある一人ひとりの適応の仕方の違いによって、その人の思考回路がこの二つの対置的な方向軸のいずれに比重を置くかで、その後の思考能力の成長発達の特性が色濃く表れていくことになる。発育段階の最初の過程にある思考回路は、〝**論理的思考回路の形成**〟で、昔から言われてきたより本能的な思考である。この発育過程での引き続き始まる、親や祖父母などの家族や年長者などから受ける、やって良いことと悪いことの、いわゆる躾という「**人の社会性**」を習得する初期の基本段階には、二者択一の思考回路の形成になりやすい。この時期以降に、二項対立以外の『**多項均衡**』のような、自主的に考える環境に恵まれるかどうかは、当該人間社会の構造に大きく左右されることになる。この二者択一の思考回路の比重の時期から、『**多項均衡**』の思考回路の形成に移行する年齢段階がとても大切になるが、日本社会では、そのまま二者択一、二項対立とその選択という思考能力の成長が継続する環境が、日常風景となってしまう厳しさがある。

早くからスマホに代表されるゲームでの二者択一、選択式の思考回路の発育形成が勝り、勝ち負け、人やものなどへ好き嫌い、敵味方の仲間と排除意識、正邪や善悪の単純な価値判断、Ｙｅｓ／Ｎｏあるいは○／×式思考の成長が著しくなる。さらに、義務教育とその先にある大学受験までの教育の試験では、誰もが同じ答えを出すことができる選択式で、所定の時間内のスピード回答による成績と入学の合否が決まる試験問題で成長する脳の思考回路は、記憶を中心とする〝**論理的思考回路の形成と成長**〟に比重を置く、教育の学習期間の長さの環境要因が実に大きくなる。それゆえに、欧米の先進国や同じアジアをはじめとするＯＥＣＤ諸国などと比較し、明らかな日本の創造力の低下と、発明発見能力の低下の時代の流れが続くこととの因果関係が、早くから指摘されている。一方、社会では、多様化などの欧米諸国などの言葉の翻訳である抽象用語が流行する、日本社会の組織での表層と実態の格差は、税金という多額の予算を教育と文化に使い続けても、それに見合う効果がいつまでも現れない日本社会のこれまでと変わらぬ社会環境がある。

社会人以降も主に大きな組織が、日本社会のヒエラルヒーを構築する主導権を握って、人の没個性を拡大する組織秩序（組織の利益と利害、すなわちその公益）を優先する思考能力を強化する社会では、かのローマ皇帝の人と人間社会を洞察した格言どおり、〝**人は自己に都合のよいものを見、自分の見たいもの、実現したいものしか見えなくなる**〟言動が多くなる。組織が大規模化していくにしたがって、その組織に所属する人々の自覚、意識の有無は別として、他者（他の組織）に勝（優）りたいという思考能力が、その組織活動をとおして強くなるのもまた、人の本能的な社会性である。日本社会では、そのヒエラルヒーを上昇するほど、表の顔は別として、自己組織のための利己的な言動による社会的影響が大きくなっている。その弊害を、産業経済では独占、寡占と呼び、終戦までの日本社会の状態を示す社会構造の代表例であるのだが、この社会構造に回帰する、自分と自分たちに都合のよい見方を続ける社会的影響力を持つ人たちが、増えている日本社会である。

▽合理的思考回路の形成とその思考能力の成長

人が社会性を学習していく中で、**『合理的思考回路の形成』**に寄与する要因に、**『多項均衡』**を学ぶことができる自然や、周囲の人的環境に恵まれることが大切である。もちろん、人の天性ともいわれる遺伝性のものもあるが、それでも発育成長するその社会全体の構造が、大きな重石になることの方が多いのが世のつねでもある。

『多項均衡』は、自然万物の相互の関わりがそうであるように、普遍的な理を知ろうとする思考能力の発育と成長を促す環境要因にもなる。その最も典型的なものが、科学の先端分野の未知なるものへの探求心と、知性を磨きながら根気強い努力により、**『人と人間社会に貢献する付加価値を生み、創り増やしていく思考能力』**を成長させていく人の言動である。科学だけではなく、時間に比例して人間社会が豊かであると実感できる人々が増えていくように、改革、改善できる政策や法制度に変えていく思考能力もまた同様である。このような成果の積み重ねは、古代から現代までその先端を切り開く数少ない人と、この活動を理解し支える人々によって継承され、さらに付加価値をつけて次の世代に繋いで成長してきたのも、人が持つ思考能力の合理的な社会性という特性である。

本来、人と人間社会が時間軸に比例して、豊かになる確実なものを進化と呼ぶべきだが、残念ながら時間軸に比例する成果をもたらしてきたのは科学的な思考能力で、共感力と歴史と未来を考える思考能力は、大きく遅れていると言わざるを得ない。人間社会の進化を担ってきた人々に共通な思考能力は、**『合理的思考回路の形成に基づく思考能力の成長』**の比重が高かったわけであるが、人には

〝**論理的思考能力**〟も必要であり、なくすことは人間社会としては不可能であることを誤解すべきではない。それが人の脳の働きである。人体の主要な機能の働きはこの均衡度合いがその機能によって異なり、まったく一方のみという機能では、健康障害、病気が進行するのと同じである。『**社会性として重要なことは、多項均衡という思考能力を成長させる社会環境を創ること**』にある。その環境の世代継承こそが、最も注力すべき人間社会の教育と文化の考え方である。

▽「人の社会性」という特性

一人ひとりの個性に基づく、人が持つ将来実現できる能力の可能性は多様である。一方で、人が一人で生きて、一人でその多様な能力を開花させる可能性は極めて低くなるのが道理でもある。その可能性を高めるために、人は現在だけでなく悠久の昔の過去から歴史を学び、前世代からその何かを継承し、次の世代に自分としての何かを伝えていく。その何かの内容によって、人間社会の歩みは異なるものになることは人間社会の歴史からも明確である。科学の進化のように、支配権力が介入しないかぎり、時代の先端をめざす人々は、その前世代からの付加価値を継承し、合理的思考能力を磨き、新たな付加価値を積み重ねて、次の世代に繋いでいくがゆえに、人と人間社会に付加価値をもたらしてきた歴史があるが、その先端の数少ない人々の多くが、その生涯のたゆまない努力が報われたことはほとんどなく、むしろ迫害や家族にまで圧迫を受けることが多かったのも歴史の語るところである。支配権力が介入する典型的な本能とも言える思考能力は、〝**力**〟への活用、利用であって、その〝**力**〟は、〝**武力や財力**〟などであり、現代社会の用語では〝**国家の軍事力ないしは安全保障力と経済**

力〟と言い換えることができる。そして、これらの有史の長い時代は、付加価値を生み、創り増やした人々の成果と圧倒的多くの人々の生産活動などによる成果を、税という名で搾取する社会構造であり、「**個性が持つ多様性と人間社会の公共性**」を高めるものではなかった。それは、〟**法治国家という公の秩序**〟を作る人たちの思考能力が、圧倒的多くの人々の社会性の思考能力を歪んだ社会構造へ順応させる長い時代であったことを意味する、「**人の社会性**」の根本的な課題でもある。

人の社会性という特性は、古くから集団を形成しそれが組織となり国となるが、その行動ルールは文字の発明により、単なる数少ない掟の共有意識から法律の段階を経ると、それが国作りに最も有効な政策と制度として、ことこまかく組織の中核をなす言動規範になって発展継承されたのは、人の思考能力がつくる法制度の特徴である。

▽「人の社会性」を育てる「共感力」という特性

人の持つ特性である「**共感力**」に着目し、人間社会の普遍的な進化を考えてその著作に記した著名人に、日本では経済学者と紹介される、スコットランドのグラスゴー大学の道徳哲学の教授のアダム・スミスがいる。彼の「**道徳的諸感情の理論**」（1759年発刊）では、道徳的な見方である善人、悪人が同様に持つ「**Sympathy**（**同感、共感、同情などの対訳**）」について説明している。人は善人にも悪人にもなれる。その理由は「**Sympathy**」をとおした人の意思決定の積み重ねの経験によるものであり、その経験からくる想像力と生き方の違いであると説明している。この「**Sympathy**」に基づく人の反応、言動は、救済、攻撃、日和見と傍観の三つに分類できると、人と人間社会について洞察しており、２５０年以上前の時代の人の英知を伺うことができる。

さて、法の思考能力の発育成長の仕方として、近代、現代の法概念が克服した人の「**共感力**」の作用には、中世の魔女裁判や法廷での証人の〝**感情的発言に影響されやすい傍聴者の共感力**〟が犯してきた、陪審員裁判の数々の誤審の判例がある。この誤審の背景と原因は、過去の遺物として葬り去ることはできず、現代社会にも同じものが継承されている。たとえば、その場と時を共有した人々の評価よりもそうでない人々の評価が、社会として優先されることが多い事例は、日本のマスコミ報道の審判でも多発しているとおりである。原因を作った人の言動よりも、感情的になり怒りを爆発した人の言動に、ネガティブな評価を与える「**共感力**」はとても感染しやすいのは、合理的な思考能力の訓練が不足している人の「**共感力**」の時代を超えた特徴でもある。それゆえに、科学技術の進化を物的証拠として、因果関係を追求する思考能力を強化してきたのが近代法学であるが、特に、刑法分野で著しかったのは、個である人への罪刑の誤った因果応報の過酷さ（誤審により命まで奪ってきた）を傷む共感力が、法的思考能力を磨かせたからに他ならない。

「**人の社会性**」において、人と人間社会に付加価値をもたらし豊かさを時間に比例し拡大浸透させる「**共感力**」とその障害となる「**共感力**」の違いは何かが、人間性と公共性の中身、内容、質そのものになる。

〝**怒り、嫌悪、恨み、恐怖、不快、失望などのネガティブなストレス**〟は、感染しやすい性質を持つ。しかも持続性が高い。歪んだ社会構造が持つ鬱積のエネルギーは、人が感じるネガティブなものへの義憤を、安易に正義の実践として同調しやすく、真偽よりも義憤の対象とされる他者への攻撃という排他力を持ち、同時にその「**共感力**」は、冷静な思考能力という社会性を失い、とても〝**危険な集団的攻撃力**〟を持つことは、数々の歴史の大惨状を起こした事件の担い手たちを見ても明らかである。この特性を政治的につねに活用する思考能力が強い、統治者と呼ばれる人たちが多いことも歴史が良く示している。

一方、『**人の付加価値のある継続された言動への感謝（生涯かけて恩に報いると言うことが多い）や感動などの共感力**』は、長い時間をかけた努力と苦労によって達成した者への「**共感力**」ゆえに、それを間近で見続けた人々にしか理解できない浸透力の強さがある。それらの人々の評価は、恩恵を直接受けていない多くの人々にとっては、他者が語る善悪の標本のような「**共感力の弱い浸透力しか帯びない**」のも、これまでの人間社会の歴史からも理解できる。体験を共有しなかった人々の感動は、一時的な善悪というものになりやすく持続性は高くない。なぜなら、多くの人々はよほど自省と自制の体験を積み重ねないかぎり、努力や苦労を長く続けることは苦手だから、その成功と同じ体験は共有できないことが多いからである。自分ではできない、やろうとしないからすごいと一時的な感動をその場で共感することに興奮するのは、プロスポーツやオリンピックで活躍する選手やチームの勝利に、一喜一憂する娯楽性の高いものと同じである。それゆえに、2、000年前のローマ皇帝の〝**国民には、パンと娯楽を与えておけば彼らは満足するという統治哲学**〟の手法の政策が継承され、巧みさをもって強化されることになる。

卑近な現代の例を紹介すると、ケニアに30年以上にわたって暮らし、ケニア政府の支援もない中で、ナイロビ郊外で孤児院を始めて25年以上の体験を記した著作で、２００７年吉川英治文化賞を受けている一般の日本人の女性がおられる。その孤児院の長年の体験談として、「**孤児院での子供たちは、怖かろうがなんだろうが外に出て、今の地獄のような最底辺の生活から抜け出そうとする、生きる子供たちの意思がわかる**」という記述からは、綺麗ごとや脚色のない現実的な厳しさが伝わってくる。マスコミの画一的な誰もが否定できない、善行や美徳という二者択一を想起させる言葉である「**子供たちの目はキラキラ輝いている…**」という一時的な訪問者の「**共感力**」とは大きく異なる、持続性のある人間社会への『**痛みの共感力**』が、25年以上という現場体験に基づく言には満ちている。

▽**人の社会能力としての三つの思考能力**

ⅰ.「**人間社会を形成する源である共感力という思考能力**」

ⅱ.「**自然界の働きを見定め活用する科学という理を積み重ねていく科学的思考能力**」

ⅲ.「**時間軸という歴史と未来を思考する能力**」

ⅰ.「人間社会を形成する源である共感力という思考能力」について

三つの社会能力の中で、誰もが思考できる基本的なものが「**共感力**」である。「**共感力**」という思考能力は、人類ゆえにその発達の幅が極めて大きい思考能力でもある。この「**共感力**」は、最初は自分を保護する人々（親や家族や世話をしてくれる人々）との関係からはじまり、幼児期、学校という同世代の集まりや組織の中で発育成長を続ける。さまざまな個性のある脳の前頭葉の思考回路の形成の発育成長において、最初の段階から働く能力である。誕生以降、保護する人々である親などの家族や世話をしてくれる人々が与える、人の思考回路の発育と成長過程の影響は、とても大きなものがある。ポジティブな思考能力で発育過程の子供の五感に働きかける年数と、ネガティブなそれとの差が、人の脳の思考能力が成長していく方向軸を大きく左右する要因になる。さらに、日本の大学までの教育環境と、海外諸国の中で付加価値を増やす人材育成の環境が育む、脳の思考能力の成長に与える彼我の差は大きい。そして、この原因と改善のための対策能力は、次に説明する科学的な思考能力と時間軸という歴史と未来を指向する能力に大きく関わり左右されるという、三つの思考能力の均衡ある成長発達との関連性が高い共感力の幅と質の大きさがある。

ⅱ．「自然界の働きを見定め活用する科学という理を積み重ねていく科学的思考能力」について

世界の古代社会から続く有史の記録からも、この科学的思考能力ほど人間社会ではその原理原則の理論が世代を超えて継承され、成長進化してきたものはない。もちろん、ガリレオ・ガリレイ（16世紀）の宗教裁判で否定されても、「**それでも地球は動いている**」という科学の先駆者としての発言が示す一時的な停滞の時期があっても、他の思考能力に比べると、確実に成長進化する普遍性を人間社会にもたらしてきている。

ただし、その社会的な活用という生かし方という視点で歴史を振り返れば、支配権力層が税を徴収する社会構造から得た多額の税を投入して、時代時代の科学、技術力を武力、軍事力に使用し、他者との優位を決める国家の安全保障の強化策に利用している。あるいは、自国の文化を誇るために、イ

ンフラ事業に税を使い科学技術力を駆使し労役という酷使を続けて、国民の一定層以上の人々のために娯楽に興じるインフラ施設を建造して、観客との一体感という習慣が作り出す国威発揚に利用してきた歴史がある。

ⅲ.「時間軸という歴史と未来を思考する能力」について

古代から人は、過去と現在、さらに未来に想いを馳せる思考を続けてきた。時と空間を超える想像力、人をいたわり思いやる想像力を、現在から過去へ、そして過去から今に、そして未来に繋いでいく思考能力を磨いて、具体的な形にしてそれを継承してきている。この社会能力は、人類という生命体の特徴である。自然災害と人災という二大リスク。過去から何を学び、何を今に生かし、未来に向かって何を具体化していくのか、人それぞれである。

この思考能力がどのように成長していくのか。先にも述べたとおり、「**理論的なのか合理的なのか、その対置と均衡が働きながら、脳の前頭葉は成長発達**」していく。さらに、他の二つの社会能力とも連携しながら〝**論理的特性**〟か『**合理的特性**』かのいずれかの比重を高めていくのが、人類という人の社会的思考能力の特性である。

2　人間社会の特性

▽家族、族集団、そして国と変遷を重ねてきたその組織化を促した各々の要因

第1章でふれたように、家族という集団の規模を拡大し、一族、さらに部族集団へと拡大していく

中で、その集団に属する人々の努力が報われる相互理解の「**共感力**」が歪む規模拡大が続くと、その集団の知性のヒエラルヒーも歪むのは、当然の時の流れになる。その歪みの動きを律するために、集団のルールがつくられその試行錯誤が進む。一方で試行錯誤ゆえに改善という理想が続くと、その集団内での争いや分裂は回避できるが、続かなければ回避できない。そして、たとえ分裂しても食生活を含む生活基盤の安定を確保できる自由な空間としての場所があれば、集団相互が命と負傷の危険を冒す戦いをする必要がなかった、有史以前の時代が長く続いたのも当然でもある。中国の理想の社会を、尭風舜雨として讃えたその業績を記録した三皇五帝の時代には、人の社会能力としての三つの思考能力の働きが、とても良く理解できる人間社会の姿がある。集団の規模拡大に応じた社会分業の適正な評価に基づく報酬によって、ほとんどの人々が不満を拡大させないで納得する時代であったと言える。

人が持つ三つの社会性の思考能力の中でも、科学や技術の継承による時間経過にほぼ比例していく進化は、集団規模の拡大と合わせて、治水と灌漑や洪水対策や野生動物からの防衛施設などを大規模な工事にもかかわらず、短期に実現する利点を集団、集落にもたらすと同時に、その知性の非凡さと努力が集団、集落のみなに理解できるものかどうか、というリスクも高めていくことになるのは人間社会の宿命でもある。なぜなら、科学とそれを役立てる技術力の成果を現実に達成するには、時代を経るにしたがって、「**個である人が、最先端の科学の域と熟達という技術の練度の域に達するまでには時間がかかり、努力とは異なる個人差も発生することが多くなる**」という問題が、人間社会の組織規模拡大が抱える現実の「**克服すべき課題**」に直面させることになるからである。最先端の科学と技術領域の内容を理解するには、その長年の苦労をともにする同じ体験をする人々だけであり、集団、集落の規模の拡大は、それを知り理解できる人々の割合をどんどん下げていくことになる必然性が発生する。新しい付加価値が成果として実を結ぶまでの期間、その努力を評価する公正な社会ルール創りができなければ、その組織のリーダーの資質に大きく依存するようになるのも致し方のないことである。しかしながら、リーダーの在任期間はその評価に必要な時の長さに対して短く、次のリーダーもその資質に恵まれるという幸運は残念ながら可能性はそれほど高くはない。それゆえに、人間社会がさまざまな政治体制と法制度を考え出してきた歴史的な理由もあったと考えることができる。

▽組織規模拡大の「飽和点」と〝支配権力の人間社会への移行の分岐点〟の関係

リスクへの備えの活動成果に貢献する人々の努力に対して、集団の組織活動としての評価が的を射た決定をする場合は、当然のことながら持続的な成長発展の期待は大である。しかし、この希少な能力を発揮した人々が、いくら有言実行とはいっても自然相手の対策対応では、有言実行どおりの成果を周囲の人々に示すことは、実際には困難な場合が現代よりもはるかに多かったと思われる。ここに、リーダーや能力や責任力の高い人々が公正に報われない、扱われない圧倒的多くの人々の評価と判断が招く社会的リスクの大きさの要因があり、本来、付加価値をより多くもたらす期待が大きい組織の能力と責任力が歪む、ヒエラルヒー社会となるリスクがある。多くの人々の関心が、他人事になりやすい集団組織の大規模化によって、武力での解決を優先する思考能力の共感力が多数派を占めて集団を戦争へと駆り立てる「**組織規模拡大の飽和点**」が、〝**支配権力の人間社会へと移行していく分岐点**〟になったと考えられる。この移行を、人の社会性としての思考能力の発育形成と成長という視点からみると、不合理で理不尽な世の中が続いてきたと諦めるのではなく、「**人と人間社会が、どういう社会性のある共感力を拡大し浸透させていくか、その克服すべき課題の解決**」への歩みを進めることで、未来への展望が見えてくると言える。

▽人がつくる組織の大規模化のリスク

人間社会のあらゆる組織の大規模化にあって、その属する人々の個性ある人間性と均衡のある公共性を喪失させる〝**力**〟を解決手段とする思考能力が必ず優勢になるのは、組織力の大小でほとんどのことを決することが簡単にできるようになるからである。有史以降の人間社会で最も力のある組織は行政府と軍隊であり、産業経済では、財閥、コングロマリットと呼んだ多角経営という名の産業経済の支配力を持つ企業組織である。これらが20世紀の二度の世界大戦の終戦によって解体したわけではない。現代の世界でも呼び方が異なっているだけで、同じ組織の特徴を持って存在し、とりわけ21世紀以降、終戦までと酷似した規模拡大を続けている現代の時代の流れは、すでに「**組織規模拡大の飽和点**」を超えている。産業経済においては、財力の強弱が、人の発明や創意工夫の積み重ねによる付加価値という成果を呑み込み、企業の吸収や統合ができる法制度では、〝**力**〟が優位、優勢になる〝**人間社会の力の原理**〟は、避けようがない力学中心の社会構造に変質していくだけになる。

この〝**人間社会の組織の力学が進むと、個人という人が制御することは不可能になること**〟は、これまでの歴史が証明している。組織が良き企業市民として、世界中で流行する道徳的な善悪などの一項対立思考により、他者が否定しようのない抽象用語を使い企業理念としていくら飾っても、利害と利益を求める本能のようなものが組織で支配的になるのは、〝**組織には人としての痛みの共感力が働かなくなる**〟からに他ならない。『**人としての痛みの共感力**』は、『**知性を磨き人の痛みを世代継承させていくという強い責任意識が意図的に共有されないかぎり、必ずや過去のものとなる、人しか努力できない共感力**』だからである。組織は、利害や利益という目的が優先して動くものとして、人がつくったものである。人間性や公共性の高い活動に自然に推移していくことが起こり得ないのが組織である。「**国益や公益と称する利益を失っても、人々の痛みを回避し、人々の豊かさのために尽くすという倫理観**」が、国をはじめとする当該組織で優先して言動した大規模組織を捜すことはとても困難なことからも、〝**大規模化のリスク**〟は、避けることができないものである。

なぜ人は組織をつくり、その組織の活動で何を得ようとしたのか、その原点を、どの時点でも問い続けることが肝要ではある。人と人間社会の双方にその規模に応じた付加価値をもたらさなくなった時には、すでにその組織は病んで社会的害悪がはなはだしいという診断評価をして、人がその組織を解散解消する社会の法制度があって、初めて組織の活性化が保たれるという、人と同じ原理原則になる。人と組織の『**多項均衡**』という関係を維持することが、持続的な人間社会の成長をもたらすことになる。組織の大規模化がつねに本来の目的から、人と人間社会に貢献する活動となっているのかの監視と評価がされないのであれば、公正な組織の活動のための社会ルールに大きな欠陥があるままその組織は膨張し、止まることができなくなる〝**力の原理**〟に支配されることになる。その〝**力の原理**〟は、国際化という時代の寵児のような企業グループを巨大化させ、民主政をとる国でもそこに暮らす人々の痛みを防ぐことができなくなる。〝**企業の国際競争力強化とその自由という言動**〟は、「**組織規模拡大の飽和点**」を超えて、その影響力がますます深刻に拡大する現状は、基本的人権を守ることがより弱い国々の人々の生活基盤の脆弱化と崩壊におよんでいる当該社会の歪みを、社会現象として示し続けていることになる。〝**国際競争力強化という大規模組織の自由**〟は、人の自由という名の〝**利己的な言動**〟とは比較にならない組織の利害と利益を、その規模に応じて、自組織へ還流させることができる法制度を作る力によって、より有利な社会構造とその秩序を強化していくことになる。

▽**人間社会の均衡力**

「**人間社会の均衡力**」という作用は、組織とは離れて行動する人と、人がつくった組織に従事する多くの人々の社会的活動の均衡が保たれる、公正な社会的ルールによって保障される働きである。産業経済であれば、本来、あるべき姿の市場経済、市場価格は、需要側と供給側の相互の多種多様な人の主体的な契約意思があって、初めてより付加価値のある活動へ努力し工夫改善するという、人、本来の知性の磨きと時間をかける根気のある活動へ向けて、多くの人々に未来へ向かう舵取りを選ばせることになる。特に、供給側での中小企業と自営業が多岐にわたることと、需要側も市民の多岐にわたる購入を支える豊かさが保障されないと、持続的な経済成長は望めなくなる。

政府と行政府が、法制度と政策で安易に介入し社会構造の『**多項均衡**』が歪むと、人間社会の持続的成長は困難となり、豊かさを保障する人の付加価値を生み、創り増やす思考能力を担う個性ある人が活躍できる場（多様な職種としての個人営業種と中小のさまざまな組織）が、それだけ減っていくことになる。それが組織の大規模化と並行して起き、〝**寡占化、独占化が招く、人間社会の均衡力が働かなくなる社会構造の大きな歪み**〟になる。政府と行政府による〝**税の負の循環の継続**〟が、実に30有余年も続く時代の強い流れを作った人為的な原因があるのに、自分たちの政策に都合のよい経済指標を、政策推進の根拠に使ってきたのもまた、人と人間社会としての三つの思考能力の成長の社会性の質のなせるものなのである。

▽克服すべき多数決という組織の決定手段の課題

民主政、共和政のその致命的な過去の歴史から、その欠点を補う多数決制度を工夫しその工夫の恩恵に預かったのがイタリアのベネチアだったことはすでに触れたが、現代の欧米諸国をはじめとする国々や日本の民主政や共和政においても、この多数決という組織の決定手段には、克服すべき課題は多い。

人間社会の知性を磨き、付加価値を生み、創り増やしていく努力による成果というものを、普遍的な道理と考えるならば、その人間社会における知性のヒエラルヒーが保障される、人がつくる組織と人間社会には、多数決では決めることができない分野があり、多数決でのみ決めるとリスクが大きくなりやすいこともわかる。

戦後、民主政の先進国やＯＥＣＤ諸国の一部の国々が先行して、少数民族に与えてきた長い加害による少数民族の人々の痛みに対して、自国の多くの人々にその『**痛みの共感力**』を広げ、国民としてその原因と対策を次の世代に継承していく舵取りに変えた政策は、少数ゆえに国の法制度よりも優先する分野がある本質的な自治として、少数民族のための自治の法制度制定の本来の姿を示したものである。これらの地域の少数民族の継続してきた自治獲得の運動がようやく実現したわけであるが、国による観光行政など介入する余地はまったくないことはもちろんだが、国税受領の見返りに中央に忖度するという前近代的な政治風土も一掃されたことに、本質的な多数決によらない、少数が生きる基本的人権の尊重が具現化した海外の事例である。

民主主義を人間社会に実現していくための政策決定のあり方には、まだまだ克服し解決すべき課題が多い。多数決が民主政の常識と思い込んでいる受容性の高い日本の人々は、多数決が民主政の克服すべき課題も多く持っているリスクそのものを理解し、その分野が何かを、民主政の舵取りの先進国の歴史と今からを学び、その学びの次にさらに改善する付加価値を、自ら考え出して学んだ国々の人々へ返していくことができると、それが本質的な普遍性を持つ相互均衡の平和と成長を持続させることになる。その信頼こそが、継承していくべき文化と言える。

3　人間性と公共性の均衡ある社会～公共性、人と組織の違いから

▽個性を持つ個である人が組織に抗う難しさ

「個が衆と組織に抗う」には勇気だけでは難しいこと、過去や現在だけでなく未来も難しいことを

歴史が語っている。なぜなら、組織にとって、その利害や利益は当該組織の〝**公益**〟として大義名分がすでに存在し、誰もが否定できない論理の正当化ができるからであり、人は衆と組織に対しては、民主政の主要な決定様式である多数決にもならない一票でしかないからである。

それゆえに、人間社会の多様性を表す確実な指標が必要となる。個性ある人が住む、その国なり、その地域なりの人間社会の組織との関わり合いの多様性を表わす確実な指標がないと、つねに衆と組織の大義名分が優先されることになるのは至極当然であり、多様性という言葉は、抽象用語と化してしまう。この指標を、人の基本的人権の侵害を守る価値観として、社会性のある思考能力の共感力を広げた海外の価値観の一つが、「**ハラスメント**」という、人が〝**組織の力**〟に抗うことができる法制度の主旨である。ところが、日本の社会では、その組織の上位層の人たちほど、この「**ハラスメント**」という名目で、組織の秩序を乱す例外者として組織に属する個である一人ないしは特定の複数の人々を、司法制度の前に〝**マスコミを使って周知徹底**〟の上で罰してしまう慣行が続いている。欧米の「**ハラスメント**」とは異なり、〝**組織の力を押しつけたり、組織活動の秩序にしたがわせる実質的な強要の日常環境を放置しておきながら、それがいきすぎた場合に、その組織が作ったハラスメント委員会で組織に抗えない特定の個人や少数の人々を処断すること**〟が、日本社会のほとんどの組織で実際に行われていることからも、個である人が、いかに組織や衆に抗うことが難しいかを理解することができる。

「**ジャーナリズムの原点と原単位**」は、この組織や衆に抗う言論とペンが持つ『**人の痛みの共感力**

の拡大を担う人の知性の磨きによる思考能力』にあり、この思考能力を持つジャーナリストが連帯していくことで初めて、個である人が組織と衆に抗うことが可能になる。その**「使命と役割は、人間社会の公共性の向上にとって、最も大切で重いもの」**である。したがって、公共性を歪め低下させる**〝力を持つ組織や衆の世論形成〟**を見逃したり放置する時間軸が長くなれば、能力と責任力が低下して起きる社会的弊害は測り知れない。それゆえに、ジャーナリズムが機能しているかつねに監視し、国民に周知徹底する仕組みが必要になるが、残念ながら日本社会ではその仕組みは創られてきてはいない。

生活拠点と生活基盤を持つ人々が属し、あるいは関わることが圧倒的に多い組織そのものの多様性が維持されていなければ、人間社会の多様性は、やがて〝**力**〟によって統合化、一元化や画一的、均質的なものに向かう社会になる。人の個性ある才能が、人間社会として多岐多様であり続けるには、その人が自主的に選べる組織が多様であって、初めて時間軸に比例する付加価値が生まれ、創られ増えていくことも人間社会の理である。人間社会の多様性を維持し、さらに、保証する仕組みを成長させていけるのは、多様性を持つ人だけである。この点を理解し、人間社会の環境を変革し整備していくことをしなければ、公共性の内容もつねに**〝人よりも国益と公益、社会秩序と組織秩序が優先する社会〟**になることを、人類の歴史は警鐘とともに、痛みの試練を与え続けている。

▽伝統的な〝公益を守る公の秩序〟と、「人間社会の公共性」との違い〜日本社会への歴史の思考能力『圧倒的多くの人々の痛みの共感力を継承することへの舵取りを決めた人々』による、民主主義を

めざした法制度の改善内容の着眼点は、現憲法が使用している「**公共の福祉**」である。この用語は、個々の人々の生活基盤の脆弱化と崩壊状態を救い、そのリスクが決して世代継承されないことを意味する言葉である。この用語を、「**公共性**」と同義として使っていくことにしたい。

「**公共性**」とは、人間社会における個である人と人が目的を持ってつくる組織の双方の言動が、自目的であるがゆえに招く利己的な影響による人の基本的人権を侵害される状態、そのものをリスクの現出として、放置させない対策と対応を持続化させる法制度によって、「**人間社会の公共性**」を実現していく価値観として考えることができる。当然のことながら、個人が他者の基本的人権を侵害すれば、支配権力が介入しないかぎり、法制度はことこまかく整備され誤審の余地が少なくなるように整備されてきている。これに比較して、組織の影響による人の基本的人権の侵害は、その組織の規模に応じて大きくなり、支配権力が介入しやすく侵害が尋常ならざるものになるのは、歴史の教訓では済ますことができない惨状となる。それゆえに、民主政の歴史を自ら持てなかった日本社会の〝**伝統的な公益を守る公の秩序**〟と「**人間社会の公共性**」との違いを、明確化することが重要になる。

神社仏閣の参拝寄進を主目的に結成された、「**講**」と呼ばれる日本の伝統的な組織は、この神社仏閣の組織のための財力基盤の強化に使われる金融組織に変質していき、頼母子講や無尽講などの民間金融にも派生させていく。一方で、大きな組織が関与しない商売組織とは一線を画した共存共栄の目的で組成される、○○講（講社）という主として大都市の庶民が自発的に結社した組織もあるが、そのほとんどの組織は紆余曲折の変遷を辿っている。

一方、「**結**」は、農山村地域特有の過酷な労働による成果物の税の搾取を持続化させるために、相互扶助の仕組みとして、特定作業の共同作業形態を表わすものであり、農繁期と農繁期以外の開墾や用水路作りのインフラ作業から山林の伐採保全など、その生活基盤の防衛全体にわたっている。

「**鎮守の杜**」、「**鎮守の杜**」は、その所有者が不在、あるいは曖昧な有形無形財を共同体組織として、労をかけて守る伝統を代々継承させてきたものである。この共同体の組織を国体へ利用する意図で、1906（明治39）年に国家神道を頂点とする地方地域の末端組織化を推進しようとした時の政権と行政府に反対したのが「**南方熊楠（みなかたくまぐす）**」だった。彼はアメリカ社会を現地で見聞きし、大英博物館の東洋調査を担当したりしながら、地方地域の生活基盤の歴史を調査し学び、『**人とその均衡ある人間社会の公共性**』をこの日本の時代にあっても理解して、この行政の介入に、幕藩体制下の〝**隣保制度である五人組**〟という前近代までの時代の悪夢を見たがゆえに、反対したのだと考えることができる。幕藩体制下での〝**五人組の法制度**〟は、広範囲に細部まで統治管理するために、中国の戦国時代の秦（商鞅が作ったとされる）から清王朝までの歴代王朝が強化してきた隣保制度を、日本の歴代支配権力が導入し、独自に改善したもので、〝**相互監視と連帯責任**〟による〝**搾取の社会構造**〟の最も基本をなすものであったことは、いまさらながら説明するまでもない。それだけに、「**鎮守の杜**」、「**鎮守の杜**」に残る人間社会の公共性を、彼は大切に残したかったのだと思う。

「**義倉**」、「**社倉**」は、中国の春秋戦国時代にすでに記録があり、中国歴代王朝の飢饉への備えとして実施（北斉、隋、唐、明、清でも）してきたことに、その「**人間社会の公共性**」を評価できる法制度としてみることができる。一方、日本社会では、古くはこれに倣い律令時代の当初には備蓄制度があったが間もなく廃止され二度と復活していない。儒教を統治学とした江戸幕府でさえも一貫して、このような農耕生活へのリスク政策の成果を記録したものはほとんどないことに驚く。飢饉対策の導入もとの中国歴代王朝と比較しても、あまりに陳腐な対応事実しかない。誰もが知っている江戸幕府時代の飢饉の多さと悲惨さは、それ以前の幕府政、律令政においても同様である。歴代の日本社会の上位層が招いた水稲農耕社会でのリスク対策の不備が引き起こした、地方地域の想像を絶する飢饉による人々の悲惨な苦痛に対して、無常観では済まされない能力と責任力の欠落の大きさは、今日の日本社会に対して、その歴史的長さの社会構造の問題の本質を突き付けている。しかしながら、統治者が人間社会の中でどうあるべきかを中国の歴史から学び得た江戸時代の一部の地方地域では、自己責任を主体的に考えることができた藩がある。苦しい財政の中で、一時期、飢饉対策の法制度をつくった宇和島、弘前藩などである。地方地域の多くの人々の痛みを、我が身、我がこととして、感じることができない中央の人たちとは異なり、その同じ生活地盤で生きる能力と責任力のある数少ない人々が、『**痛みの共感力**』から飢饉へのリスク対策と対応をした過去の貴重な事例である。

終戦以前でも、地方地域の自治の自主性が実現させた医療の相互扶助がある。公共性のある有効な健康保険制度がない時代に、宗像市周辺の農村が医師の生活を支える条件で、住民の医療活動をしてもらう数少ない例である。この制度は「**定礼**」と呼ばれた。同じような仕組みの例は、千葉県佐倉市、島根県青原村などにあり、中央とは異なる地方地域である。

日本の公共性の歴史を調べてみると、明らかに儒教や仏教などの宗教組織の教えが言う世界と現実の世界は異なり、その人間社会の「**公共性のある仕組みや法制度の内容**」は、人間性や基本的人権の保障レベルとしては極めて低く、限定的な地方地域にしか存在しないのは、その共感力が拡大できない堅牢な社会性が長い時代、社会構造として続いてきたことを表している。それゆえに、圧倒的多くの頑張っても報われない人々は庶民仏教を信仰し、自分の親や近親者などの大切な人を埋葬してくれる教団にすがるしかなかった、そんな厳しい時代が長く続いたことになる。

▽「公共性が求められる分野」での〝公の秩序〟の進展拡大の現状

金融という分野、なかでも銀行は、産業経済の公正な競争の前提である取引や契約履行の価値交換を、通貨で担保する一定の均衡規律をつくる業種であり、その役割は「**通貨の預貸ビジネス**」を基本にすることで初めて公共性を発揮できるが、今の日本の改定されてきた法制度と、銀行の統合という名の大規模化政策に甘える経営手法では不可能である。

さらに、個である人の基本的人権の命、身体の痛みを救済することを使命とする医療分野もまた、公共性の高い分野である。しかしながら、医療現場への支配統制力を増している政治的勢力の大きな組織の言動は、その公共性を担う役割を期待する人々の思いとは真逆に向き合う、自己組織の安定秩序のための利害と利益を優先するやり方を継続し、その手法を変えようとはしていない。現場の医療従事者であっても、これを変えることができない社会構造が強化されてきている。

今やこの二つの分野での組織の言動は、日本に住む人々の生存拠点と生活基盤にとって公共性が高い分野であることを利用し、自己組織の利害と利益を〝**公益の秩序維持**〟にすり替えて、コロナ感染拡大のつど、医療崩壊の危機を政府と行政府と一体となって、マスコミを介してくり返し伝える特徴的なものである。

くり返され続けるリーマンショックなどの金融経済ショックや、健康保険財政の危機。さらには新型コロナウイルスの蔓延危機という公共性が高い分野のリスク現出時に、〝**自組織の安全秩序を最優先とする思考能力のリーダーたちは、政府と行政府のリーダーたちの思考能力とリスクゆえに同調し合う特徴**〟を、顕著に示し続けている。

この二つの分野は、「**公共性が求められる分野**」ゆえに、それが帯びる支配権力の思考能力が強く働く〝**公の秩序**〟が進展拡大する日本の現状の代表例であるが、それは氷山の一角にすぎない。

▽**地球上の多種多様な均衡環境のメカニズムと人間社会の均衡の社会構造**

地球上の多種多様なあらゆる生命体の持続成長を可能としている、この『**多項均衡というメカニズム**』の中で、人類もまたその生存活動を続けてきている、現在までの人と人間社会の歴史がある。人以外の動植物は、このメカニズムを自ら破壊しないように遺伝子によって制御され、「**自己の生存以上の他の生命体からの搾取は行わない自然の理**」がある。

したがって、地球上の多種多様な生命活動の均衡環境に、悪影響を与える自己集団の拡大膨張は、自然界の相互制御によって、一時的な地方地域の膨張活動で収束するメカニズムが働いている。

人と人間社会の特性を、この地球上におけるあらゆる生命活動の持続的成長のために、均衡ある思考能力の成長の大切さを説明してきた理由は、人がつくった組織の規模拡大を制御できない人間社会の構造が、いかに人類と他のあらゆる生命が持つ地球上の**『多項均衡というメカニズム』**を破壊するかという理を、明白にしたかったからである。

多種多様な無数の生命体の均衡ある地球環境は、持続可能な食物連鎖の自然構造を何億年、何十億年という歴史の時を刻んできている。ところが、**〝人間社会とウイルス社会だけが、自らその集団の膨張拡大を止めることができない、他者からの搾取のメカニズム〟**を持っている。最も原始的なウイルスと最も高度な人類。この対比される双方の地球上の世界的な活動が現代社会においていみじくも符合しているのは、何を示唆しているのであろうか。少なくとも最も高度な人類は、そろそろその答えを出して持続的成長の歴史の時を刻んできたあらゆる生命体の活動に対して、未来への普遍性を持った解決を示す時が迫っていることを知るべきである。人間社会の構造の拡大する歪みの原因と対策、そして、人間社会に突き付けられたウイルスの人類全体への感染拡大の原因と対策は、付加価値を生み、創る個性ある人と、その付加価値を広げる人間社会という構造へと、変革していくための課題を克服することにかかっている。その解決する能力と責任力は、人と人間社会の思考能力と責任力の質しだいであり、今後、世界中の人々がこの課題に直面していくことになる。

第5章　道徳、宗教などの教え、芸術、芸能などの文化と国民の精神基盤との関係の歴史的検証

1　道徳、宗教などの教えが日本に住む人々の精神基盤作りに影響を与えたもの

▽日本に住む人々の精神基盤の古層について

仏教伝来の時期は6世紀とされるが、そもそもそれ以前の大和朝廷の建国の前後では、どのような宗教が日本列島の各地方地域で信仰されていたのか、その古代の人々の精神基盤を探る古層の旅にもまた歴史を調べる合理性がある。有史の旅に最初に登場する3世紀の卑弥呼という女王は、今日で分類されるシャーマンとして、「**鬼道**」で28か国の連合政権の統治をしていたと記されている。その鬼道の手法として幻術を使ったという記録から時代的背景を考えると、中国から朝鮮半島に伝播し支配権力層を含む社会的上位層とも関係をもった「**道教**」がさらに九州北部から日本列島に広がっていた可能性が高い。導師と呼ばれる道教を主導する人々は、この幻術も含む医食や人々の生活に役に立つ先端の技術も習得しており、一般に思われている神仙思想というなにやら神がかり的な人里離れた山岳で修行する隠者のように考えがちだが、それは後世のイメージの一つと思える。

卑弥呼の「**鬼道**」と記された幻術について。連合の王の言動には、有力豪族の利害と利益に適うことが求められるが、シャーマニズムでは難しいものがある。中国王朝の支配地域であった朝鮮半島の

直轄拠点を介して中国王朝に頻繁に朝貢した意図と目的を考察すると、中国王朝に朝貢する周辺諸国の利害と利益の特徴である、先進技術、文物、文化の自国の統治へ活用する有効性が浮かび上がってくる。そのためには、漢字を理解し朝貢の外交を理解できる統治ノウハウが必要である。有力豪族間で共有する価値観として、史料に記された鬼道は道教が土着したものであるとみることができる。卑弥呼の統治は、奴隷、税や労役であり、その墳墓の大きさからも支配権力の規模の拡大の変遷の時代を伺うことができる。

この支配権力の時代以前の長く続いた日本列島に住む人々の原始的な信心を、今日で言うシャーマニズムと呼んでいいのかどうかには根拠がない。集落集団のリーダーとそれ以外の人々の間に特別扱いする必要がなかった時代に、卜占や神託や託宣の類が集団の言動を左右する大きな決定権があったとは思えない。自然環境のリスクと恵み。リスク現出を恐れ、祟る（たたる）ものとするのか、恵みを感謝し崇める（あがめる）ものとするのかは、二項対立、選択の問題ではなくどちらもあるものとして、リスク対策と対応、努力に応じて成果がある自然の厳しさと恵みを合理的に考えて言動することで、そのまま努力の時間に比例する豊かさを実感できた長い時代であったと考えることができる。古代の人々の精神基盤の古層を、人間性と公共性を豊かに形成していたととらえる想像の旅は、実に意義深く楽しいものである。

一方、中国や朝鮮半島では卑弥呼の時代よりもはるか昔から、「**卜占による吉凶判断**」が主流だった長い時代がある。史料の随所に見られるその統治手法は歴史の一時代を築いてもいる。吉なら受け入れ進め、凶なら回避し、元凶を排斥、排除する攻撃性を持つのは、支配権力者たちの思考回路、思考能力に顕著に見られる、敵味方、勝敗という二項対立、選択の最も手っ取り早い、周囲を納得させる神託などの祭祀の手法でもある。

余談ながら、シャーマンの神託、託宣は、より具体的で明確であればあるほど、外れた場合のリスクは大きいが、集団組織内でのヒエラルヒーの上位は、そのリスクを回避するから彼ら以外の者の役割とする支配者のための安全保障体制を作ることは当然となる。したがって、支配者がシャーマンを続け、世代継承も含めて責任を取り続けることはあり得ないゆえに、卜占、神託、託宣などが、一定の所作を定める手法、儀式を特定職とし継承を伝統とする習いとなる。現代まで続く占いは当たらずとも遠からずで、当たるか外れるかをどのように理解するかは受け手の人しだいという占いに、科学的根拠を求める人はいない。それにもかかわらず、なぜ現代人でさえも占い業は人気があるのであろうか。卜占を利用する意図を持つ人たちにとっては、人心操作の有効な手段であり、古今東西、変わらぬ人々の思考能力のあり方がある。

▽精神基盤の古層に変化を与えた支配権力の時代の影響

渡来系の諸民族が朝鮮半島から、それぞれがさまざまな移民移住の地政学的背景を持ちながら、列島の西から東に広がる歴史的事実についてはすでに説明済みであるが、精神基盤の形成に影響を与えたものは何かを探る旅の宗教要素として、中国や朝鮮半島の歴史を見ても「**道教**」の習俗的な特徴ゆえに「**道教**」がおよぼすその時代的背景は強い。３世紀の卑弥呼以前からの「**道教**」の影響は、これらの渡来系が持ちこんだものとして、列島の土着のものとは異なる先進性があったはずである。その移民移住の期間の時代の長さと相関関係を持つ、中国と朝鮮半島の社会で、習俗として溶け込んでいた歴史の長さに符号する伝播伝承の長さを想像することができる。それは、出土した多くの銅鏡などのデザインにも「**道教**」の影響があることからも容易に想像できる。さらに、天武と持統の血統の天皇政時代の幕開けとなる、法治国家としての律令国家を強化する時代であってもなお、この著名な絶対権力者である二人は、「**道教**」の篤い信奉者であった事実に、日本の律令国家を作り強化した支配層の宗教的な思考回路、思考能力を理解することができる。

歴史教育にもある、蘇我氏と物部氏の崇仏論争の前後から続く、有力諸豪族の「**仏教**」帰依と推古、聖徳太子の仏教保護政策は、崇仏論争の一方の当事者とされる物部氏もまた、仏教への造詣があったことも含め、この時代までと時代以降の支配権力の社会的上位層の宗教観には、変わらぬ「**使い分けができる思考能力**」があったと言わざるを得ないものがある。その「**使い分けができる思考能力**」とは、天武、持統の天皇血統の最盛期でもある聖武天皇の「**仏教の国教化**」の政策にも如実に出ており、大分県の「**宇佐神宮の神託**」を最大限利用し、後に神仏習合と言われる国教化政策を全国の統括拠点に展開している。しかしながら、神仏習合という理解の仕方よりもむしろ「**使い分けの思考能力**」であったと分析した方が理解しやすいのではないかと思う。明治政府の重要な国策となった神仏分離に基づく神道の復古回帰運動という価値観の影響を受けてしまうと、この「**使い分けの思考能力**」を理解することは難しい。

その理由をいくつか例証してみると、「**マヘツキミ会議**」という大和朝廷から続く有力豪族による伝統的な権威ある決定機関は、大化の改新を演出した天智大王でさえも当時無視できない主要な意思決定機関の一つであったが、聖武天皇の時代まで下ると、その機能は縮小され伝統的な権威ある意思疎通機関に変容している。これらの有力諸豪族とこの与力層をヒエラルヒーとして構成していた渡来系諸族にとって、当時の日本社会を動かしていた諸豪族のほぼ共通の価値観は、「**宇佐神宮の神託**」だったと考える方が時代の流れに沿う。彼等の精神的基盤の依って立つ伝統的な「**共通の規範力**」であり、近世や今日の宗教組織の教えとは随分異なるものだったと考えることができる。「**宇佐神宮の神託**」が持つ諸豪族に共通する規範力の影響の大きさがたびたび歴史の史料に登場する。記紀では、神功、応神の政権の仲哀大王の信託違背事件で登場し、聖武天皇が仏教国教化の具体的政策として行った全国での国分寺建立と、地方地域の国司派遣の行政行事の中核を占める総社の分社作りの推進にあたっても登場する。さらに、奈良時代の天皇政の歪みによる道鏡が企てた政権奪回の阻止で、決定的な役割を演じることでも登場する「**宇佐神宮の神託**」は、政権を支える諸豪族間で共有する求心力を持つ、宣誓のような効果を持っていたと考えることができる。

一方、かなりの時代を経た後発の仏教と道教の違いをみると、道教の政治性はかなり希薄である。道教と同時期のものと考えてさしつかえのない儒家や法家などの価値観は、権力者にとって政治上の取捨選択を迫られるというリスクが伴う統治の学問であるが、仏教の場合は政治的に有効な統治力を帯びやすい特性があっても、宗教ゆえにそのリスクを冒さなくとも済む国家の秩序安定に適する精神的な価値観として、東アジアの支配権力層の人たちは評価していたと考えることができる。

伝来の仏教は、本格的な宗教行政組織として国家の統治に役立つものとして、中国の北朝、南朝に続き朝鮮半島の三国でもその仏教の国教化の実績が進むと、その統治のあるべき姿として模倣導入することが、代々日本で生活基盤を持つこれらの有力諸豪族と与力諸族にとって決定すべき国策となっていたと想像できる。すなわち仏教は、統治のための効果の実績のある政策として、搾取の対象でもある民衆を社会秩序に順応させる精神基盤作りに有益と判断され、国教化を決める時期が到来していたと考えるのが妥当である。そして、神社は、政権運営に関わる者たちの政治的な〝**宣誓の場という行政の礼法所作**〟に変わると、もともとの主要な特徴でもある祖先一族（ルーツも含め）の霊魂の守護と尊崇という「**死生観**」をそのまま継続することとの「**使い分け**」は、平安初期に見られた京都の渡来系豪族の氏神建立の動きにも推移していくようになる。その動きの時代経過の長さは、藤原摂関家の支配権力者たちに代表される「**仏教の極楽浄土という死生観**」となって表れる。極楽浄土もまた支配権力者たちにとって都合のよい「**死生観**」に変質し、それは、その死生観を力で、この世に具現化しようとしたものである、と言える。

釈迦が説いた仏教が、長い時代を経て中国に入るとその「**死生観**」は、中国で古くから信じられてきた「**天の概念**」から派生する「**極楽浄土**」になる。中華の共通の価値観である「**死生観**」は、生ある者の魂魄としてこの地上で心（魂）と体（魄）が一つになっているが、死によって魂魄が天と地下に分かれるというものである。祖先の霊をこの分かれた魂魄を合わせて尊崇する祈りを、中華の人々は長い時代共通の価値観としてきた。一方で、精神古層の箇所で触れたとおり、日本列島に先住して長い時代にわたって生きてきた人々の「**死生観**」には、中華の魂魄（後に霊魂）の「**死生観**」や仏教の「**極楽浄土**」という「**死生観**」はもちろんであるが、これらに対峙する特徴的な強い別の価値観を確認することができない。原始的と言うよりも、おそらく多様だったのではないかと想像できる。

古墳時代前後から続く「**魂魄の死生観**」と、その後登場する「**極楽浄土の死生観**」は本来違うのだが、支配権力たちにとっては、死後もまたその栄華がより明るいものと信じたいその思考能力の逞しさは、この世のものと酷似しており、一般民衆の「**死生観**」とも異なるのは確かである。現実の世の中の痛みを知らない者と、痛みしか知らない不合理で理不尽な世の中で生活せざるを得ない、人々との大きな違いが表れている。どの時代にあっても、宗教の教えは社会の実相を示す。仏教組織も新たな組織が勃興するのは鎌倉時代以降で、仏教は民衆の信仰として広がり、護国仏教の奈良の諸宗派と異なる教えと、民衆の葬儀と墓守供養という機能を整備していくのは、周知のとおりである。政権が設置した仏教の行政組織である国分寺は、民衆の信仰の対象になってはいない。

利害と利益を一致させ、その紐帯力を強化できる精神基盤作りは、人の共感力によるものである。神託、神前の誓いは、後代の武家社会にも継承され、さらに明治維新後も英霊信仰として、国民皆兵の精神的紐帯を強化させる政策を浸透させた終戦までと終戦後もまた、今日でも少なくない人たちにも継承されている。終戦までの英霊崇拝者の多くとこれを継承する戦後の人たちもまた、仏教の葬儀や先祖の墓守供養とこの英霊崇拝を並行で行うことができるのは、自己に都合のよいものを使い分けるという思考回路、思考能力と同じである点を、彷彿とさせるものがある。

天武、持統の血統政権が、伊勢神宮という天皇（天皇を自称した以降の天皇家の神社）家のための神社を、宇佐神宮とは分けて創建し、遷宮という持続性を持たせる手法を工夫したのは、神社という精神基盤の紐帯が持つ効果の歴史をよく知り、歴史を作ることを強く意識していたからに他ならない。この二人の思考能力は、時間をかけた古事記と日本書紀の編纂の強い意思にも表れ、それまでの諸豪族が持っていた漢字のノウハウの歴史の資料を消失させて、記紀に歴史を代替させることになったのは、文字で歴史を語ることを最初に東アジアで実現した中国に倣った、天皇政という時代の幕開けだったと言える。ちなみに「**神道という言葉は、古事記にはなく日本書紀に初めて登場**」する。そういう意味においては、改正憲法でも天皇を、国民の精神的紐帯の象徴としたい意思は、権力の中枢を握る人たちにとっては同じ思考能力から憲法の条文にも反映され、それ以前の不都合な歴史はなく都合のよいものを継承していることを示すのは、継承してきた精神構造がよく表れているからと言える。宮内庁などの行政組織は、民主主義の時代においても、かたくなに万世一系という律令政の時代からの大王、天皇の陵墓とされる墓域を、国民の税金で、しかも天皇家の人々の意向を問うことなく自分たちの管理下に、終戦までと同様に置く。正倉院の御物は〝**国宝ではなく天皇家のものとして、宮内庁の管理下に置く**〟のもまた同じ手法である。

そして、明治以降終戦までの長きにわたって強い影響を与え続けた〝**英霊信仰の本拠**〟が、靖国神社という問題は、なにも革新政党対保守政党の対決での信仰の自由とか、政教分離とかの民主主義の当然の議論を起こすまでもないことで、古くから続く日本の社会の構造作りの思考能力の質の断面を、この英霊神社という政治思想観は示し続けている。それゆえに、改正憲法の内容として回帰することになる。これを、終戦までの原動力となった〝**Nationalism**〟が席捲した限定された時代のものと評価するのは早計であり、リスクが極めて大きいことを日本の長い歴史は語っている。

戦後の憲法によって初めて保障された信教と結社の自由によって、あたかも日本は多神教という宗教観を伝統に持つ歴史があると、錯誤している人々が多い。そして、多神教であるから宗教観に絶対性を帯び他者への排斥力を持つ、世界で信仰者の多い一神教のような世界各地域での紛争はない、日本社会は寛容な社会であると考え、それは農耕民族だからと説く学者や著作家が少なからずいる。はたしてそうなのだろうか。信者数の圧倒的に多い神道諸派、仏教諸派ともに歴代政権が中央から全国の地方地域に導入し、日本社会の組織秩序化の維持を守るために、つねに民衆からの信仰による突き上げエネルギーを警戒して規制し分断する介入を、公の秩序を守るという正当化で、統治し続けてきた歴史である。したがって、この〝**公の秩序に反するもの**〟として弾圧され理不尽な処分をされた仏教諸派の開祖は多い。民衆の蜂起は、社会の歪みが大きくなるたびに起こり、それが社会全体に拡大する前に、つねに圧倒的な力による閉ざされた地域の蜂起としての封じ込める〝**力による鎮圧**〟がくり返されたのが、日本の社会の有史以降の歴史である。

西欧のようなキリスト教のカトリックの大規模組織に対する批判として、宗教改革の運動が国を超えて大きな広がりを見せた原動力を洞察すると、歴史的な思考能力の共感力の紐帯となっている精神基盤に至る。勿論、日本社会の精神基盤とは大きく異なるものである。西欧の人々が思考回路、思考能力として持つその精神基盤の厚みは、**「神との間でも相互恩恵に基づく能動的な双方向の契約という価値観」**であり、人為的な人間社会の組織は、つねにその価値観に基づく批判、評価の対象になる二次的な存在にすぎないということになる。したがって、ほぼ一神教の西欧社会にあって、カトリックという大規模組織と教会の教えは、民族を超え国を超えた国際的なものであり、日本流に言うと、**〝公益であり、公の秩序であり、善良な道徳〟**であることになる。これを二次的な価値観として捉えなおして、プロテスタントという人間社会のめざす価値観として、世に呈示するその共感力の広がりの原動力は、その共通する精神基盤にあると考えられる。日本人の受容性の高さという特性は、双方向という思考能力よりもはるかに一方向の片務的な論理としてその精神基盤に徹底されてきて、厚みというより強固なという形容がふさわしい。西欧のこの精神基盤の厚みは、長く続いた時代の人間社会の歪みによる**『痛みの共感力』**を拡大浸透させ、哲学や社会思想や政治思想、政治哲学の分野での碩学大儒が、活躍できる環境地盤になったと考えることができる。

自主的な寛容に富む長い時代の思考に基づく日本社会の精神基盤の古層に、支配権力によって宗教の教えを利用し周到に作られ強化されてきた、精神基盤の強固さは人為的なものである。その活用の目的と意図は、**〝世代を超えた最も重要な精神基盤作りの魅力的な手段〟**にあり、その組織が説く神への絶対性を帯びる教えの規範力の強さにある。その教えである、父母、祖先への忠孝と他者への信頼、共同体への犠牲的奉仕（今日ではボランティア）や良心は、国家の社会上位層にとっては、いつの時代であっても最も活用しやすい、国民共同体である国家への忠なる心の育成に役立ち、高い受容性を持つ国民性の精神的土壌を強化し浸透させる効果が高い。そして、それは、誰に対しても否定が難しい「**道徳**」としてその精神基盤に〝**公の利益、国益、公の秩序、国家秩序という価値観**〟を浸透させることが容易であるからに他ならない。

終戦後復興に励む多くの日本の人々の誇るべき国民性として、他国に優る「**善良な道徳**」があったことを、復興と経済成長の要因であるかごとく言う人たちがいるが、はたしてそうなのであろうか。

▽道徳について

道徳という日本語は、幕末から明治における欧米の価値観を日本に導入する時に、一つの用語の対訳としてつくられた熟語である。すなわち、それまでの長い日本社会の歴史にはなかった価値観を示す用語である。それまでの日本社会にあった、○○道という該当組織の中でめざす道のようなイメージを対訳として結び付け、仏教と儒教の影響下にある善行として、人が修めるべき徳目のようなイメージを併せ持つ対訳としたのかもしれない。なぜなら、訳す本人がその価値観を体験してきたことはなかったからでもある。それだけに、西欧の近代に代表される市民社会としての価値観の「**mor-al**」の思想基盤や前近代的な法治国家を克服してきた「**自然法**」という法的思考能力を拡大する歴史を持たない日本の人々にとっては、明治以前、以降と強化され続けた国民一様の規範的守るべき精神のあり様の方が、社会としての〝**模範的な言動は何か**〟の答えを出しやすかったのは当然の帰結になる。終戦まで、〝**大東亜共栄圏**〟という〝**国民一丸**〟となった膨張拡大の言動が、その力によって苦痛と悲痛の辛酸を舐めつくした尋常ならざる多くの人々を犠牲にした歴史的事実は、未来永劫変わらない。その大義である〝**大東亜共栄圏のスローガンによる道徳**〟は、当時のほとんどの日本の宗教組織のリーダーたちも、その組織の機関誌などをとおして率先垂範していたことからもわかるように、自分たちの組織にとって、都合の良いように信じていた道徳の内容がある。

このスローガンの秩序に反することは道徳にも反することであり、当然、〝**公益**〟にも反するから、「〝**一様**〟**になれない人々**」は、誣言、密告され監獄生活を強いられ、家族もまた理不尽な扱いを受ける辛酸を舐めた。〝**いつ殺されるかわからない毎日の緊張**〟から解き放ってくれたのは、彼らが〝**属する宗教組織をはじめとする社会のリーダー**〟ではなく、『**GHQの有意の人であったことを忘れてはならない**』。

戦後の民主主義という抽象用語を、主に全国放送のTVと全国紙をとおしてしか知ることができない受容性の高い日本の人々にとっての道徳心、道徳観は、終戦までの国民としての一体的、画一的な精神基盤の影響を自覚することで、違う内容のものとして捉えなおすことができる人がどれだけいるのかは、政府と行政府の教育介入の戦後の歴史からも想像がつく。一人ひとり異なる個性ある人間性の違いに基づく言動を尊重することが、多種多様な「**Diversity**」という欧米社会での共通の精神基盤に基づく価値観であるが、日本社会では人々が属する組織の秩序をその組織の〝**公益**〟として従順に守る言動規範が、人倫や人間性よりもはるかに優先する、道徳という用語の内容になっている。

それゆえに、夏目漱石という小説家を知りその作品を読む人は多くても、彼が西欧での留学体験をして理解し得た、「**道徳は、強者の都合よきものが道徳の形に表れる**」、と、日本社会を洞察していたことを知る人は少ない。

「**人と人間社会に付加価値をもたらすこと、そして個性ある一人ひとり異なる人間性と利己的にならない均衡ある公共性のある人間社会に貢献すること**」、という目的が大切であるが、こうした〝**目的を持たない道徳は、力を背景に進める人たちの目的にすり替えられる抽象用語の道徳になること**〟を、世界の歴史から学ぶことが肝要である。

2　芸術、芸能などの伝統的文化と日本の人々の精神基盤との関係

▽伝統的文化の保護者、投資者は誰なのか、文化の特性は、その保護者、投資者によって変わる

日本の有史以降のどの時代を見ても、一般の人々が芸術、芸能を好みそれらに携わる人々の生活を恒常的に支えるほどの生活基盤を持つことができた時代は、残念ながら戦後だけである。しかしながら、終戦からのしばらくの時代は、一般の人々のほとんどは飢えて食べることで精一杯の時代で、1980年代後半からの失われた〇〇年が現在まで続く時代では年々、文化に自分の時間とお金を使える余裕のある人々が減少してきている。

明治以降の四民平等と称した終戦までの時代、特に国税の担い手の社会層の人々ほど、日常的に芸術や芸能などの文化を好み趣味として自分の時間とお金を使えることはなく、年中行事の極く限られ

た祭礼の催し物として、旅芸人の一座を迎え集落社会として束の間の楽しみを得ていた地方地域の風景がある。一方で、社会的上位層の人々の中には、嗜好性の強さからその財と時間をいわゆるパトロンとして使い、気に入ったこれらの文化人と呼ばれる人々の生活を支えた。江戸時代の町人文化と呼ばれた江戸や大坂などの大都市の富裕層とも相通じるものがある。これらのパトロンの支えがあって、一般の町人は芸能一座の見物料を安く支払える収支構造を持つものが、今日、伝統文化として継承されている芸能である。名もなき一座の芸能活動は大都市であっても地方地域と同じ風景であり、今日の収支構造よりも厳しいのは、それを支えるだけの見物料を払える多数の生活に余裕のある人々がいなかったからである。この構造はそれ以前の武家政権の歴代政権と、さらにそれ以前の律令国家と大王の古代大和朝廷と呼ぶ時代でも同じである。支配権力を帯びる人たちにとっては芸術が一般教養であり、芸能が嗜好度の強いものであったのは、その社会制度の特質と不可分である。

文化を調べると、いかに一般の人々の暮らしにおいて、その努力に応じた報酬が自分の手には残らないか、歴代政権の搾取の社会構造によってその生活基盤は生きるためのものという脆弱さしかないことがわかる。自分の多種多様な好みに応じた芸術、芸能などの文化を選ぶなどの発想すら持ちえない。今日、歴史遺産や伝統の文化財として税金で保護している対象のものを、そもそも見聞きすることもできない多くの人々の長い時代の実態がある。

圧倒的多くの他者に優越優位するという、支配の社会秩序を誇示するかのような芸術分野の時代背景がある。これはなにも日本だけのことではない。しかしながら、この時代背景は変化し、今日の民主政の先進国では、近世以降だんだんと支配権力層から市民層が、芸術や芸能などの文化の保護者、投資者にとって代わる時代の流れをつくってきた。その時代の新たな流れをつくってきた国々と日本との「**違いの視点**」で重要なのは、「**芸術、芸能などの文化をつくる保護者、投資者が文化の特性を決めていく**」という、「**人間社会の原理**」である。

２０２０年12月は、ベートーベンの生誕２５０年。彼は、王侯貴族や社会の上位層のための音楽から市民のための音楽に面舵をとる音楽家となった。ここで述べたいのは、それ以前の音楽を批判したいためではなく、『**文化というものは、人の志向する余暇を使い、自分の時間を楽しむ人それぞれの多様性の内容を示すもの**』であって、決して税金を武器に介入する分野ではないことを、まずは国民が自覚できているかが大切であるということである。他者に優越し優位でありたいという思考能力を帯びると、他者の金銭である税金を使い文化を保護しようとする。その思考能力が戦後急に雲散霧消するほど、日本社会で簡単に撲滅できる弱い勢力ではなかった長い時代がある。日本の人々は自らの思考能力としてそのリスク意識を持たないと、簡単に感染しやすい日本社会の文化の歴史的な風土、土壌がある。ここに、ベートーベンの事例を出すまでもない文化の保護者、投資者という担い手が、文化の特性を決めていく人間社会である。

今日のＴＶ放送という、娯楽報道の担い手の人々は芸能人と称される。一方、映画の出演者や監督スタッフなどの生活を支え、さらにそれ以上の収入を得ることができる収支構造は、多種多様な好みと感受性を持つ観客がその自主的な思いから選択して支払う価格料金を基本とする。日本の限定された全国放送という保護されたTV局はNHK、日本テレビに始まり、その後の設立数社を含めた独占状態が長く続いている。民間放送という娯楽報道のその収支構造は一般市民によるのではなく、財力のある企業の高額な宣伝料金で潤うTV局とこれを取り巻く芸能事務所のヒエラルヒー組織社会に属する芸能人によって構成される。このマスコミの社会構造が定着してしまい、常識のように思う国民が圧倒的に多い。一方で、同じ芸能活動に携わる人々であっても、映画や一座という現場の演劇を重視する人々。フォークソングに代表される音楽家の中には、TV局を中核とする安易なマスコミの収支構造を回避し娯楽報道に距離を置いて、一般の人々が自主的に選ぶ現場で生の共感力を実感し合うことを、選択する人々もかつては多かった。それらの日本の有意の人々がつくった大衆文化の特性は、「**娯楽の収支構造**」の違いにも実はよく表れている。日本の文化の歴史的な背景がよくわかる事例である。

▽伝統的な日本文化の特性

i．寺社建築、庭園、襖／屏風を飾る絵や書

庭園の中で、最も人為的な造形物、抽象化を進めた極地にあるのが、「**枯山水**」に代表される禅寺の庭園である。それは禅宗という宗教組織の価値観による影響を受けたものだが、竜安寺の石庭は僅か75坪、15個の石で、大海も含めた世界を表現している。元来、日本の庭園には水を表現する大きな池などが、律令政時代の公家やそれに続く武家政権でも仏教の影響を強く受けながらも「**釈迦の教えとは対置にある人為的な極楽浄土**」を表していたが、「**枯山水**」ではこの水も抽象化される徹底ぶり

で、同じ仏教でもその価値観や考え方しだいで表現される文化の造形物まで変わってくる。ついでながら、これはユーラシア大陸の西側の「**イギリスの English Garden**」という自然との境界のない生物、生命の息吹を大切にする庭園文化とは大きな対比をなしている。西欧では、市民の自然との一体感を好む人間性を尊重する時代の積み重ねが、都市そのものを自然の中で捉える公園のあり様がある。日本とは異なる歴史を持つ。

現代まで続く圧倒的多数の日本の庶民の家々で顕著に見られる、小さく囲ってしまう、坪庭や家庭菜園、盆栽や鉢植えへの人々の好みと、鎌倉、室町以降の禅宗の石庭の庭造りの精神基盤には、なにやら共通のものが流れている。長い時の流れ、時代の表層は変わっても、「**真底は変わらない世の不合理、理不尽さに対し、無常と諦念しつつも諦めきれない生き甲斐を、その小さな世界に精一杯詰め込む**」、日本列島に住む人々はその思いを、「**無意識な共感力**」として受け継いできていると考えることができる。「**公園という場と空間**」がその「**国民の人間性や公共性を映し出す鏡**」とすると、欧州の公園は自然と一体をなし、さまざまな世代、さまざまな仕事や生活をする人々が、それぞれの人生を映し出している空間でもあり場でもある。ところが、日本の公園は小さな点在地で、近くの保育所や幼稚園の遊び場であり、親が子供を遊ばせながら身の回りの生活の愚痴に花を咲かせるかつての狭い井戸端の時代の延長にすぎない。比較的大きなかず少ない公園では普段は観光客が利用し、花見や盆踊りの限定時期の「**画一的な催し**」以外は、多くの市民が訪れることもないインフラ造形物の継承物の姿を示している。さまざまな人々が、さまざまな人間性を映し出す空間や場とはほど遠いのが、

〝**日本の公共の場や空間**〟である。

寺社建築とその内部を飾る襖や屏風などの芸術作品は、ユーラシア大陸西側の欧州のキリスト教教会建築物とその内部の壁画や絵画や銅像、王侯貴族の宮殿とその内部の壁画や絵画や銅像と世界からの蒐集物に相当するもので、世界中の人々が観光で訪れ非日常性を得たいものの一群をなしているものである。それは、封建制度、王侯貴族時代の搾取の社会構造が普通だった時代の文化財であり、現代であれば圧倒的な財力を持つ人たちが嗜好する豪邸とその内部を飾る芸術作品が並ぶ、一般の人々にとっては非日常のものであることとなんらの違いはない。この非日常の風景とは異なる市民のための文化遺産の多くは、美術館などの市民が簡単に利用できる日常風景の中にあり、観光客もまた自分が望めば見ることができる文化の環境がある。それは国を超えて広がる芸術作品が、市民の感動や感銘という共感力を世代を超えて伝えてきたことを意味している。

しかしながら、日本社会では国宝と呼ばれるその評価の視点は、市民のための日常の芸術作品とはほど遠い、古代から現代まで一貫してその時代時代の社会の限定された上位層の嗜好にあったものが、伝統文化として大きな価値とされている。そして、それらに多額の国民の税金を支出する構造がある。

ⅱ．伝統芸能の能や狂言、そして浄瑠璃や歌舞伎

「**能**」は武家の上流層の教養。武家の一般層には費用のかからない習い事としての「**謡曲**」が好まれた。笑いの部分を簡単に共感できる娯楽要素を発達させた「**狂言**」が、町人の娯楽として江戸時代

以降親しまれたが、「**能**」を理解するには教養に割く時間と財力がなければ、その芸能を提供する人々の生活を保障できない収支構造がある。「**能**」が今に伝える歴史的背景として、織田信長や徳川幕府の権力者たちの嗜好の強さに象徴されるその共通の心象風景には、「**シテとワキ**」という登場人物が織りなす役割構成と、自力での水稲開墾と獲得の象徴である「**松**」がある。水稲農耕の拡大とともに拡がった広葉落葉樹が松に代わる長い時代の積み重ね。この風景は大正から昭和以降に国策によって、杉や檜に代わる。余談ながら、花粉症はこの国策の変化に対応できない遺伝子の影響なのかもしれない。

「**浄瑠璃**」もまた江戸時代の大都市の庶民が共感力を得やすい人情物に、調べを合わせて語る手法にその特徴を持つ。町人の嗜好に合うからこの人情物がブームを持ったのであり、この余韻が現代でも続く。

管弦という音楽の由来。古くからその都度、中国、朝鮮半島から導入され、日本の社会秩序が求めたものが技術的に改良されて、その芸能を楽しむ層の求めに応じた曲調（調べ）になる。本来、日本固有の楽器は何かと思えるほど、渡来のものしか見あたらない。律令政での宮廷での雅楽とその舞踏（舞い）には歌はない。その習慣は、当時の東アジア諸国の権力体制にほぼ共通の要素を持つ。歌は明治以降の唱歌や戦後の演歌に代表されるように、庶民のものとして流行のような自由な広がりを持てたそのほとんどは戦後しかない。明治以降終戦までの歌は海外からの導入ものと、上から推進され導入されたものが一般的である。その典型が教育介入による校歌、寮歌などの組織一体化の目的を持つもので、芸術要素として、自主的に自由な多くの市民の求めに応じる歌ではなかった。古謡や民謡の類もまたその仕事の集団の一体化に役に立つものとして作られたものが多く、木遣り、田植え歌や踊り、漁師の踊りなどであり、民衆の自主的な文化としての表現手段でその人々の求めに応じて成長したものではなかった。

古事記、日本書紀には235の歌謡が記録されている（日本書紀、持統朝の踏歌（とうか））。それがどのような音階を持っていたかどうかの確答は持ち合わせていない。中国の王朝の音楽にはほとんど歌はないが、中原から離れた楚のいわゆる項羽の四面楚歌は故郷の歌として有名であり、古代の呉や越地方には中原とは異なるメロディーの豊かな歌があったと言われている。時代が下り、三国志の後漢末期の諸葛孔明（山東省の瑯耶出身）が梁父吟という叙事詩を詠ったと言われているが、今日の曲調とも異なる詩の抑揚に思える。中国の王朝文化は、祭祀も音楽も皇帝に属し、王朝が代わると一新されたのは東アジアの文化の一つの特徴でもある。ちなみに、朝鮮では、朱子学の影響で治世として歌が規制されたが、それにもかかわらず庶民に歌い継がれたものとして、全羅道には「**パンソリ**」という歌が残っている。アリランへの熱情は、これらの上からの圧力に対するある種の鬱積した庶民の咆哮のような人間性の現れと思える。「**パンソリ**」から、時代を遡る古代から文化として流れてきた精神基盤の低層を形成するものを想像することができる。

iii．〇〇道に代表される茶道、華道などの伝統文化や柔道、剣道などの武道

これらに共通点として、強固なヒエラルヒー組織社会の特徴がある。その組織の結束力の要諦は、

「**師弟関係**」で、弟子は師を超えることができない不文律。柔道がオリンピック種目になり半世紀、日本の柔道の強固な閉ざされたヒエラルヒー組織という特徴はしだいに薄くなり、開かれた緩やかなコーチと選手の関係に変わることができてきたのは、国際スポーツゆえの普遍性の原理が働いたためと言えるが、いまだに大学閥などの国内ゆえのヒエラルヒー組織社会の残影がある。柔道以外では付加価値というよりも、家元制に表れる「**血統**」や序列を示す「**資格**」がこの組織では不文律のヒエラルヒー（付加価値能力ではない上下の）を維持しているのは、形式美にこだわり、それをこと細かく定め生涯という時系列で序列をあげるということ（年功序列と呼んできたもの）に端的に表れている。

それぞれの「**道**」を始めたとされる創始者個人は、その時代の社会の人々が持った背景なりを受けてその付加価値を賞賛された人であったが、残念ながらその弟子や家族などによって自分たちの利害のために奉られ、その価値が冷凍保存されて、しだいに変化変遷する時代に生きる人々の求める志向や期待とかなりずれていく。その〝**ずれや歪み**〟を正そうとせずに、日本社会の中で通用する伝統という自組織の秩序維持に注力する日常になっている。これが○○道がなかなか普遍性を持つものとして世界に広がらない日本文化と呼ばれる実像でもある。したがって、いくら市民や国民の多額の税金を消費して宣伝や伝播活動をしても、『**文化の本質である人の付加価値を増やす人生体験から得る感動や感銘などの共感力**』が乏しければ、効果が薄いのは極めて合理的な理由である。

「**神道**」が素朴な縄文時代以来の日本列島に住む人々の自然の精神作用ではなく、政治と行政によって政策として推進されて道になった時から、人々に圧力をかけるものに変質したのは偶然の言葉の一致だけとは言えない、日本書紀から登場する歴史的背景がある。

iv．浮世絵や伊万里焼

海外で付加価値を高く認められた浮世絵は、時代の輝きを放つ庶民の生活ぶりの人間性を、みごとな技巧と版画という出版技術の改良で大量生産し、庶民の多くが望んで買い求めることができた「**収支構造**」を持つ。海外の多くの愛好家や、欧州の時代を代表する芸術家にもその付加価値が認められて、その評価が日本に逆輸入されて、日本社会の上位層にもその評価が受け入れられる芸術品となったことは皮肉な話でもある。陶器については、秀吉時代に連れてこられた朝鮮職人集団の伊万里焼が高い評価を持つブランドとして愛好家が多いのは、中国陶器（チャイナ）の高い嗜好性の流れを汲むその洗練された技術とノウハウの高さにあるのだろう。日本での陶器の評価は、武家政権によって価値を認められた茶器などがその代表であるが、それ以外は輸出製品として、海外での高い評価を受けて、国内に持ち込んでいるのが実情である。

▽伝統文化の心象風景に残る精神古層との邂逅

日本列島で平和裏に暮らしてきたさまざまな背景を持つ人々が、有史以来、その時々の支配権力体制によって強化される社会秩序（〝**公の秩序**〟）に順応する、精神基盤作りの影響を長い時代受けてきた。その一方で、自然の見方、感じ方までは損なわれずに、精神基盤の古層として深く継承されてきている感情表現の仕方がある。それは、万葉集や清少納言、紫式部などの著作物にある自然への感情表現が、現代まで脈々と継続しているものがある。たとえば、小さな花が群生している様（さま）を美しいと感じる、心象風景の共感力の特性である。万葉集では、萩が一番多く登場し、鈴蘭、藤、桜などを「**くわし**」と古代表現した美しさは、小さくこまかい群生の様（さま）である。古代の法治国家である律令とともにもたらされた先進地域である中華の文化で、美しいと感じるその共感力は、「**羊に大という美の漢字**」の成り立ちにもあるとおり、牡丹や芙蓉などがその代表例である。ついでながら唐代の文筆や陶芸に表現された美人の形容は、大柄でふくよかさにある。

感情表現が古層として残り、現代まで継承してこられた理由は、社会秩序で律する必要性を時代時代の為政者たちがまったく気付くことすらない、自由な精神空間だったからと考えるのは、あながち牽強付会とはならないと思うが、どうであろうか。

▽文化が持つ普遍性とは

人がある国や民族の文化に触れる時、自分の国や民族の文化観と比べてその違いについて、どのように感じ考えるかによって、その文化の成り立ちと変遷という歴史がわかる。人によっては優劣や好悪で捉えたり、人によっては個々の人の多様な人間性に感銘して、啓発され学ぶべきことが多いと捉えたりする。少なくとも前者であるよりも後者である文化の方が、国境や時代を超えた人間社会としての普遍性がある。自国の文化を世界に誇れるものとして、国が音頭を取り組織が税金や財力を使って推進するものには、他者（国や民族や国民）に対する誇りという優越性を帯びる力が拡大しやすい。文化に普遍性を問うのであれば、『**個性ある多様な人の知性を磨く人間性の発現**』が文化であって、その内容の豊かさが問われるということに他ならない。文化を生み出し創り出すのは人。前の世代の人々から引き継ぎ、自分の付加価値を加えてさらに次の世代に引き継いでいく営みが、『**同じような体験をしてきた人々に感動と感銘という人だけが持つ共感力**』の拡大を人間社会にもたらす、人と人間社会の普遍性がそこにはある。

3　喧伝されてきた国民性の虚構と虚飾に潜むリスク

▽日本社会における大衆心理の成長

個が中心とならない社会、組織そのものや組織の衆が中心となる社会構造では、個である人の痛みの共感力を拡大させない秩序維持（〝**公の秩序**〟）がつねに公共の利益として優先されてきたのは、古今東西、同じである。これらの組織社会では、組織秩序に順応しその上位ヒエラルヒーに忖度する思考能力を成長させ、〝**組織としての大衆心理**〟を発達させることになるのは当然であり、それが常態化するのは極めて人為的なことである。したがって、その組織の中で受ける個人の痛みが、基本的人権の侵害になるリスクは非常に高いにもかかわらず、その個人の痛みの共感力が拡大されない、組織秩序と組織の大衆心理が作用する理になるのも当然と言えば当然のことになる。この弊害に対して、民主政の先進国では戦後、時間をかけて民主主義に基づいて20世紀末頃から、先進国の多くに拡大したハラスメントの法制度の動きがあるが、日本社会では残念ながら綺麗な抽象用語としてしかほとんど機能してこなかった原因も、〝**組織の公共の秩序**〟と〝**組織の大衆心理**〟という社会構造に原因がある。それゆえに、生まれてから成長し大人の社会に巣立っても、ほとんどの人々にとってはその個性を生かした人間性とその均衡ある社会の公共性の実現に適う組織を見つけることが、日本社会ではとても難しい。

i．幼児期から義務教育までの環境で発生しやすい〝いじめ（虐め）の大衆心理〟

本来、**『知性を磨いている個である教師の知性と人間性の多様性が保てる教育の現場環境』**があって初めて、個である生徒もまた、その個性ある多様性を成長させていくことができるが、政府と行政府の長年にわたる教育現場への画一的全国一律の介入による歪みは、関係する組織社会のさまざまな弊害を、個である教師と個である生徒にもたらしてきたのは周知の事実である。学校、教育委員会という組織やＰＴＡという衆の圧力に忖度し時間と心身をともに消耗する現場の教師とその環境からは、感受性の制御が難しい脳が発育途上にある生徒の年代にあっては、子供たちが知らず知らずのうちに組織や衆に忖度する大衆心理の思考能力を身につけてしまうことを、子供自身が制御するのは困難に近い。それゆえに、**〝いじめ（虐め）の大衆心理〟**がほとんどの学校で働き、事件となってニュースになる。その社会構造を意図的に長年にわたって作ってきた人たちはその責任を取らず、現場の教師とこれを監督する形式上の組織管理者の責任に転嫁するから、対策と改善状況は時間経過に比例することはないことになる。

教育現場の個である教師と生徒ともに**〝精神的緊張の連続となる日常風景〟**がある。それゆえに、さまざまな症状が出るのも多様な人であるからに他ならない。終戦までの日本列島に住む人々の我慢とはたして何が違うのか問われる、大衆心理が醸成されていくリスクが大きい。

ⅱ．日本社会における各組織の大衆心理

大規模な組織では、〃**縦割り組織の面子への気配り配慮と、その縦割りヒエラルヒー上位への従順な頑張りが評価されるという組織の大衆心理**〃が自然に働くように、在勤年数に応じた人材育成が恒常的に継続されている。一方、中小の組織では、滅私奉公のような効果のない残業が会社の業績を埋める〃**なりふり構わぬ日銭稼ぎで、つねに疲弊感とやる瀬無さの箱庭のような心理**〃の状態が続き、今や政府と行政府と関係利害組織のトロイカ体制で進める生涯働ける法制度整備では、この状態から抜け出すことはできない、将来の展望が見えない日常であり続けて何も変わらない。

ⅲ．組織から除外する破門、社会から除外の世外者

師弟関係、徒弟関係での秩序違反者は破門ということでその世界に通知される伝統がある。その組織の秩序を厳守する社会規律の伝統は、いわゆるアウトロー社会でも、親（分）子（分）、兄弟という義理の秩序違反者は破門という世外者に陥り、〃**世間でもアウトローの社会でも生活できない孤独への恐怖という大衆心理**〃を働かせてきている。日本の伝統的な支配権力が意図的に作ってきた、支配権力体制への造反を許さない社会構造は、世界でも稀有な社会構造である。この構造があるから、時には意図的に若者などを暴発させて、人々の安全への大衆心理から安全保障の法制度がまた強化されていく手段にもなる。リスクへの過剰反応を利用した大衆心理に働きかける古くから続く基本的な手法である。

ⅳ．スポーツ娯楽の大衆心理

マスコミをとおしたオリンピックの勝利者である個人やチームに、なぜこれほど熱狂できる国民が多いのであろうか。マスコミによって報じられる感動物語の影響で、自分たちも日常のさまざまなストレス環境に我慢して頑張るといつかは報われると信じ込む若者などは、しばらく頑張り続けるが、ほとんどの人が何も変わらない現実社会に再び息苦しくなる。これまでくり返されてきた被災地での、痛みが続いている多くの人々の本音よりも、その前面に多くの時間を使ってボランティア活動を報じるのも、同じ効果を意図したものであるから、震災後10年以上経過しても、同じ痛みの環境が続く現実にある人々の報道はほとんどされない。

オリンピックやワールドカップ、世界選手権などの開催は、古代帝政時代のローマの民衆に対する精神発揚、国威発揚の政策と酷似しているし、20世紀ではヒットラー政権も同じことを推進している。この社会の状態をして、時のローマ皇帝の〝**人民にパン（生活）と精神高揚（一体感）の娯楽を与えておれば統治は足る**〟という言葉が、時代を問わない大衆心理を操作する支配権力者たちの思考能力を、雄弁に語っている。

21世紀になり、終戦から約75年を経る今、気付いてみるとプロスポーツという娯楽の試合でも、国旗掲揚と国歌斉唱が当然の儀式儀礼として行われている。国民の一人ひとりが判断し、その必要性を自ら望んだわけでもないのに、いつの間にか試合前に〝**一律の一体感のある行動**〟をとることを〝**国民の義務**〟であるかのように周囲の目線に思わせるものが、拡がり定着している。

▽〝国民の一体(感)という大衆心理〟と『多様性(「Diversity」)という個性ある人間性』との相反する価値観

個性ある豊かな人間性を持つ人が、自ら不特定の多数の人々に、〝一体感〟を求める強い欲求を持つことが、その人の生涯においてはたしてあるのだろうか。民主政において、市民があるいは国民が、選挙という投票内容に人々の〝一体感〟を期待することがあるのであろうか。もっと卑近な娯楽やスポーツの観戦で、みなが〝一体となって〟同じ言動をしなければならないのだろうか。古今東西、冷静に考えればあり得えないことなのだが、歴史はこのあり得ないことを〝国民一体〟となって行ったことによる尋常ならざる桁違いの人々の痛みを刻んできている。つまり、このような画一的な異論を許さない全体の言動を人々に強いる人たちは、支配権力の思考能力に基づくからできるのであって、そうでない人々は自分の価値観や考え方を、多くの不特定多数の人々に当然のように強いることはできない。常識のように思うこともない。終戦までの日本社会で、この思考能力の大衆心理が、〝非国民〟という周囲の人々からの中傷、排斥を常態化したことを、終戦までの体験者がわずかになりつつある現代でも知っている人々は多いが、この言葉に象徴されている日本の伝統的な社会構造の力の作用として、〝見せしめの負の大衆心理〟が現在でも強く働く社会構造の影響があることを自覚できている人は少ない。『多様性(「Diversity」)という個性ある人間性』とは真逆の最も警戒すべきものである。

日本の伝統的な社会構造には、〝国民一体〟となる言動を政府と行政府がスローガンに掲げると、つねに一律の画一的な言動を余儀なくされて向かっていく先に〝**必ず個である人の人間性が喪失するという法的には基本的人権の侵害が拡がり、組織や社会のヒエラルヒーの中でより弱く低い立場の圧倒的多くの人々が、犠牲を強いられることに歯止めをかけることができずにきた長い歴史**〟がある。

▽喧伝されてきた国民性の美徳は、日本社会に住む人々を豊かにできてこれたのだろうか

日本人の長所、美徳とされる「**勤勉さ**」、「**礼儀正しさ**」、「**忍耐強さ**」は、何に対してなのかの洞察が必要である。人は、一人ひとり個性が異なる多様な人間性を持ちながらも、その社会環境へ適合する思考能力と経験を積み重ねる生命体である。世界中どの地域、どの時代であっても、利己的な言動で他者の人権を侵害する人たちは必ず存在する。一方で過半数以上の人々は、その時代時代の政権に強要、強制されないかぎり、他者の人権を侵害することはない人間社会の歴史がある。それゆえに、この一般的に常識のように思っている国民性に対しての彼我の評価もなく、勤勉であろうとする、礼儀正しくあろうとする、忍耐強くあろうとするのは、何のために、何に対してなのかを、考えてみる必要がある。はたして世界中の国々の人々が自らの評価として、勤勉でない、礼儀正しくない、忍耐強くないという国民性を共有しているのかは、はなはだ怪しいと言えるのはもちろんなのだが、ではなぜこのような当たり前と言えば当たり前の美徳を、世界諸国の国民と比較して誇りとするようなことを、マスコミなどでくり返す必要があるのか、という素朴な疑問になる。

「**勤勉さ**」。その実態と中味について。各世代における勤勉さは、教育であればその教育の内容から、仕事であればその仕事の内容から勤勉さを評価できるし、定年退職後の老齢期の勤勉さもその過ごし方から評価できる。学校の実情はすでに説明したとおり、先進国にかぎらずOECD諸国との比較においても文科省による教育内容への長年の介入の結果は、試験の問題と解答手法に象徴される短時間内の即答という記憶中心の内容で、個性ある人それぞれの思考能力の成長と発達を基に、人と人間社会のために考えるという内容からはほど遠いものがある。抽象用語としての創造性豊かな人材を教育するという建前と実態との大きな乖離は、創造性豊かな教育現場を持つ海外で学ぶ体験者が感じる日本の教育環境との違いによる大きなギャップに象徴されるのだが、その海外の教育現場を知らない多くの生徒や学生とその保護者にとって、現場を評価し改善する大きな影響力を持つことは難しい。それでも大学を学校教育のヒエラルヒーのトップとする日本の受験制度では、この教育内容に沿って従順に勤勉することが、将来、少しでも日本の社会構造ゆえに有利になると考えることが正しいと思う人々が、圧倒的に多い。

次に、官民問わず日本の働く場である組織での運営や経営は、〝**組織を家**〟に、〝**官僚、公務員や社員などを家族**〟にたとえる。戦後はスポーツを国民の娯楽として自由に楽しめる社会環境に劇的に変化したことによって、そのスポーツの欧米の考え方であるチームワークという横文字の抽象用語を、組織活動の基本軸に据えて浸透を図ってきている。民主政の先進国やOECD諸国では、家族の世話が必要な時には仕事よりも家族が優先されるし、それを疑問視する組織のヒエラルヒー上位もいない共通の価値観のある国がほとんどである。これに対して日本の場合には、いまだに過労死や長時間の過重労働による、健康障害などを背景とする変わらぬ社会問題があり、〝**働き方改革**〟などというもっともらしい政策用語がたびたびくり返されてきたが、これらの諸国にとっては前現代の化石のような政策でしかない。ところが、この〝**働き方改革**〟は、退職後も生活のために生涯、現役として働き続けなければならない苦しい老後の生活事情を反映している。これでは終戦までの日本社会の搾取構造よりも強い〝**勤勉さ**〟を、〝**法治国家**〟の法制度として、国民は要求されている。〝**勤勉さ**〟とは、何のための、何に対してなのかを、日本の人々が見直すことが必要である。

経営者のほとんどが異口同音に、創業の精神を忘れないと語り、創業者の立志伝を組織の英雄譚のように企業教育でくり返す。一方で、大きな不正問題などがマスコミで報道されるごとに、現場との距離が遠くなっていたという論理のすり替えである他責に振り替えて、再発防止策として横文字のコンプライアンスやハラスメントなど企業倫理として経営理念、経営方針に取り込み専門家委員会を設置して改善していく、という所定のマスコミに向けての所作で、禊を澄ますことが常態化するのは、権力の濾過装置の機能が変わらず作用し続けていることを示している。そもそも企業倫理の内容や質を、自ら範を示す実践をしてその組織のヒエラルヒーの上位に昇るから経営者なのであって、その体験がないから現場のノウハウの高い識見も当然乏しいことになる。〝**日本の働く環境である組織での長年の勤勉さとは、何かが問われている**〟。それが労働環境悪化の主要因であるからこそ、〝**国民の勤勉さという美徳が、報われない社会問題の本質を露呈**〟しているのである。「**勤勉さが人間性を高めることに、そして、人間社会に付加価値を増やすことに勤勉であって、初めて組織を構成し動かす生身の人間が報われる**」。それが法制度の改善の継続という時間に比例しないのは、法制度そのものが真逆であるからに他ならない。なぜ戦後、日本が急成長し1980年代後半以降停滞したかの大きな原因でもある。

さらに、定年退職後の老齢期、この働く環境であった組織の大きな影響で、学び知性を磨くことを優先して付加価値を少しでも増やす努力を忘れた人々は、趣味と娯楽でそれまでの過重労働により失われた時間を取り戻そうとする時間の使い方が、普通だと思うようになってしまう日本の社会。この社会構造で生活する日本の人々の国民性の勤勉さが、何に対してなのか、何のためなのか、そして、これらの組織はどこに向かっているのかを考えると、日本社会が今後ますます豊かさとはかけ離れていくことが容易に理解できる。

「**礼儀正しさ**」。その実態と中味について。各世代における礼儀正しさは、本来は、組織ごとの礼儀正しさではなく、人の成長に伴う人間性の成長がその言動に表れるものである。日本で作法と呼ばれるのは、所属する組織社会での礼法ルールであることは言うまでもなく、その組織の秩序維持のためのルールである。たとえば、「**○○道**」と呼ばれる組織では、必ず特有の礼法所作が伝統として継続している。この文化と称される伝統的な組織社会以外の企業などの組織でも、その社風を重んじる組織伝統としての礼儀正しさが涵養されていくのが通例である。その理由は、個性である一人ひとりの人間性、考え方を踏まえた組織活動のための人間関係があるのではなく、組織の上位ヒエラルヒー秩序が優先する人間関係になるからである。組織のトップからの距離、順位に応じた礼儀の言動に、さらに組織内部署への「**気配り**」までが加わって、伝統的な組織内における「**和**」とも表現される日本の国民性の美徳のあり様にまで高められてしまうことが多い。この日本独特の礼儀正しさは、〝**日本語の一人称の多さという他国に例を見ない、その場その時の組織関係、人間関係に応じた言葉の使い分けにも顕著に表れている**〟。多様な海外生活を経験した人々が、日本に帰国して日本の社会の各組織に戻ると、一様に鋳型に嵌め込まれたように感じて、海外ボケと揶揄される浦島太郎のような精神的なギャップは、これを象徴している。

「**忍耐強さ**」。その実態と中味について。人はしばしば利己的な言動をすると言われる。身の回りの最も日常的なリスクである、交通ルールの順守状況を見てもひとたび街に出れば必ず交通ルール違反、交通マナーに悖る行動を見かける、〝**他者のリスクを引き起こす利己的な言動**〟がそこにはある。その日常ゆえに、いちいち堪忍袋の緒を切っていては毎日が回らなくなるので、多くの人々は見て見ぬふりで時間に追われる日々の生活を優先する。さて、忍耐もまた、利己的な人や基本的人権の侵害をする人に対してなのか。利益と利害を優先することが多い利己的な組織や基本的人権を侵害する組織に対してなのか。あるいは、努力を続け、目的を達成するまでは諦めないという自分自身に対しての忍耐なのか。これらの忍耐強さの性質の違いを明らかにすべきである。あえて分析するまでもなく、自分の基本的人権の侵害をする他者である人や組織に対して忍耐することは、民主主義の理念とは真逆となり、日本社会の場合は終戦までの社会に回帰する状態になる。利己的な人、利己的な組織の言動に対してそれをひとたび許容し忍耐を続けることが、はたして忍耐強いと良き評価を得る性質のものなのかは明らかであり、民主主義の人間社会をめざすこと自体からますます離れていくことになる。これに対して、人間性と人間社会に付加価値を増やす人の思考と言動に、失敗しても諦めない、挫折しても再び歩み続ける忍耐強さがなければ、貧富の格差や地方地域の格差などを作り出してきた人たちが作る社会構造の強化に協力する結果となる。

▽島国根性という伝統的な誤解

地理的な視点では、ユーラシア大陸の東西それぞれの先に日本があり、イギリスがある。イギリスがイギリスをして、島国根性と評価する者はいない。他と比較できない、他を知ることのない、知ろうともしないゆえの受容性の高さになっている国民性と捉え直すことが賢明である。ちなみにこの島国根性という言葉は、明治維新でイギリスに留学した日本人が、イギリスのような島国だからこそ、世界に冠たる国をつくって来たその国民性を説明するために使ったのが最初であるが、その後の日本、そして今日でも、「**井の中の蛙**」と同じような意味で使われてしまった大きな誤解は、誤解では済まされない克服すべき国民性の深刻な課題でもある。

4　大規模組織の力が人々の精神基盤に作用させる伝統的な政策、手段

▽常識、世論の形成力

言うまでもなくマスコミの影響力。民主主義がめざす人間社会と対置にある支配権力による人間社会では、その誕生以来、政体や政権の主体の変遷はあっても、その統治手段の基本的かつ重要な手段は、このマスコミ、メディアを管理下に置くことにある。それゆえに、民主主義を標榜するアメリカ

の民主政であっても、大統領選や当選後の政権運営にあたっての世論形成を重視し、従来のマスコミ、メディアに加えインターネットメディアへの介入を強化しようとしてさまざまな問題を引き起こしてきているのは、世界中の人々が知っている。

このマスコミ、メディアの組織構造の特徴と各国の社会構造における違いを理解し、監視し是正できる市（町村）民と国民の能力と責任力として、最低限何が必要なのであろうか。少なくとも日本社会では民主政をとりながらも政府と行政府が、長年、教育に介入し、マスコミとメディアやジャーナリズムに関する教育内容を経験したことは一度もなかったがゆえに、日本の人々は、答えに窮することになる。

世界の民主政の先進国では、歴史的に支配権力が管理下に置いてきたマスコミ、メディアに対して、ジャーナリズムと呼ぶ個性ある一人ひとりのジャーナリストの知性の力が、人々の共感力を拡大させて闘い、大規模組織のその〝力〟による基本的人権の侵害と人間社会の搾取の構造作りを止めて、改革してきた『**体験という歴史**』がある。その『**体験という歴史**』から学ぶべき要諦を、国民が最低限持たなければならないリスク管理の基本的な見方として紹介する。それは、支配下に置き管理しやすい最も簡単で効果がある基本政策は、マスコミ、メディアの組織の統合によってその組織秩序のヒエラルヒー化を強化することである点と、ジャーナリズムの原単位であるジャーナリストの知性が磨かれず、人と人間社会を洞察し社会構造を改革する能力と責任力を成長させないという点にある。そして、もう一つの基本的で歴史的な古代から続く手法については、古代ローマ皇帝が、人と人間社会を支配権力の思考能力から洞察した、マスコミ、メディアを使った人々の娯楽の思考能力の成長とその共感力の拡大浸透にあり、その障害となる『**痛みの共感力と、科学的な思考能力と、人と人間社会の歴史の洞察力の三つを連携する合理的な思考能力を成長**』させないことにある。これらの政策手法が、マスコミ、メディアをジャーナリズムとは異なる大規模組織の支配管理下に置く基本的な政策手法であることは、民主政の先進国におけるジャーナリストの人々の闘いの『**体験という歴史**』を学ぶことで理解できる、主権と基本的人権を守る言論の自由の本質的な内容である。

それゆえに、民主政の先進国のジャーナリズムとして、政治、経済を中心に扱うマスコミ、メディアで全国紙や全国放送の権限を持つものは少なく、そのほとんどが地方地域を活動の拠点としながら、自国や世界の社会構造に関わる問題の取材調査を基本活動としている。また、ジャーナリズムにとって統制管理されやすい全国放送の組織があるならば、娯楽放送と政治、経済中心の報道との区別で、そのリスクを未然に防止してきたのは、それらに従事する人々の能力と責任力の質が明らかに異なるからである。このような基本的な違いを意識することのない受容性の高い国民性を持つ日本の人々は、限定的な少数の視聴者の視聴率というTV局の大義名分から、圧倒的多くの娯楽報道を、知らず知らずのうちにジャーナリズムであるかのような誤解をして、〝**報道は客観的であるべき、中立的であるべき**〟などという、ジャーナリスト、ジャーナリズムの使命と役割を喪失した放送内容を錯誤し受容し続けてきている。そして、〝**客観的・中立的であるという責任回避**〟のマスコミ自身の価値観が、権力に対して距離を持つことが難しい中央組織に従事する人々のその自覚の有無は別として、日本社会では常識のごとく浸透している。

▽社会規律に利用し易い宗教組織、教育文化組織、スポーツ組織の〝公の力〟への従属性

目的のない善意、社会構造を知らない善意は、大規模組織に利用されるリスクが極めて高い。人間社会の古今東西の歴史では、支配権力を帯びる大組織が宗教組織（かつては宗教組織も大規模化によって支配権力を帯びていた時代もある）、教育文化組織、スポーツ組織に介入しないかぎり、一部の声高き例外者を除き、これらの組織の過半数以上の人々は、宗教組織であれば、信仰者としてその教えを他者に強要するのではなく自らの言動の指針として自省と自制に役立てる。教育文化の組織であれば、多様性が最も基本的な価値観として違いを認め尊重しあう均衡関係を重視し、教育文化の活動に反映させる。スポーツ組織であれば、アマチュアはその参加資格の公正さを考えて、活動資金から税金も含めた組織の影響力を排除しなければアマチュアである活動の前提がすでに崩壊することになる。アマチュアが娯楽であるプロの組織管理よりも複雑な利害が絡む大規模組織の影響を受けやすいのは、その生活基盤が極めて脆弱だからである。一方、プロでは娯楽スポーツとして、試合を娯楽として楽しむ観客が、自分の余暇である時間と観戦の料金によって楽しむものである。ファンとして一体感のある応援を強要されるものではない。プロとしての試合内容や選手の言動内容が、観客である自分の好みに合わないのであれば、他者の試合に向かうかあるいは試合そのものから離れる。市民である観客の自主的な価値観や考え方によって成立するのが、プロスポーツであり、その公正なルールと運用が、市民という人間社会によって評価され判断をされる。

ところが、アマチュアスポーツの代表的なイベントであるオリンピックに参加する組織は、かつての米ソ冷戦時代に顕著に見られるように国威発揚政策に利用されやすい大きなリスクがある。21世紀になると米ソ冷戦時代と同じように、経済力と政治力による大規模組織の介入が止まらない状態になっている。その介入する側の大組織である日本の政府と行政府は、巨額の財政赤字を抱え国民の消費税増税でさらに痛みを拡大する人々を年々増加させている中で、オリンピックの延期開催に、**〝国民一体となって、国民一丸となって、心一つに〟**というスローガンを、マスコミ、メディアにさらなる増額の税金を使ってくり返しすり込み、国民の異論を広げない政策介入を続けている。

教育文化、スポーツの分野の組織の言動の基本は、それらの担い手の人々と観客の双方ともに、本来、これらを楽しむ一人ひとりの個人の自主性に任されるものである。この基本原則が貫かれておれば、このようなスローガンで異論を許さない世論形式を、わざわざ多額の税金と多くの人手を使ってまで国民レベルに拡大浸透させる必要はない。もともとオリンピックの収支構造の基本は、開催都市の市民という人々が判断し決め、費用を負担する自主性にあるのであって、国家が管理し運営する一大イベントではない。アマチュアスポーツの国際的な娯楽の祭典が、選手にとっては、メダルを取ることで人生設計が決まる現実に化けてしまい、他国とは比較にならない**〝緊張を強いられる日常生活〟**になるのは、生活も含め他者である大規模組織の金銭に依存し左右される社会的力学が働くからである。プロの選手よりもはるかに厳しい人生設計を決めるリスクとベネフィットの賭けのような生き方は、**〝大規模組織の介入が、子供の将来まで定めてしまう教育文化、スポーツ〟**になっている。

5　日本の伝統的な社会秩序を象徴するもの

▽日本語の一人称使い分けの多さは世界的にも特異なもの

日本語の最も基本的な言葉の一人称の多さは、他言語である英語のＩとWe、独逸語のIchとWir（他言語も同様）の少ない使い分けとの違いにも象徴的に表れており、歴史的な日本社会のあらゆる組織の秩序維持の人間関係への作用を、最も端的に表すものである。勤勉さや礼儀正しさや忍耐強さという特性が、いったい何に対してか、何の目的のためなのかとまったく同じものであることを如実に示している。自分が属する組織環境の中での位置、振舞いや言動の影響や義務や責任のあり様まで所属する組織ごとの複雑な社会構造を反映する。それが、現代の日本の世の中にも脈々と流れている。例をあげれば、私、私儀、僕、俺、我、吾輩、拙者などがあり複数形では、私達、我々、私共、拙宅、我が家、などがある。

アメリカの初代の駐日公使であるハリスは、幕末の日本社会におけるこの世界でも特異な言語の使い分けに驚愕の思いをその著作に記しているが、以後の時代の日本通と呼ばれる海外の人々もまた、日本人による英語などの誤訳や間違いの多さに辟易する経験を少なからず持ってきたのは、日本社会における個である人よりも組織が優先する〝**公の秩序**〟という価値観との大きなギャップがあるからである。

戦後、アメリカの政治や産業などの社会全般の大きな影響を受けて時間が経つと、英語が国際化であるかのような大きな誤解を、マスコミや有識者などとともに日本社会におよぼしてきている。アメリカで流行する英語の単語を、その社会的背景や歴史的変遷の理由を調べることもしないで誤用し、その横文字を言うことがリーダーの素養であるかのように、日本社会でしか通用しない英語の言葉を、一般化して使う日本独自の国際化がある。世界各国の人々から見ると、アングロサクソン国でもないのに実に奇妙な国際化に映っていることを、日本国内に長く住む人々は、普段まったく自覚できていない国際情報の偏りの日常生活でもある。

▽組織を背負う〝緊張感を象徴〟する、「紋」と「扇子」

個の人間性がない組織が優先する価値観の象徴として、現在の日本でも「**紋**」と「**扇子**」が拡く使われている。団扇は中国の五帝の舜が作ったと言われ、またB.C.14世紀のエジプトのツタンク・アーメンの墓からも出土しているが、「**扇子**」は日本が創始したもの。しかも日本における「**扇子**」の使われ方は、東アジアでも日本独特の国民生活のほぼ全般で使われる儀式礼法の主要な道具になっている。結婚式、葬儀（花田扇）での「**扇子**」。仏教や神道などの宗教組織で使う扇。茶道の石州扇、華道の扇、能の仕舞扇、そして囲碁将棋の対局で持参する扇など、本来の扇（あお）ぐ使い方とは、まったく異なる日本社会の礼法儀式の所作の重要な位置を占めるものとして、伝統的に幅広く使われている。その共通な使い方は、暑さよけに扇ぐというリラックスという機能とはほど遠い、その場、その時の〝**人と人間関係の緊張感をその空間に漂わせるもの**〟として機能させるものが、「**扇子**」であると考えることができる。茶道の一期一会という言葉に代表されるその〝**緊張感は、伝統的な茶**

室という人為的な空間〞にある。決して緊張感を緩め、リラックスさせる時や場にはこの「**扇子**」は使われないのが、一般的になるのも日本社会の特徴である。

これに対して、ユーラシア大陸の西では、17世紀にポルトガルが貿易で日本から持ち込んだ「**扇子**」は、社交界でその好奇心から一時的に流行したが廃れた。同様に、同じ東アジアの朝鮮でも、高麗時代に妓女の間で流行したが、拡がらずに終わったのは日本社会の構造とは異なる文化の関わりが、その精神構造に深く根差しているからである。その一般的な日常風景として、ユーラシア大陸東西では、なごむ、リラックスし緊張感を解く空間の時と場を表すコーヒーブレイク、ティータイムが人々の異論のない文化として、人々の精神基盤を共有しているが、日本の茶道のような文化と呼んでいる空間の時と場とはまったく異なるものであることは明白である。好奇心の比較から日本の文化に触れることはあっても、その独特な緊張感には自分たちの継承してきた人間性と公共性という精神基盤とは相容れないがゆえに、流行が拡がることはない原理のようなものがある。日本社会においても、緊張感を強いられる、生きていくための日常生活の時間が圧倒的に多い庶民と呼ばれる人々は、さらに茶道の緊張感のある空間に身を置くことを欲することがなかなかできないのは、この精神基盤が生み継承されてきた諸外国のものとの違いにあると言える。

「**紋**（**紋章**）」は、現代の同じ東アジアの中国、韓国にはない。日本の「**紋**」は、「**家紋**」から職人集団やあらゆる組織の活動と切っても切れない関係を持つものとして、東アジアのみならず世界でも特異な伝統として現代にまで続いている。日本に住む人々がみな持つ「**家紋**」。士農工商という厳しい身分制度があった時代でも人は、〝公〟の動きをするときは「紋」入りの羽織を着ている。そして、日本で苗字という姓を持たない皇室でも十六葉八重表菊という「家紋」がある。そして、職人に代表される団体や組織の一体感を示す半纏や法被にもその組織の「紋」がある。さらには商店の暖簾や企業などの会社の「紋」をデザインしている社員証というバッジまである。これらの「紋」が示すものは、時代劇でお馴染みの水戸黄門の印籠の使い方にもよく表れており、その人個人ではなく、その「紋」が示す組織の働きを象徴させる意味があって、アウトローと呼ばれる組織にも「紋」があり、この「紋」がないことは、さまざまな社会的ハンディを背負うことを意味する。日本の伝統的な社会構造の秩序がある。今日の日本のビジネス社会で一般的に用いられる名刺は、そのルーツは同じ東アジアの中国の王朝時代まで遡り、ユーラシア大陸西側のフランスでも、ルイ14世の絶対王政時代に名刺が作られ、17世紀に社交界で流行したが、どちらも廃れてしまったのは、多様な人を象徴する道具としてはその機能が継続しなかったことを示している。ところが、日本では今でも基本的なビジネスマナーとして、企業などの組織の一員としての身分証明のような機能として定着しており、むしろ名刺を使わない人は、その信用力がないかのような門前払いを受ける覚悟も必要な、日本社会のビジネス慣行になっている。

▽**〝緊張感を求める思考能力〟は支配権力の思考基盤の表れ**

日本社会では伝統的に上位と思われている皇室も、その言動に「紋」を背負う〝緊張感〟を持たされているように、すべての分野で、**〝緊張することが真面目に取り組むこと、真摯に受けとめている**

ことなどの精神状態を示し〟、〝**真剣という最高潮の緊張感を持ってことに当たること**〟が、常識のように考えられている。マスコミをとおしてもあらゆる人々の言動に、〝**緊張感を持って**〟という思考能力に基づく言葉がくり返されるのは、なにも政治の社会だけではなく、あらゆる分野の組織におよんでいる。ところが、欧米や同じ東アジアでも中国や朝鮮半島では、この〝**緊張感を持って**〟という言動は、権力組織や支配する側が、その対象となる多くの人々である衆に向かって発する時に使うものであり、ナショナリズムやイデオロギー煽動に頻繁に使われた前時代の歴史的背景を持っている。

日本社会のほとんどの〝**組織が持つ秩序にしたがう緊張感**〟が、〝**公の秩序**〟という伝統であるが、その社会構造が深く日本に住む人々の精神構造に影響を与え続けた長い時代が、日本語にも反映されている。このような言語の用法は先進国の言語や同じ東アジアの中国語、朝鮮語にもほとんど見ることができない。緊張感を表す日常よく使われる言葉は、〝**複雑な使い分けの一人称とともに場を取り仕切る、心構え、気を付けて○○する、気を引き締めるなどの言葉使いや、他者への評価や注意として、精神力が弱いとか緩んでいる、弛んでいる**〟などのように頻繁にみられる。高い受容性とともに支配権力思考の表裏一体の精神土壌が、他者との関係、組織との関係、社会との関係での言葉使いに顕著であり、人為的な社会的影響が広範囲にわたっていることを、日常生活での言葉の使い方からも知ることができる。

『**緊張感を解いてリラックスし、集中力を高めて仕事に従事する価値観や考え方**』と大きな差が出るのは、なにもスポーツや囲碁勝負などの観戦を前提とする試合だけではなく、人間社会の組織に従事する人々もまた集中力が大切であることは科学的にも検証されて、世界の各国では、特に組織活動のあり方として、従来の緊張を強いるやり方への反省とともに改善が広がってきている。ところが、日本社会ではマスコミ、メディアをとおしたほとんどの上位社会を占める人々の発言には、〝**緊張感を持って**〟という用語がくり返され、一部の例外を除き日常風景となっている。この人たちが進めたいあるべき日本社会の姿は、〝**公の秩序と公益**〟を優先させて、〝**個性ある人の人間性を制約し喪失させてしまう社会**〟であり、『**人間を尊び痛みの共感力を拡大させて救済を広げる公共性のある人間社会**』ではない。それゆえに、リスクが現実化する時には必ずその思考能力が働き、市民や国民の責任に誘導(転嫁)する、〝**緊張感を拡大する言動**〟となるのは、民主主義に基づくジャーナリズムが浸透している海外諸国の人間社会とは真逆であることを、新型コロナウイルスの感染による『**人々の痛みが世界中の人々の共感力となりつつある今**』だからこそ、評価できる環境に日本に住む人々は立っている。

第6章　人の痛みと人間社会の共感力の本質

◇人と人間社会には、二つの大きなリスクがある。一つは自然災害であり、今一つは人災である。自然災害は不合理なものとして、時には多くの人々の痛みをもたらす。人災は理不尽なものとして、つねに自然災害とは比較にならない桁違いの人々の痛みをもたらしてきた地球と人間社会の歴史がある。そして、この二大リスクは忘れたころに起きるのではなくて、忘れさせる者たちによる人為的なもので起こされてきている。

1　自然災害による人の痛み、苦しみ、悲しみ

▽自然災害のリスクの本質を知る

有史以前、そして以降も、自然災害は古今東西、地球の環境条件下で世界中のどこかで必ず発生し、特定の地域で再発する自然という科学的な原理に基づく活動である。人と人間社会の痛みの歴史的事実に共感する人の能力と責任力が、科学の進化という人の付加価値を継承しさらに加え続ける努力を、自然災害のリスクの対策と対応に合理的に生かすことによって、確実に多くの人々の痛み、苦しみ、悲しみを減らす可能性を高めることができるのも自然の原理ゆえである。

ところが、現実の世界各地域の歴史は必ずしもそうではない。その理由と原因は、その人間社会の

リスク対策と対応を決める社会的上位のリーダーの資質である、能力と責任力にあることが実に大きい。

地震・津波、台風・風水害・洪水・土砂崩れ、火山爆発・雷・山火事などと、細菌・ウイルスによる感染症などの病気などによる動植物と人間の生態系におよぼす被害という自然災害を、直接被った人々の痛み、苦しみとともに、大切な人々を失って残された人々の痛み、苦しみ、悲しみは、これらの多くの人々の人生の生き方とは因果関係のない実に不合理なものとしての、地球と人間世界の現実の歴史がある。

▽自然災害のリスクの克服

なぜ人の思考能力のうちで科学という思考能力が、一時的な紆余曲折はあっても確実に進化を積み重ねてきたのかの理由を考えると、宇宙をはじめとする地球上のあらゆる生命活動を含めた自然の原理を知り、これを人と人間社会に生かすことで、人として人間社会としてもその付加価値を享受できることを実感できる人々がほとんどであるからであり、その担い手が人であり、人間社会においては規制制御が支配権力であっても難しい、最も開かれた自然分野だからに他ならない。技術を閉ざし守秘義務を課し、人間社会に広がらなくすることは可能で、一子相伝、ブランド力、特許権などさまざまな保護の手法が取られるが、科学は、自然世界がすべての人の努力に報いる環境を提供しているがゆえに、その原理の理解に人為的な社会環境という時間差が生じるだけで、閉ざすことができない。ここに、科学の原理と技術の違いがある。

自然災害に対する合理的な対策を積み重ねるには、科学の進化を活用すること、歴史から学ぶこと、そして、人々の痛みへの共感力を高めることができる高い能力と責任力が必要であり、これは人間社会のリーダーに求められる資質である。世界各国でどれだけのリーダーがこの資質を具備して、時間に比例する成果を出しているのであろうか。日本では、どうなのであろうか。少なくとも、日本社会の上位層の人たちがこれまでくり返してきたリーダーの資質であるかのような常套句である〝**想定外のリスク**〟では、人々が期待し託すことがはるかに大きなリスクの実現になってしまうことは明らかである。

2　人災による人の痛み、苦しみ、悲しみ

▽人災のリスクの本質を知る

組織集団による、なかんずく国家という政府と行政府のリーダーたちの意思決定による戦争、殺戮、虐殺などの人災は、自然災害とは比較にならない桁違いの莫大な痛み、苦しみ、悲しみを拡大し、しかも長い時代、続くことになる。その被害を被った側が部族、民族、国民という規模に拡大すれば、歴史の痛みとして、関わるすべての人々の共感力となって継承され続けるのは、「**人と人間社会の力の原理**」でもある。

人災として留意すべきことは、有史以前も以後も、自然災害の対策と対応におけるリスクの軽減の実際の成果は、この人災と表裏一体であるということである。対策は、日常の合理的な対策が時間に

比例していくつもの政策の撚糸となりそれらを合わせることで、成果が大きくなるものである。対応は、その能力と責任力の高さからもたらされるスピーディーな意思決定の積み重ねに基づくものである。

人災の被害もまた、直接被った人々の痛み、苦しみとともに、大切な人々を失った残された人々の痛み、苦しみ、悲しみでもある。多くの人々の人生の努力を、あっという間に灰燼に帰し未来への希望も簡単には灯せない大きな傷を残して、自然災害とは異質の特性を持つ、実に〝**理不尽なもの**〟であり続ける人災は、人間社会の現実の歴史がある。人類が人間社会として突き付けられている、克服すべき大きな課題である。

▽人の知性の逆転ヒエラルヒー社会がもたらし続けてきた人災のリスクの特徴

自然災害に比して、規模の大きな人災は、その拡大と継続を止めることができない、止まらない特徴を持つのは、人間社会のヒエラルヒーが意思決定と推進拡大の意図的な舵取りをしているからに他ならない。さらに、〝**圧倒的多くの人々の痛みの場や空間からは最も遠い所に、自分と自分の大切な人々を置き、自らが作った安全保障体制を享受してきた歴史の長さだけ、人の痛みを理解し共感する力が乏しいゆえに、責任回避と責任転嫁という思考能力が異常なほど発達することになる**〟。それゆえに自ら止めることをしない。人災だけでなく、自然災害に対してもまた同じである。富のある人、権力の中枢とこの距離に近い人たちは、過去の歴史的な事実と科学の評価から、自然災害が最も起きにくい場所に生活拠点を置いてきているのは、周知の事実である。たとえば、自然災害と人災双方の場合がある火事では、火除け地を四方に配した防火対策を施すのは当然の対策であるが、庶民の住宅の実態は、つねにリスクと隣り合わせである。火災にかぎらず、津波、土石流、洪水、脆弱な地盤などリスクがいつでも現実になる場所での生活拠点は、庶民の生活地域であり、原発施設の周辺や米軍基地の周辺も同じである。核シェルターは、国民に向かって安全保障を説く人たちのものであり、新型コロナウイルスの検査でさえも社会的上位層は、いつでも必要な時に検査できる、庶民とは真逆の環境にある。

止めることをしない、止まらないから、人災は規模が大きいものほど、当初の想像をはるかに超える桁違いの犠牲者を出し続けても、我慢、自粛を強いる期間が長く続くことになる。自然災害であれば、長くは続かない地球の歴史である。自然災害に伴う人災と、人災そのものが長く続くと、その陰で必ず起きる基本的人権の侵害に関わる大きな問題は、該当社会の構造の歪みの大きさに比例する。その該当社会の構造の歴史を洞察した対策を打たないかぎり、リスク現出時には必ず同じ基本的人権の侵害による人々の痛みが生じ、そして、周囲の組織、集団の歪みから、本人と大切な人々との絆まで断ち切られ、時間、期間に比例して拡大を示す〝**人間社会の力の原理**〟が歴然としてあることに留意すべきである。

▽大きな痛み、苦しみ、悲しみへの対応の違い

災害後、幸運にも生きている本人なら、痛みを無くしたい、和らげたい。運よく後遺症も発生せずそれらがなくなれば、今度は生きていくための生活基盤を取り戻す厳しい現実が次に降りかかって、

継続する大きな問題と毎日向き合うことになる。大切な人を失った人々はその痛みを負い、大切な人との絆を生涯忘れることはできなかったり、その人の癒しを願い続け背負いきれずに、従来に戻れない日々を送るなど、癒しの持ち方と生き方とにさまざまな影響を受けることになる。

一方、本来、能力と責任力を託されているはずの人間社会の組織の上位層たち、なかんずく政権と二人三脚で国家のエリートと自負する行政府の上位層の人たちは、災害を人々の記憶から忘れさせたい、消したいという本能にも似た思考能力が働き、人々の痛みの共感力が積み重なって政策推進への因果関係を問うベクトルを持たないように、強い思考能力を駆使する。それが痛みの共感力を拡大させない、世代継承をさせないマスコミもその主要手段の一つとして活用する歴史的な手法をとる。その結果、**〝心一つに、一丸となって〟**という現実の痛みを忘れさせる秩序安定策の喧伝と、市民のボランティアという善意の押し売り報道になる。人々の痛みが大きければ大きいほど、当然ながらその痛みも多種多様になる。決して忘れることのできない質のものであることを理解すれば、二度とくり返さないために、あらゆるリスクの可能性に対して、時間に比例する合理的な対策と痛みの共感力を、市民全体、国民全体に拡大し共有してこそ、我が身、我がこととして税の支出による効果のある対策の継続に、圧倒的多くの人々の関心と理解を継続させることができる。

人災時の医療対応のあり方の実例として、地下鉄サリン事件の際の聖路加病院の院長が意思決定した緊急時の対応は、医療崩壊を理由に医療の使命と役割を放棄した他の病院とは異なっている。野戦病院のように次から次と運び込まれて来る、治療を必要とする人々への緊急対応ができたのは、『**終**

戦までの理不尽な痛みの共感力』を持ち続けた人だけが創ることができる、**『知性のヒエラルヒーの病院組織の日常からのあり方』**を示している。綺麗な抽象用語をくり返すのはいつでもできるが、誰もが予想できないその時に実行できる組織は、なかなかないのが日本社会である。そして、この緊急事態の特異な事例を生かす対策を、この病院の新築対策にも具現化したことを知っている人は少なからずいるであろうが、それが日本社会のすべての病院組織と同じかははなはだ疑わしく〝**歪んだ組織のヒエラルヒー**〟が、今回の新型コロナウイルスのリスクでも露呈している病院組織は多い。これに目を瞑り、マスコミがくり返す医療崩壊の危機という緊張感の煽りと医療従事者への感謝のセットを、報道どおり受容し続けては、**『黙々と医学と医療の早期発見、早期治療の原理原則どおりに日夜活動している人々』**を、本当に支援することになるのかは疑わしいことになってしまう、のは言うまでもない。

▽戦後の民主主義という価値観の拡がりと痛みの共感力

終戦後、国を超え、民族を超え、民主政をはじめとする政体を超え、民主主義という価値観が世界に広がり、少なくとも人々が自決できる選挙で国の運営をするという、古代ギリシアの民主政でも実施できていた基本的な手法が世界諸国に広がったことは、有史以降の歴史では画期的な変化の流れである。その民主主義の価値観については、世界諸国での市民、国民の認識、考え方は必ずしも一様でなく、民主政を早くから採ってきたいわゆる先進国と呼ばれる国々でも、それらの社会構造が異なる歴史を持っているのは、終戦後の記録からも明らかなことである。

人と人間社会に付加価値を生み、創り増やしていくものは、人の言動が基本単位であり、その人が属する「**組織の知性のヒエラルヒー**」が歪んでないかぎり、自然災害を防ぐことは難しくとも痛みを縮小できる可能性は高くなる。人災はとなると、その被害の発生は、個人である人の犯罪を完全に防止することは無理であっても、縮小し続けることができる可能性は高い。しかしながら、組織、しかも規模が大きくなればなるほど、そして、大国ほど桁違いの人災を拡大する可能性が高くなるのは、民主主義が世界諸国に広がった終戦後でも、人間社会の克服すべき課題を示している。なぜ『**痛みの共感力**』は継承することが難しく、善悪、大義などの共感力は一気に拡大しやすいかを、自省と自制で歴史から学ばないかぎり、大きな組織ほど『**痛みの共感力**』が世代継承されない、〝**人間社会の力の負の原理**〟の冷徹さをくり返すことを、人々は許容せざるを得なくなる。

「**痛みを感じ持続するのは人だけであり、組織は痛みを感じることはなく生身の人ではない**」。組織の規模が小さな場合には、人というものは痛みの共感力が優るが、国という単位になると難しい。『**痛みの共感力**』を、いかに世代継承させるか。人間社会の克服すべき課題への取り組みが、民主主義の価値観を理解する学びがある国ということになる。ユーラシア大陸西側諸国の、国を超えた『**痛みの共感力**』の確実な世代継承の政策の積み重ねが、なぜ、どのようにして継続されてきたのかを戦後の歴史から知り、社会のリーダーと市民、そして、国としての括りである国民の強い意思を、戦前も含めた歴史から知り汲み取る必要がある。

3　痛みの共感力とリーダーの資質の評価軸

▽民主政の先進国の市民としての思考能力の精神基盤について～『Integrity』

『Integrity』という、人間社会の精神基盤の人倫的な中核に、**『自分と自分の大切な多くの人々に欲しない他者からの言動は、決して自分も自分の大切な人々も他者にはしない』**という価値観や考え方が、民主政の先進国の人々には深く浸透している。この精神基盤が、政治社会的な価値観として具体性を持ったものこそが民主主義と呼ぶものの原動力なのであって、これまでの既存の政権や政体ではないことは明瞭である。これに対して真逆の思考能力の精神基盤は、**〝自分と自分が大切にする人々を最も安全な場と空間に置く、安全保障体制という公の秩序と国益と公益の優先を合法化する法治国家〟**であることは論を俟たない。社会のリーダーの時間に比例する政策の積み重ねは、税金の徴収手法と支出の手法からでも簡潔に洞察できるのだが、それを曖昧にし、改革、規制撤廃、自由化という抽象用語と、欧米で流行する横文字を駆使したイメージ先行の政策用語が、マスコミでくり返されて国民の伝統的な精神基盤に作用すると、あたかもそれが日本社会の事実であるかのように受容される社会となってきたのは、それゆえに極めて人為的なものである。終戦までと時代における用語が異なっているだけで実態は、何も変わらない日本社会の構造に回帰してきている。

この回帰という社会現象は、日本の地方地域で毎年のようにくり返される自然災害だけではなく、産業経済政策の歪み、社会保障政策の歪みなどによる人災の長い痛みが拡大を続ける時代の流れにもよく表れている。日本に住む一部を除くほとんどの人々は、終戦までと同様に、その因果関係を自覚すらできずに我慢という受容を続けているが、それは、痛みの共感力が広がらずに分断され、封じ込まれているからにすぎない。

▽『Integrityを精神基盤に広げ、人間性と公共性を向上させてきた社会の指標』

21世紀になり、人間社会のあり方を示す新しい評価尺度として、国連が公表している幸福度ランキングがる。発表後、日本は低下を続け、２０１８年は58位で先進国、ＯＥＣＤ諸国でも最下位クラスである。そして、公共性を示す他者へのいたわり、寛容さは92位という、前近代的な人間社会の状態の評価であることを、マスコミの影響下にある日本のほとんどの人々は知ることもない。『Integrityのある社会』からは遠い社会であると、世界の人々から評価されているのである。

▽民主政を築きあげてきた歴史を持たない日本の二大リスクへの伝統

官民を問わず日本社会の大きな組織のリーダーの人たちの問題ある言動は、戦後の高度経済成長時代の一時期を除き、今世紀に入るとますます顕著になってきている。自然災害と人災という二大リスクが現実化した時の所定のプロセスで、決まって〝**想定外のもの、誰も経験したことのないもの**〟という言動で責任を回避して、責任転嫁の手法で対策までも他者転嫁する。この思考能力は、民主主義が最も警戒し拒絶すべきリーダーの言動であり、二大リスクに備えて時間に比例する合理的な政策の積み重ねをしてこなかった証明でもある。本人やその政策推進者たちにそのことの自覚がないのは、その資質から生じる能力と責任力の欠如だからという至極、当然の理由からで、日本社会の選挙の質の問題がすでに社会の大きな構造の歪みにまで直結していることを示唆している。

二大リスクへの能力と責任力に欠ける人たちがリーダーである、歴史的な伝統がもたらす不幸である。「**人間性と公共性**」を豊かに成長させる社会の構造を創り強化する伝統がないということは、時代の変化に応じたさまざまな社会問題の解決のために、知恵と創意の工夫と勇気と根気を学んで、過去の歴史を範とすることができないことを意味している。そして『**痛みの共感力**』の基本となる、二大リスクによる被害者の痛みを時間軸で想像する能力と責任力が、リーダーだからこそ問われる。

これまでの日本の二大リスクの歴史を振り返ると、経済的に自力で再生できず家族などの人的環境にも恵まれていない人々が、はたして時間に比例する回復の軌道にあるかどうかは明白である。いまだに原発事故で苦しんでいる4万人もの多くの人々がいるのに、頑張れという趣旨の報道が、毎年のお決まりの時期にのみ目立つのは、ジャーナリズムの本分とはほど遠い、娯楽報道の実力の反映でしかないと批判されても仕方がない。毎年くり返される災害の痛みを結び付けて連帯させ、被害をまぬがれた多くの地方地域の人々が我が身、我がこととして、これ以上の苦痛に耐えることができるのか、という共感力を呼び起こすことが、ジャーナリズムの使命と役割の第一歩である。ところが実際はそうではないから、〝**想定外のもの**〟という常套句がくり返されることを容認し、有効な再生の政策に舵取り変更されることがないまま、多額の税金支出のみがくり返される日本社会の歪んだ構造が続くことになる。巨額の税金の支出ゆえに、これを受領する組織がある社会構造は、なにも時代劇だけの中だけではない。被災者、自力で再生することが難しい人々の救済の仕方に問題を抱えたまま、被災をまぬがれてきた全国の多くの市（町村）民の『**痛みの共感力**』が拡大しないままの時間が経過する、日本の厳しい公共性の実態が続いている。

▽人間社会の上位のリーダーの資質とその支えとなる市民の共感力の知性の磨き

少なくとも、リーダーの資質の最低限の要素は、『Integrity』という精神基盤に基づく二大リスクへの対策、対応の能力と責任力があることである。そのリーダーとしての有言実行の成果は、当然ながら時間に比例し顕著になる合理性がある。しかしながら、その付加価値が大きいほど、社会構造の歪みを是正することになるがゆえに、既存の社会構造を強化し続け利害と利益を享受してきた〝**社会的組織力のある人たち**〟からのあらゆる排斥の手段の標的になることは、史実が証明するだけでなく、〝**人間社会の力の原理**〟でもある。それを長い有史の時代、終戦後であっても社会構造の改革が難しい環境要因を取り除くことに、一つひとつ大きな議論と対立を経て成し遂げてきた民主政の先進国の歴史がある。これに対して、終戦後、日本の俄仕込みの民主政では、これらの民主主義を実現する政策が世界に先駆けて実現したことは一度もない、日本社会の構造の頑強さがある。

ではなぜ、民主政の先進国では、大きな議論と対立を起こしながらも民主主義の政策を実現できたのか。この点を学び、日本の社会構造の歪みを是正する努力を、市（町村）民が、この『**二大リスクに対する痛みの共感力**』を拡大するノウハウを習得しながら国民として実現する体験を持ち、これを続けていかないかぎり、終戦直後からのわずかな期間で、ＧＨＱの有意の使命感を持った人々が民主主義を実現する政策で変革した前の時代の、日本の頑強な社会構造へ早晩回帰することになるのも自明の理である。

社会構造の歪みが大きければ大きいほど、その是正には知性を磨き続けた能力と責任力の高いリーダーシップが必要なのは言うまでもない。同時にその大きな歪みを作ってきた人たちが、社会の上位層を占めているという事実認識を、その組織に従属する多くの市（町村）民と国という括りでの国民が共感力として持たないかぎり、改革の出発点にも立てない。そして、マスコミ、メディアの影響力を駆使できる大きな組織力を持つ人たちが、その社会構造の大きな歪みを是正するリーダーシップを持つ人々の政策を黙認することを、市民と国民が期待できるほど日本の歴史は甘くない。たぐい稀なリーダーシップを発揮できる人と、これを支える劣勢である少数の人々の有言実行の諸政策を理解し支援することができるのは、市（町村）民と国民であって、社会上位層の組織力のある人たちではないことを肝に銘じないかぎり、人間社会の歪んだ構造を是正できないのは当然のこととなる。

それゆえに、市（町村）民や国民は、その知性を磨く不断の努力なくしては、簡単に世論操作の餌食になってしまう。**〝マスコミ、メディアが客観的で中立的である〟**と考えることがすでに、民主主義を実現すべく既存体制を打破してきた、市（町村）民と国民として知性を磨きながらジャーナリズムの監視を怠らない民主政の先進国の人々とは、大きく異なる日本の厳しい現実がある。「**政治や社会の報道メディアのノウハウは、娯楽報道のメディアのそれとは異なること**」を知るべきである。

リーダーの、知性を磨き、科学力も踏まえた合理的思考能力による能力と責任力の体験の積み重ねを、どのように評価するのか。その評価の基本軸の共有がないと、くり返し社会構造の歪みの拡大を続けるリーダーを受容し続けることになる。その評価軸とは、善良な性格とかバランス感覚があるとか礼儀正しいとかのイメージの良さ、印象の良さではまったくない。それらのイメージは、むしろ既存の社会秩序に順応する生き方の経験を示すことの方が多い。全国の地方地域で起きた二大リスクの原因と対策の時間に比例する成果は、生身の人の傷みを自分の生き方の経験から理解し、傷む人々を毎年減らし再生できる生活基盤を回復する政策を、リードできる人によって成し得る。

▽新型コロナウイルスの感染拡大に見る対策と対応の彼我の差

世界的な新型コロナウイルスの感染拡大という大規模なリスクでも同じである。中国の武漢で発生した急激な拡大対策のロックダウンに始まり、欧米それぞれの変異型の感染の急拡大を見ながら、日本の政府と行政府が専門家委員会などとともに推進してきた対策と政策は、巨額の税金と一年以上の時間をかけて、国民の協力という半ば強要を伴う性質のものである。「**これを検証し、傷む人々をこれ以上増加させないために、時間に比例する成果を確実にできる今後の対策と政策の選択を、市（町村）民と国民ができるように、成果を示し続けている海外諸国との彼我の差を知らしめるのが、リスク現出時のジャーナリズムの役割と機能である**」。従来のウイルスの感染症と比較して、発生の当初から、「**感染力があり致死率も高いこと**」。「**無症状者という感染の自覚のない人々が感染拡大の大きな原因であること**」。「**医学的に、警戒すべき変異型（欧米の感染拡大はともに変異型）が、感染拡大が続くと、さらに強力なものに変異する蓋然性が高いこと**」が、その都度、報道されていた海外のマスコミとの違い。一方で、新型コロナウイルスの医学的、科学的特性として、早くから「**人と人との**

濃厚接触を避けること」。感染症なども含めた病気の歴史から、「**大衆心理が引き起こす負の作用による影響を事前に防止するために、1・5～2ｍの距離を保つ対応をすること**」。ロックダウンという感染の急拡大を招かないかぎり、「**この二つの対応を、人々がすることで、それぞれの生活基盤を守る経済活動などの社会活動ができること**」が、専門家をとおして報道されてきたことは、海外だけでなく日本国内でも同じである。

一年以上の時間が経過して変わった点は、人によっては感染防止に効果があるとされるワクチンが認可された点で、治療薬には有効な効果を期待できる認可があるものは、２０２１年春時点ではまだ報道されていない。日本に、「**海外への渡航者という人によって持ち込まれた新型コロナウイルス**」。最初の感染は中国への渡航者であったが、主に首都圏と関西圏から全国に拡大したのは「**欧州型とアメリカ型という変異型**」である。２０２１年になると今度は、その変異株が再び、欧州への渡航者から持ち込まれて急激に全国に拡大している。感染拡大と全国一律一様の自粛政策という科学的に効果が期待できない政策の長期化は、当然のことながら、〝**時間に比例して、死者や苦痛と後遺症に苦しむ直接の影響を受けた人々と、大切な人々を失った人々の痛みを拡大増加させている。同時に、弱い生活基盤の人々から生活が崩壊し、時代錯誤のような飢えなどの悲惨な境遇を味わう人々が増え続けている**〟。

トリアージという、リスク現出時の救済の優先順位を表す、リスク対策と対応の考え方が示すように、被害に苦しむ人々の個別の状況に応じて、一人でも多くの人の命を救い痛みを軽減する対策と対応が基本原則であるのは、「**リスクが日本全国に一様に起きることはない**」からである。鍛えられた合理的な思考能力と責任力と使命感を持つ人がリーダーとして率いる公共性の高い組織が、人々によって託された安全保障を、本来、担うことができる。この安全保障における海外と日本の彼我の実力差は、明らかである。

陸の孤島という地政学的な条件、衛生意識が高く他人に感染さないための自粛を継続できる人々が多い国民性、保険制度と高い医療技術と施設、他人種よりは重篤になるリスクは高くないという好条件が揃っているにもかかわらず、〝**全国で増加を続ける人々の痛みと人間の尊厳が傷つけられている現状**〟を評価すると、医学と医療行為の原則と基本的人権の原理、原則から大きく逸脱する違法な状態である。〝**37・5度以上4日続いたらはじめて検査に応じるという基本的人権を侵害する**〟全国一律一様のガイドライン。この長い期間にわたる行政指導を受けなければ死なずに済んだ、苦しまずに済んだ、重い後遺症にも苦しまずに済んだ人々とその家族などの近親者たちの苦しみと悲しみはどこにも行き場はない。経済成長か健康かの二項対立思考に働きかけて、両立をめざすという誰もが否定できない論理的な思考能力を駆使させる、Go to キャンペーンというスローガンと政策で、多額の税金を受けた特定の事業者と、それ以外の圧倒的多くの中小と自営業主など生活基盤の崩壊で苦しむ人々との新たな格差の拡大。「**親などのかけがえのない近親者の世話と介護や葬儀などの倫理的な必要性があるにもかかわらず、生活基盤を守ること以外の移動は、断腸の思いで自粛する期間を長く続け、その成果を出し続けている大多数の日本の人々**」。ところが、合理的な改善とならない政府と行政府の変わらぬ政策が、利己的に活動する企業組織と、利己的に言動する人たちを動かし、〝**長い期間、自粛を重ねる人々の感染防止の成果を、あっという間に呑み込んでしまっている**〟。

一年以上経過しても何も変わらない、スローガンと政策。マスコミを使って、前述の世界中でとられるべき「**人々の二つの対応**」とは異なる、誰もが否定できない〝**三密回避、換気、マスク**〟に置き換えて、政府と行政府の対策であるかのように、国民への目途のない長期の自粛要請を街中の人出とセットにする説明や、医療崩壊の危機と医療従事者への感謝をセットにする説明のその拠って立つ思考能力は、緊張感を人々の精神基盤に働かせるすり込みの長い継続の状態を、国民に日常として受け入れさせてきた終戦までの〝**一億一心、一億総意**〟や、〝**欲しがりません、勝つまではという終わりの目途のない忍耐の継続**〟を強要した、〝**政権と行政府とそれに関係の深い組織によるスローガン、政策と酷似する同質の対策と政策、という特徴**〟を露呈し続けている。そして、この結果、悲痛と虚しさを増加する多くの人々の痛みが拡大する現実が毎日続く状況について、ほとんど触れることはなく、触れられても僅かな時間で済ませる報道から見えてくる未来図は、『**痛みの共感力**』が拡大しこれらの対策と政策に批判が集中することを回避して、計画どおりオリンピック開催の一体感を活用した選挙による勝利で、実現する憲法改正の成立である。なぜ、海外の成果のある対策と政策にも触れず改善策も取らずに、ひたすら走り続けたいのか。大きな疑問を擁かざるを得ない。〝**これらの対策と政策を推進している人たちは、自分や自分の大切な家族などの人々が感染した際に、高熱があるにもかかわらず手遅れになるという恐怖心を抑えて、大切な人が苦しみ続ける姿を、率先して4日間見**

守ることができるのであろうか〟。まさに、『**多くの人々の痛み**』を、我が身、我がこととして共感することができない思考能力そのものであって、自分と自分が守りたい組織にとって実に都合のよい政策であり、それは終戦までの安全保障体制を作り強化してきた人々の思考能力や責任力とまったく同じである。「**世界の痛みが拡大し続ける現実に、自分と自分の大切な人が感染し苦しむという共感力を持つ**」ことができない人たちは、残念ながら必ずどこの国にもおり、感染拡大の原因となる言動をくり返してきたことは、歴史が警鐘として与え続けている。

人の言動を介して感染力を強め、変異を続けるウイルス。欧州では、バカンスという医学的に科学的に感染拡大を確実に高める集密滞在時間の長い人々の移動が、さらに爆発的な感染拡大とより強い感染力と致死力がある変異型を拡大させている。この変異型も海外への渡航者が日本に持ち込み、時間に比例した全国への拡大が止まらないリスクは大きい。これらの海外諸国の実例をもとに、早くから警鐘の声を上げた有意の少数の専門家の対策意見があったが、耳を貸そうとしないばかりか、マスコミを同調させて今の対策と政策を変えずに、誰も止めることができない、止まらない状態が続いている。

変異が進む世界中の国々からの人々の入国条件を緩和させて、集密集団の長い滞在期間となるオリンピックを開催することは、より強力な新たな変異ウイルスを発生させて世界中に拡大する、というリスクを本来、想定内として考えるべきという責任が、世界中の人々に対してある。一年以上にわたる世界中の人々の痛みが続く現実の感染状況を見て、はたして〝**東京オリンピックが新型コロナウイ**

ルスに打ち勝った復興の証となるのか、世界に猛威を振るう変異型を日本で発生させ世界に拡大する証となるのか〟。それは、世界の人々が結果を見て、「**歴史として記録し評価すること**」になる。日本国内では、マスコミをとおし想定外のこととしてこれまでと同じお詫び会見で済ませることができても、海外諸国に対しては、開催都市と開催国としての責任が問われる。〝**人の尊厳とIntegrityに悖る世界的なオリンピック興行として歴史に刻印され、未来にわたって責任を問われるリスクがとても大きい**〟と考える意見がなぜ広がらないのか。不思議と言えば不思議な日本社会である。それゆえに、娯楽の最大イベントであるオリンピックを興行する国際的な責任者であるＩＯＣのバッハ会長でさえ自らの発言を訂正し、「**各国の責任者の判断**」に委ねるという責任回避が報じられる。「**世界各国のリーダーと国民の判断が、何を基準になされるのか**」。日本もまた、日本のリーダーと国民が何を基準として、あえてオリンピックの開催に踏み切ったのかを、未来にわたって世界中の人々から評価されることになる。

２月22日に、トランプ政権の新型コロナ対策を批判したバイデン新大統領が、拡大が止まらない新型コロナウイルスの犠牲者とその大切な人々を失った家族などの人々への『**痛みの共感力**』として、国民全体に広げる言葉で伝えたのは、二度の世界大戦の犠牲者を上回る数の犠牲者に対する人々の痛みの巨大さである。この『**痛みの共感力**』は、都市を越え、国を越え、大陸を越えて世界中の人々との『**痛みの共感力**』の連携を生むことにもなる、リーダーとしての発言である。『**Integrity**』の精神基盤がある国々の人々にとって、何が自分たちの言動規範として優先されて、国民全体に拡大していくことになるのかは明白である。さらに、『Integrity』の精神基盤が根付いていない国々でも、彼我の差から何を学び、自国の人々の何を最優先にするか、その合理的な順位付けと付加価値のある政策を取ることができる能力と責任力の差が、人々の命と健康と生活基盤を守ることができるのか、という本質的な国民の安全保障政策の優劣を明確にすることになる。『Integrity』を共通の精神基盤に持つ彼我の差は、日本語の辞書に、「**誠意**」という対訳しかない日本の社会構造を如実に表してもいる。この一年あまりの世界各国の対策対応からでも、『**医学医療の大原則である早期発見、早期治療のために、クラスターではなく、エピセンター対応の検査体制を早期に整備できた国が、命と生活基盤双方の人々の苦しみ、痛みを救うことができている**』、ということは明確である。

今のところ、種痘のような確実な免疫抗体のあるワクチンは、世界には新型にかぎらず従来型にもないがゆえに、毎年のようにくり返してきたインフルエンザの流行がある。どの国でも最も確実で可能な合理的対策は、『**市民が自分で検査を必要とする時にいつでも実施し、その陰性結果で大切な人々の世話をして守り、絆づくりと生活基盤を守ることができる、当然の基本的人権を行使できる環境作り**』である。その早期実現の方が、よほど実効性が高い。したがって、一貫して変わらないクラスター班という、厄介なヒアリングなどの非科学的な手法による、かぎられたリソースでの竹槍戦術と、特定の財力のある人々に限定する検査ではなく、市民が自ら検査をくり返しできる環境を国民全体に拡大浸透させてこそ、世界に先駆けて、その良き事例を示すことができる。

▽**『痛みの共感力がつなぐリーダーと市民の知性の連携力』**

たぐい稀なリーダーを選出するのも、市（町村）民と国としての括りである国民の能力と責任力に依存しており、さらにそのリーダーの能力と責任力によって社会構造の歪みの拡大を是正し続ける期間の長さも、これを支える市（町村）民、国民の理解能力と評価力という責任力に比例する。戦後の高度経済成長によってほとんどの国民がその努力が報われると感じた中流意識の共感力の拡大は、利己的な言動を抑え人間性とその均衡ある公共性を高めることになったが、その原動力は日中戦争と日米戦争の体験による桁違いの『**痛みの共感力**』であったはずである。その世代継承がなされなかった原因は何なのか。そして、毎年加算され続ける失われた○○年の長期にわたった政府と行政府と大規模組織のリーダーたちの資質を問うことのないままでは、世界で最も勤勉だという評価の国民の努力は決して報われることのない非効率極まりのないものになる。

社会構造の歪みの拡大を止め、是正する能力と責任力のある知性を磨いてきたリーダーを選び、これを評価し支援し続ける市（町村）民の共感力を国民レベルに拡大し、初めて本質的な民主主義の政策が実現され、人と人間社会の豊かさを体感できる生活基盤を持つ人々が、時間軸に比例して増えていくことになる。それが持続的な成長が可能な人と人間社会を実現することになる。その原動力は、『**痛みの共感力**』という人の知性の力を知り、その共感力を使い、不幸にも痛みを体験した人々のその状態をそれ以上拡大させない、軽減する、原状に回復できる可能性を高める、公共性のある法制度と税の社会構造を創り改善していく言動そのものにある。この体験のくり返しによって、『**圧倒的多**

くの不特定多数である、市（町村）民、国としての括りの国民は、組織に対抗し得る普遍的な能力と責任力』を育むことができる。そして、痛みの発生した人々の生活拠点と生活地盤である地方地域での迅速なかつ時間に比例する成果が期待できる、人間性とその均衡ある公共性を高めていくことができる21世紀になる。

第7章　人と人間社会にとって大切なもの

1　人間社会を構成するもの

▽人

人間社会に付加価値をもたらすためには、その多種多様な分野で自分の個性に合わせた分野の知性を磨く努力と根気が必要であることは言うまでもない。そして、人は生命というかぎられた時間でしかそれを続けることができない。

人は感情という多感な思考能力を持つ。個性を持つ人はこの感情を制御するための自省と自制をくり返すことができる、人それぞれの目的が必要となるが、難しいのは利害と利益に絡む目的そのものと、その実現の仕方もまた人それぞれだからである。善悪や道徳などで簡単に律することができない利己的な言動となりやすいのも、この感情という多感な思考能力ゆえにと言える。

それゆえに、個である人の言動の結果生じる他者への基本的人権の侵害は、その侵害内容という違法性と、医学的見解に基づく本人の有責性と、言動規範のルールという法律明記の構成要件該当性の三つの条件を、司法制度で審理する。これが、近代から現代にかけて世界の主流となしてきた法制度の改善である。前述したように、あくまでも支配権力の介入がないかぎり因果応報に近いことは、終戦後の民主主義の価値観、考え方が世界に拡大した時代であっても、三審制での有罪が、科学的な立証も踏まえて無罪となる冤罪があることからもわかる。

ところが、人の利己的な思考能力はむしろ個人である活動よりも組織として言動する時に、組織の利害と利益に従順にしたがいやすい。組織は痛みを感じないがゆえに、組織の言動は「**組織ヒエラルヒー上位の人々の能力と責任力と、組織を動かす人の本能的な習性でもある人事権と予算権を持つ人たちの能力と責任力の資質**」によって、利己的になりやすい。そして、その言動による社会的影響が、多くの人々の基本的人権の侵害を与えることがすでに明らかであっても、この組織が大組織であると〝**支配権力が介入しやすく因果応報には遠い**〟ことが、過去から続く理不尽な人間社会の長い歴史があり、日本では無常観がなぜか文化にまでなる社会でもある。すなわち、違法性が桁違いに高くても構成要件該当性という組織に対する法律そのものに、個人に対する「**天網恢恢疎にして漏らさず**」という因果応報の理がおよばない笊よりも大きな穴があり、個人の有責性とは異なりマスコミをとおした所定のお詫び会見でその責任を済ますことができる免責特約が、さらに日本社会の慣行となっている。そして、この免責特約の慣行は、先にも触れた二大リスクと新型コロナウイルスの安全保障でも、責任を将来にわたって問われないために、記録を残さない法制度に強化される、日本社会の構造の堅牢さとなっている。

感情という多感な思考能力が欲する娯楽などの文化は、こうした人間社会であるがゆえに、単に楽しみの共感力を共有したいだけでなく、ストレス解消や気分転換や癒しとして、自分の時間を使う対象になる。一人ひとり異なる個性と自分の時間の楽しみ方の多岐にわたる需要が、これに提供する側の工夫と努力を合致させるニーズとなり、この需要と供給の『**多項均衡**』が、娯楽、エンターテイメントなどの文化の付加価値における共感力の大きさを決めることになる。したがって、文化、芸術、スポーツなどは、一人ひとりの個性に応じた自主的な共感力の多寡と質であって、決して政府や行政府が多額の税金を使ってまで介入し、〝**国民一丸となって、一体となって、心一つとなって行うべきもの**〟ではないことは、なにもオリンピックだけではなく娯楽全体に言えることなのである。

個である人が自主的に言動する「**人間性**」と、「**先天的、後天的にその人間性を発揮することが難しくなった人々**」や二大リスクの被害を受け不合理さと理不尽さの「**痛みを受けた人々**」を救い、でき得るかぎり再生の道を歩むことができるようにするための「**公共性**」の双方を高めることを、人と人間社会の持続的成長の舵取りの中心軸に据えるべきである。そして、人間社会をより豊かにすることができるためには、この個である人の知性を磨く努力がその付加価値によって報われることが必要不可欠である。１９８７年に、当時のノルウェー首相であったブルントラントが世界に向けて提唱した「**Sustainable Development**」いう言葉はおそらくこの趣旨のものをめざしていたのであり、単なる抽象用語として用いるものではない。「**何をめざし、何を実現するかが明確**」だからこそ、抽象用語ではなく、民主主義を具現化する社会構造の改革を一つひとつ実現していくことができる。それゆえに、その進路と進度を示す座標軸と評価軸となる『**豊かさの新しい指標**』が必要であり、社会のリーダーと国民が協力してめざす時代の流れを創ることができる。

舵取りの修正のための羅針盤という指標を持てない世界の多くの国々では、いまだに〝**虚構と虚飾に変質してきた経済成長という指標**〟を中心に、それが人間社会の成長の指標でもあるかのように、国民に対して統計情報として報道し続けている。特に民主政を模倣してきた日本では、これらの指標での舵取りで多くの人々の痛みが拡大し続けているにもかかわらず、その因果関係を洞察することもなく、これらの指標を受け入れ続けている現実がある。

▽**組織**

人と人間社会に「**目的に沿った付加価値**」をもたらすために、人は組織をつくり、人の組織活動をとおして、その目的に沿った付加価値が実現されるのであって、〝**組織そのものの利害や利益を優先する**〟ためではない。ところが支配権力のための組織は、古くから法治国家としての立法、行政、司法という三つの権力組織が強化されその大規模化が、大国として歴史に記されてきている。この三つの大組織の人事権と予算権を握る者たちが単独であれば、専制とか独裁と呼び、複数であれば朝廷、幕府、政府と時代に応じた呼び方に変遷してきただけにすぎない。大規模組織のヒエラルヒーが上位ほど、〝**組織の利害と利益**〟をその高い思考能力で増やし、これを享受できる社会の構造を強化してきたことは歴史的事実である。世界中の地域で時代に応じて、その社会構造の特徴を示す封建制とか絶対王政とか君主制とか呼び方が異なるだけで、その支配権力の強固な社会構造の政策は、同じ社会構造の歪みであると言っても過言ではない。

したがって、人と人間社会に付加価値をもたらす活動がなされているのか、その目的にどのような付加価値があるのか。逆に人と人間社会から付加価値を搾取する活動がなされているのか、その目的に虚構や虚飾がないかをつねに監視し、是正する仕組みや公正な社会ルールが機能しないかぎり、圧倒的多くの人々は組織に抗うことが難しいだけでなくできないのは当然であり、後者の組織の言動をなす組織のヒエラルヒーではその〝**知性も真逆になる**〟のも〝**人間社会の力の原理**〟となる歴史が刻まれてきている。

「**組織は人と同じ痛みを知ることはできない、生命というかぎられた時間を持たない**」がゆえに、この組織の利害と利益のために、搾取という社会構造を拡大し強化できる特性を持つ。そして、拡大膨張を止めることができなくなる暴走の結末は、他の政権に取って変わられるか、周辺諸国によって止められるかだが、いずれにしても圧倒的多くの人々の犠牲という痛みがくり返されてきた歴史がある。その拡大膨張の長い時代、三権の組織と関わる利害と利益に依存する組織もまた規模拡大によって持続的成長を目的に持つのは、現代社会において、産業経済の分野だけでなく文化、スポーツや教育分野などの団体組織でも同じである。

すなわち、組織はその利害と利益を優先することに帯電しやすいのが組織の宿命であるからこそ、人以上に制御するのが難しいのは自明の理ともなる。それゆえに、人と人間社会に目的に沿った付加価値をもたらさずに、組織の利害と利益を優先する言動（マスコミを使った情報活動ゆえに、人に類似する言動、この結果が良き企業市民などという言い方になる）になった時点で、その違法行為を止める法制度と、組織の言動を監視し審判できる個である人を超えた公正な社会ルールが整備されていることが肝要になる。時代に応じたその整備の遅れが、人間社会の構造の歪みの拡大を止めることができない事態を招くことになる。これは、終戦後であっても継続して民主政の先進国の人々が、その国の規模とは関係なく、伝統的に続いてきた強固な社会構造の歪みを民主主義の価値観に基づいて是正するために、一つひとつの根気強い活動をとおして、その共感力を拡大して勝ち取ってきた法制度の改革を見ても理解できる。さらに、1980年代以降、これらの民主政の長い歴史を持つ先進国でさえ、社会の格差拡大が止まらないことへの警鐘をくり返す人々が多くなっていることからも、これらの整備の活動の遅れと難しさを理解できる。

『組織活動の人間社会における因果応報を期待できる公正な社会ルール』。その基本は、組織活動の明確かつ具体的な付加価値のチェックと、その目的に向けた達成手段を含めた違法性の判断基準を、個である人以上に厳格にすることで、組織の利害と利益を優先する言動を自制させることにある。たとえば、行政府が主導する課税を目的とした財務情報開示とその会計チェックという監査体制の法制度レベルでは、不正が監査法人も含めてたびたびくり返されていることからも、大規模組織の言動の規制の難しさがよくわかる。このような取り組みを変えないかぎり、組織の大規模化が〝**力**〟で競争に決着をつけるという最も簡単な経営手法に傾注する組織が、国際競争力強化という大義名分によってますます、政府と行政府の伝統的な組織本能と共鳴しあい、本来の競争力の源泉である、多様な人が生み、創り増やす付加価値能力と責任力が高まることを抑制する〝**力**〟が、つねに支配する世の中になることは必然でもある。

したがって、〝**公益と公の秩序**〟という政府と行政府の〝**大義名分を隠れ蓑**〟とする、社会の歪みの政策を合法化する〝**法の支配**〟と、産業経済界による〝**国際競争力強化、規制撤廃による自由化、統合化**〟という経営者たちの〝**大義名分を隠れ蓑**〟とする、産業経済の歪みを合法化する〝**法の支配**〟の利害と利益は一致し、格差社会を拡大する社会構造の歪みをより強固にする〝**法治国家**〟の時代の流れは止まらないのである。

人と人間社会のその努力が報われ、時間に応じた豊かさを享受しようとするのであれば、その目的から組織の設立を必要とする場合には、一定以上の規模の組織の活動を期間限定にするか、その組織の言動を決める上位の者たちと人事権、予算権を握る者たちの知性のヒエラルヒーの逆転というリスクをなくすために、これらの役割を持つ者たちの人選と任期の改善と工夫を積み重ねることが肝要になる。そのプロセスと内容を記録として、自省と自制がくり返されることを保障して社会常識とすることができれば、利害と利益を優先する大規模な組織の言動の影響は、今よりもはるかに減らすことが可能になる。

組織の利害と利益が優先する本能と言えるまでの強固さを、人間社会の歴史は戒めとして刻印している。そして、21世紀の世界にすでに存在している巨大企業群は、今や国家でも潰すことができないほど、その利害と利益は社会の構造強化に網の目のように伸びている。「**天網恢恢疎にして漏らさず**」という因果応報の社会に近づくどころか、真逆に進んでいる国際社会の現状がある。

2　人と人間社会にとって大切なもの

▽人の尊厳

人と人間社会に付加価値をもたらす人の知性の磨きによる能力と責任力は、忍耐と根気が必要になる。これに報いる公正な社会ルールの構築と環境変化に応じた改善の継続がなされなければ、人間社会では、組織が人よりも優先し、組織は規模の大きさ、力の大きさが競争を制し、他者から搾取する支配権力が帯電して社会の構造が歪み、格差が拡大する負の循環が止まらなくなる。人の尊厳を守るというのは、自由、平等、平和、多様性、持続的成長などの言葉を、民主政の先進国から導入した誰もが否定できない抽象用語として使うのではなく、日本社会の組織がその利害と利益を優先する利己的な言動のために、桁違いの多くの人々の痛みを理不尽なものとして受容させてきた日本の長い歴史があることをつねに想起することで、初めて抽象用語ではない実態を持つ日本社会の共感力として使うことができるようになる。**『人の尊厳を守る』**というのは、対等な関係にある人対人という因果応報に近い揉めごとに関して言うのではない、**『組織、特に大規模組織に抗うことができない、抗うことが難しい人の正義、人の人間性と公共性を高める言動について、人々の共感力を武器に闘うこと』**を意味している。それゆえに、これに機能しないジャーナリズムやこれに従事しないジャーナリストはその使命と役割を喪失させ、人と人間社会の普遍的な舵取りである民主主義にとっては、最も大きなリスクとなるのである。日本の娯楽報道、しかも全国放送というリスクは、つねに支配権力を帯びる大規模組織の介入拡大と浸透という、社会構造の歪みと直結している時の長さを持っていることからも、民主政の先進国とは異なるさまざまな社会現象を刻印してきている。〝**公益と公の秩序**〟という価値観と考え方が、『**人の尊厳を守る**』ことより優先する法制度と社会構造では、社会構造の歪みを是正する能力と責任力のある知性を磨き続ける個である人が、この言動への支持と支援を受けることがあまりにも難しい、日本社会の組織の強さの精神風土まで拡がる伝統がある。改正憲法全体の基調である、この〝**公益と公の秩序**〟は、最高裁判所も最大限の尊重を払う義務が課せられている。いったい誰が、『**人の尊厳を守る**』ことを可能にできるのであろうか。

▽基本的人権が侵される違法状態の許容範囲の違い～人からと組織からの大きな違い

多様な個性を持つ個である人。一方で、人は利己的で利害と利益を目的とする言動を取りやすいが、個人としての言動であるかぎり、換言すれば周囲の人たちを巻き込む意図的な衆による圧力（たとえば虐めなど）がないかぎり、違法性は犯罪の構成要件（法律で明示）該当性となり、市（町村）民の常識とも合致する。しかしながら、民主政という長い歴史を刻んできた先進国の人々の公共性を高めるルールや運用と日本社会との違いは、日常生活のリスクという視点でも実に多い。

交通安全のリスクの例では、歩道を走る自転車、親子の二人乗り、時には三人乗りも見かける日常風景が拡大する日本。リスクを我が身、我がこととして考えて言動する『Integrity』の精神基盤を共有する市民社会では、どこの国でも必ずいるこのリスクの蓋然性を高める人の言動（歩道を走る自転車に乗る人）を許容しない。警告し守らなければ警察に通報するという公共性を高める運用の徹底がある。人のストレスを癒しさまざまな人が楽しむ、自然に触れる公園では、日本の花見で見られるような集団での騒ぎを許さない。公共性を喪失させるような言動に対しては、日常監視とルールを守る運営の共感力が、つねにこれを侵す衆や団体の言動より優先する価値観が浸透している。

そしてこれが子供の時から教育されていく日常の環境が整備されていくのが一般的である。それゆえに、子供が必ず目にする野球やサッカーなどでの鳴り物入りの画一的な応援は、これらの地域では見られないのである。２０１９年に日本で開催されたラグビーのワールドカップでは、鳴り物入りの応援は禁止され、その応援風景は両チームのファンが入り混じっての観客席での歓声と静寂である。個である人それぞれの観戦での反応の仕方があるのは、ラグビー憲章に掲げている『Integrity』の具現化であって、どれだけの日本の人々がその背景と歴史を知っているのであろうか。

▽組織の利己的な言動を制御する公正な社会ルールの必要性

個である人以上にその違法性が桁違いに大きいリスクを、つねに内包する大規模組織の言動ゆえに、「**公正な社会ルール**」を具体的に明示する法制度の整備が継続されることによって初めて、「**天網恢恢疎にして漏らさず**」という因果応報に近づくために、社会構造の歪みを是正していくことができる。同時に、付加価値を生み、創り増やす知性を磨いてその能力と責任力を高める人が、人としての個人の活動だけでなく組織に従事する人としても報われるから、組織の利害と利益を優先することが少なくなることになる。ここに、人と人間社会が豊かになる普遍性の理が働く。

したがって、良き企業市民などと言う抽象用語や、オバマ政権時代に組織の選挙資金規制ルールである上限を撤廃した時の連邦最高裁の審判理由である、組織も人と同じように言論の自由があるという、民主主義にとっての論理の虚構と虚飾の説明は、民主政の改善とは逆行する、選挙ですべてを決着するという衆愚政の欠点を露呈することになる。このことは、２０２０年のトランプ政権の大統領選挙のあり方と２０２１年早々の議会乱闘に顕著に表れている。

▽人と組織の付加価値の評価のしかた

人が生み、創り増やす付加価値と組織のそれを厳格に区分けすることが出発点である。知性を磨き能力と責任力を高めること、忍耐し根気強く続けること、新たな変化に対して合理的に分析し判断することは、個である人にしかできない。組織の力の彼我の差による市場価格や寡占化の影響や市（町村）民と国民の生活基盤への影響は、搾取の負の循環を拡大するリスクの方が、本来の組織の目的に沿う活動による付加価値よりはるかに大きい。

たとえば、特許権などの知的財産権の多くは、個人ではなく組織が持ち、市場の占有率が高いほどその利益は莫大となっている。その分野の公共性が本来高い分野であれば、人の命までも財力しだいということになる、世の中の理不尽さが拡大する。知的財産権ゆえに人が持つべきもので、それがチームであれば本来、その貢献度に応じた配分を考える共同所有が基本である。その配分すら評価できないのであれば、社会の評価はなおさらとなるが、諦めてよいことではない。この知的財産権の対価の評価の仕方こそが重要であって、巨額であることが搾取を生む社会構造を作る要因となる。ところが、これまで組織がその主導権を握り時代の流れを正しいものであるかのごとく振る舞うが、これらの企業組織の影響の許容を長く続けたことも、改革を遅らせてきた要因でもある。

一方で、『**人と人間社会に付加価値を生み、創り増やす忍耐力と根気を続けた人ほど、対価以上の報酬は求めない、その人間性と公共性の高さがある**』のも、「人がゆえに」である。

「**付加価値に満たない報酬は、自らの意思で人間社会に貢献しているか搾取の社会構造の影響を受けているかのどちらかであり、付加価値を超えた報酬は、人間社会から救済されているか自らの意思で搾取の社会構造を受益しているかのどちらかである**」。人の生涯で、何億という桁以上の人々が恩恵を受ける付加価値のある発明などの成果をもたらした人に報いるものとして、ノーベル賞はよき事例である。このノーベル賞の受賞者に巨額の富を持つ資産家や経営者を見ることはない。一方で、娯楽や文化の分野で、一般の人々が対価を支払う著作権料や懸賞金などのプロの受益者の富は、巨額の富を持つ人たちとはそれでも桁違いに少ない。しかし、そのプロとしての収入をそれ以上に増やすのは、スポンサーと呼ばれる大企業が払う広告宣伝のための莫大な金額であるのは周知の事実である。これが、はたして公正な対価なのかには大きな疑問であり、娯楽というマスコミ組織の影響の歪みでもある。人と人間社会に付加価値をもたらす個性ある人の努力と成果に報いる、公正な評価と基準のある社会構造を創り、時代の変化に応じた改善改良が継続できてこそ、世界中の人々は未来に向かって、公正に努力を続ける意思と意欲を持つことができる。それが豊かな持続可能な世の中になる。

組織の付加価値の本質は、生産効率などが代表例である。とはいっても、メーカーと呼ぶ生産工場でさえ、ひたすら一工場の規模を拡大することがないのは、その生産効率が比例しないばかりかリスクの方が大きくなるからである。

組織、とりわけ大規模組織のメリットとして主張される研究分野で、企業や大学や政府と行政府が作る多くの研究機関と称される組織の付加価値をどう評価し、その費用と収益の構造を改善するのかが重要になる。企業の場合、本来の産業分野の活動と研究分野の活動では、その目的の主旨が異なるから分離させて、投資としての利益配分の構造の仕組みを考えるべきである。知的財産権を持たせるから、大企業と共鳴しあう政府と行政府の介入を正当化して、貿易協定の中心利害になる誘因が生じてしまうのである。あくまでも投資に見合う使用権という評価が妥当であり、大学も同様である。政府と行政府が作る研究機関はその存在意義から見直し、基本的には民間か大学などに移行して、投資と利益配分の均衡から社会に還元する仕組みに改革していくべきである。

一方、産業界に目を向けると、わずか数十年の企業活動の設立や経営者というだけで、人と人間社会に付加価値をもたらす発明者でもなければ知的財産を創った者でもない人たちが、その家族を含めて何千億円から何兆円という桁の資産を持つという社会構造が歪んでいないと言うのは、この歪みの社会構造による利益を享受する人たちだけにすぎない。しかも、何代にもわたって世代継承できる桁違いの遺産相続が可能な税制の法制度では、終戦までの法制度と何も変わっていないが、むしろ民主政という政体をとっているぶん悪質であり、人間性として劣化が進んでいると批判されてもしようがない。欧米の格差拡大の調査の著作にあるとおり、社会の上位１％とかわずか７００～８００のFamilyで、アメリカ社会の全体の富や資産の数割以上を占めるという社会構造の歪みの拡大は、報酬の評価そのものが桁違いに狂っている証左でもある。

「**なぜ日本の経営手法や技術というものが長続きしなかったのか**」、を考察することが重要である。長続きしなかった原因は、人と人間社会に普遍的な拡大をもたらす付加価値の高いものが少ないということに尽きる。付加価値の高い多くのものは海外諸国のものを模倣導入し、それを生産する効率の向上は、現場力と言いながら多くの勤勉な人々の家族との時間を犠牲にする、安い賃金の長時間労働に依存する構造がもたらしてきたものである。そして、まだ世界的に通用する技術については、長年の忍耐と根気がつくる匠の技と呼ばれる人智の技術が、海外企業などに知られると、その日本の中小企業は他に伍していくことが可能になる。以外のほとんどの中小企業は、大手とよばれる大企業と、他業種産業を統合し続ける新たな大企業との取引慣行を続けるしか生存が許されない過酷な環境下にある。ここにも、日本の産業経済の技術とよばれる製品の短命な原因がある。

▽付加価値の交換のための公正な社会ルールである通貨の重要性

通貨の役割と機能は、産業経済の公正な社会ルールを推進する上での基本になる。公共性の最も高い手段であるがゆえに、中央銀行という組織の言動はその目的から決してずれることがあってはならない。しかしながら、現実は論理の虚構と虚飾を積み重ねる年月の長期化によって、当初懐疑的であった人々も多かったのだが、しだいに他に政策がないかのような大きな錯誤をしてしまう、大衆の常識感が拡がっている。

中央銀行の組織の利害と利益を優先する先導によって、〝**預貸ビジネスの使命と役割を喪失し**〟漂い続ける銀行と郵貯は、預貯金者である全国の市（町村）民の付加価値活動の成果である預貯金に対するその利子は、専門外である他の分野の保険業務などの勧誘という手数料ビジネスでの、利益獲得のためのダイレクトメールの一通あたりの郵送料よりもはるかに低い利子、という金融ビジネスを続けている。その影響は市場経済が、本来めざした多様性ある需給の均衡ある価格体系を大幅に狂わせているだけでなく、地方地域の生活基盤の脆弱化を加速させる金融の原動力にもなっている。世界の銀行の公共性を担った職責の歴史を紐解くまでもなく、前近代の時代へと逆行し退化する日本社会の現状である。

▽税金の徴収と支出の歪みの構造の拡大を止め、是正することとの大切さ

古代の支配権力の台頭の時代から長く続いた〝**税の搾取の構造**〟は、その社会組織としての政権と行政府の長い強化の実績の歴史を持つ。これらの組織の思考能力はその組織に長く従事すると、人が持つ利己的な利害と利益追求の本能を増幅させる宿命であるかのようなリスクを、組織全体が発動して大きな時代の流れを継続させてきたことは、まぎれもない歴史の事実である。それゆえに、民主政の先進国である欧米では、政権が代わるごとに、行政府の意思決定力を持つ上位の人々と人事権と予算権を握る人々を入れ替えてきたのは、弊害という歴史をよく学んでいたからである。したがって、生活拠点と生活基盤を拡充したい地方地域で生きている市（町村）民が、行政府と行政権の問題について、歴史から学ぶことが非常に重要になる。地方地域としてと、国としての括りである国民として、「**自分と自分が大切にしたい人々の基本的人権を拡大したい**」のであれば、歴史から学んだもの

を生かして、〝**税の搾取構造**〟を止めて、『**人間性とその均衡ある公共性を高め、人と人間社会に付加価値を生み、創り増やす税の構造**』に変革する選択を行使できなければ、なんら終戦までの時代と変わらないだけでなく回帰逆行する時の流れになる。それでは、終戦までの『**尋常ならざる人災による人々の痛みの共感力**』そのものも無駄となり、水泡に帰してしまう。

〝**税金の徴収と支出の構造の歪みの拡大**〟は、〝**報酬の評価の歪みと表裏一体をなす社会構造の歪みの拡大**〟になる。日本の高度経済成長時代の所得と遺産相続への累進課税制度に戻すだけで、高額所得、高額資産の人たちが虚偽の申告をしていないかぎり、消費税増税数%分の税収増の5倍以上の税収になる。しかも内需の原動力である国民の中間層を下へ押し出す圧力はかからないから、外需と外国人労働者の低賃金に依存する社会環境を防止することもできる。それにもかかわらず、若者世代の負担を減らすという論理の虚構と虚飾での現役世代を終えてしまった人々の年金受給額を減らし、健康保険料などの負担を増やす社会福祉の一律の圧迫は、消費税という直接税の一律圧迫と合わせ、確実に内需を縮小させることになるのは『**合理的理由**』からである。しかしながら、新型コロナウイルスの検査拡充への鈍い動きと観光分野への多額の税金支出と同様に、税の構造の歪みを拡大する推進者たちにとっては、至極真面目で真剣な〝**論理的理由**〟で検証した上での政策なのである。

生活拠点と生活基盤を拡充したい、全国の地方地域で生きている市（町村）民は、国としての括りとしての国民は、政府と行政府の中央の権限で、税金を徴収し支出する法制度をいつから自由に、彼らが扱える〝**法の支配の国**〟になったのかを考えるべきである。現行憲法が保障し明示している国民主権ならば、地方地域で生活拠点と生活基盤を持つ市（町村）民、国民が、これほど長く続いている財政規律すら法制度として持とうとしない巨額の財政赤字と消費税増税を、30有余年も続けてきた政府と行政府の税に関する法制度と主要な予算内容を是正するために、直接請願という署名まで覚悟する活動（選挙は無記名で覚悟は不要）が一度も有効にならないのは、異常な歪んだ民主政の国会と内閣、そして行政府の組織のままであるからである。この日本の市（町村）民による直接請求と、欧米などの民主政の先進国で当たり前の「**イニシアティブ（市民発議権、市民立法権）**」との実績の差がはなはだしいのは、憲法の主旨に抵触する中央による地方自治への介入拡大を止当化してきた、「**地方自治法**」や「**地方財政法**」などの法制度の影響が主な原因である。市（町村）民の生活拠点や生活地盤と密接な関係がある法制度なのに、なぜ中央の政府と行政府が決定し続けてきたのか、そして、住民が最高裁までの長い時間と労力と費用をかけて、違憲判決を得るまで大きな違法状態を続けても、その政策推進者たちはお詫び会見のみで済むすことができる実態は、変わらぬ民主政の虚構と虚飾の実像をよく示している。

この顕著な事例を挙げる。地方地域の生活拠点と生活地盤がある圧倒的多くの人々にとって、原発誘致そのものは、小さな地方自治体の議会での多数決で決定されてしまって、原子力発電所は長く稼働されてきている。一方で、北海道の道民の署名活動で、『**北海道の有権者の35％の反対署名（選挙の無記名の投票率の得票では過半数超え）**』を集めても〝**北海道議会が拒絶する、という本来の民主主義の社会ではありえないこと**〟が平然と行われた日本社会と民主政の先進国との乖離のはなはだしさを示す実例がある。推進決定の小さな自治体の議会の多数決と、中止を求める直接請願の市民の人々の桁違いの意思の規模の差があるが、法的に有効にならず無視されてしまう日本の民主政の実態がある。そして、これらの市民運動のエネルギーは、お決まりの一部の人のデモ行進でガス抜きとして徐々に鎮静化されて、これで飽き足らない人々は座り込みなどで、マスコミによって当局の強制排除というこれもお決まりの不遇な後始末の結末は、〝**国民や市民にみせしめと同じ心理効果の大衆心理**〟を拡大する、日本社会の秩序の強固さがある。

めざす税の徴収と支出の法制度は、『**人間性とその均衡ある公共性を高め、人と人間社会に付加価値を生み、創り増やす税の構造**』に変革し、二度と現在のような構造にしてはいけない。その第一歩は、生活拠点であり生活基盤のある全国の市（町村）民の豊かさの実感拡充ができる税の構造に変革することである。終戦までの飢えた時代であっても、過疎化による消滅自治体を予想せざるを得ないリスクの現出はなかったことも合わせて考えると、いかに歪んだ税構造かを評価しなおさないと、止まらない、止まれない財政赤字と日本社会の歪みによる崩壊が、社会の底辺層から中間層へとどんどん拡大するのも〝**人間社会の力の原理**〟である。このような事態になっても〝**法の支配の日本社会の安全秩序の保障が欲しい人たちは、改正憲法によって、司法も含めて裁くことができない完璧な法の支配の国家を完成させたい**〟、という思考能力が強い。そうでなければ、財政規律のない民主政の国は、日本だけという事実のまま、その回避の法制度をつくろうとしない政府と行政府の頭脳優秀な思考能力とは、何かが理解不能になる。

「税金と通貨を軸とする金融の法制度と政策」。それが、**『人と人間社会にとって付加価値が高ければ、市（町村）民と国としての括りである国民の生活基盤は拡充し、次の世代の豊かさを確信できる社会構造に成長していく』**が、逆に**〝大組織の利害と利益のための搾取の構造作りであれば、市（町村）民と国としての括りである国民の生活基盤は脆弱化するから、社会の底辺層から中間層に向かって生活基盤が崩壊し続け、痛み苦しむ人が増え、時間に比例する多くの人々に拡大する時代の流れ〟**が止まらなくなる。税と通貨を軸とする法制度と政策を、人と人間社会にとって付加価値を生み、創り増やす方向に舵を取る変更は簡単なことではなく、反対勢力の力が実に巨大であるかを、民主政の先進国の各国の歴史は、世界中の人々に教えている。

三階層の統治組織である、日本社会の国と都道府県と市町村の財政赤字の累積は、ＧＤＰ比三倍に迫っている。１９８９年に多額の財政赤字の対策として、異論と反対が大きい中で政府と行政府が導入した直接課税である消費税は、この30年あまりの増税をくり返す長い年月を経た実績という結果は、**〝導入時の赤字規模の6倍を超える拡大膨張を続けた〟**だけである。この税の構造を変革し、**「金利を含めて毎年10兆円の赤字削減を継続できても１５０年という途方もない年月」**が必要になる。それだけの何世代にもわたる子孫の負担を強いる政策を続けてきた者たちは誰なのか。それが社会犯罪とならない理不尽さを許容し続ける世界でも稀有な忍耐強い国民性がある。世界に目を向ければ、ドイツは２０１４年で財政赤字の債務を一掃している。敗戦国としての債務と貧困から立ち上がり、周辺諸国の被害者への賠償や東西ドイツの統合の財政負担、原発廃止に伴う廃炉費用など財政上数々の負の要因があったにもかかわらずにである。**〝いまだに財政赤字を解消するまでの計画と目途も国民に見せようとはせず、止まらない拡大一方である日本の政策とは真逆の税の構造である〟**ことは確かなことである。

一方で、日本の人々の多くの税金負担という努力にもかかわらず、生活基盤が脆弱な多くの人々が年金生活も苦しいゆえに医療受診もできずに健康被害が進行し、命さえも危うい、痛みのある厳しい現実環境にもかかわらず、国連への費用拠出は世界のトップクラスであり続け、首相の外交訪問ごとに気前よく海外諸国に大国と同等の開発援助という多額の税金の拠出を継続できる、**〝国益と公益〟**の中身はいったい何なのであろうか。政策実行者に痛みを理解する能力と責任力があれば、人としてとても持ちこたえることができない年月という時間の長さ、重さがある。

▽めざす税の徴収と支出の構造づくりの第一歩

その第一歩の基本は、二大リスクに対する時間に比例する対策と対応への税支出を最優先にすることである。政府と行政府に近いこれらを支える組織に税金を支出する構造ではなくて、痛みを受けた人々が地方地域で自ら再生できるための直接支援という構造に変えてこそ、税の徴収と支出が金額に応じた生きたものになる。**『地方地域の市（町村）民の内需そのものが縮小しないことが肝要』**である。そして、自立が難しい人々への救済が、本来の民主主義の社会福祉である。それは**『二大災害時の自立が困難な人々への支援拡充の制度』**など、考慮し解決すべき課題がいくつもあるが、日本の地方地域の過疎化の加速を止める根本は、**『国税の徴収と支出を大幅に削減し、生活拠点と生活基盤の**

ある地方地域のための税を大幅に増額』していかないと、現場での痛みは遠く離れた中央ではわからない、鈍い反応にしかならないという行政組織の歴史的な本能にも近い欠点を回避できない。一方で、地方自治の欠点は、知性を磨いて能力と責任力を高めることができる人が得がたいという課題であるが、日本の地政学的条件を日本社会の歴史の反省も踏まえて考慮すれば、中央である国と行政府、そして都道府県、市町村という三段階は、市（町村）民、国としての括りである国民という人々の基本的人権から考えれば、その〝**旧制度の統治**〟の意味はまったくないばかりか弊害が深刻である。これらの解決策としては、『**市町村の区域拡大による中域都市圏と大都市圏との均衡を促進する政策も入れた、地方自治法の抜本対策と、税の徴収と支出の権限の構造をつくり変えていくことが肝要**』になる。

二大リスクもその規模が大きいと、必ず世界中の個である人々から善意の多額の募金が、痛みを受けた人々へ寄せられる。しかし、この善意の重さも税金と同様に、必要とされる人々には、直接使うことができない日本の社会構造の歪みがある。古い時代から続いてきた公共性とは何か、という克服すべき問題の大きさを剥き出しにしたままの日本社会である。それゆえに、目的のない善意は生かされずに利用されやすく、その目的が別の目的に変容されて達成される〝**募金の法制度の問題**〟を、浮き彫りにしている。

人災の対策として考えるべき税支出の評価を、市（町村）民と国民の手中に戻すあり方として、２０１１年の東日本大震災に伴う津波による被害の一つでもある原子力発電所のメルトダウンがある。

汚染水などの事故処理とその後の長い対応の処理費用は、毎年累積する一方である。この汚染水処理も科学的には目途が立たないがゆえに、多額から巨額になる税金の負の支出を避けるために、海洋投棄に依存してその負担を回避しようとしている。これまでの費用の実績と今後の増加の税支出の予測を、国民とシェアすることなく、いつの間にか電気料金や予算のカラクリで曖昧にさせ、市（町村）民と国民が税金支出の痛みを感じないで済む政策を続けている。一方で、自然災害と人災の両面を持つこのメルトダウンによって先祖代々からの生活拠点と生活基盤を失った人々は4万人もおり、いまだにその痛みは解決されていない。何に莫大な税金を支出し、そのためにどんな税金が徴収されているのかの因果関係は、被害を受けた人々はもちろん、税金を支払い続ける市（町村）民と国民には知らされていないし、知る術がない日本の政治的環境がある。

これに対して、日本列島のような地政学的リスクもほとんどないドイツでは、震災後すぐに、12年をかけてすべての原子力発電所の廃炉を完了させる決定を国民とともに決めた。このリーダーシップによる政策によって、２０２２年には廃炉作業は計画どおり確実に終了する。この12年間、税金の過負担もなく再生エネルギーへの転換を進め、地球環境を守るというEUの政策軸の正しさを牽引する実績を世界に示している。その二大リスクへ備える思考能力を持つリーダーが語る言葉は、『**想定し得る最悪の事態**（**grosster anzunehmender Unfall**）**を回避するリーダーの責任**』である。

地方地域に生活拠点と生活基盤がある市（町村）民と国民という括りの日本の人々にとって、エネルギーの需要は、震災前にほぼピークに達していたにもかかわらず、その支払い価格と負担の彼我の差は、アメリカの3倍、フランスの2倍である。そして、原子力発電所の全廃のコストと成果のある再生可能エネルギー政策に協力する負担のあるドイツの1・5倍という高さである。これに対して日本の市（町村）民と中小企業、自営業にとってのエネルギー負担の高さが、公正なルール以前の死活問題という暮らしと産業経済の経済的条件の悪さを示し続けているのは、長年の多額をとおり越した巨額のエネルギー行政に使われた、税金支出の構造に大きな原因がある。

このエネルギー行政とともに、全国の地方地域の市（町村）民と中小企業、自営業という大きな組織力を持たない人々にとっての負担が大きいものとして、移動、輸送などのコストの高さがある、いわゆる「**公共工事**」という大義名分のもとに、長年慣行のように多額の税金を支出し続けてきた、高速を含む道路や橋やトンネルなどの建造物である目につくインフラ事業は、地方地域で目につく公共の箱物行政と言われる市庁舎や文化、教育、スポーツなどの立派な景観を誇る建造物とともに、税金の支出先企業社会のヒエラルヒー秩序を作って久しい。一方で、市（町村）民にとっては帰省費ですらままならない、交通費の圧迫を感じる所得層の人々が増え続けている。高額な高速料金網の多さ、旅客交通機関の料金の高さなど、個である人々の生活基盤に占めるコストは、年々その率をあげていることからも、内需さえも奪い始めている税の構造の作用がある。

箱物行政の考え方、政策の思考能力の彼我の差による弊害は、合理性のない予算作りの習性にも出ている。欧州では古代ローマ時代の上下水道のインフラは、今でも生活の一部に活用しようとするその一時費用とメンテナンス費用のコスト削減の考え方が一般的である。それゆえに、近世以降の建造物を市庁舎、区庁舎や文化、教育施設などとして活用して、税金の支出を、市（町村）民と中小企業、自営業という多くの、声の力の弱い人々の生活基盤拡充へ振り向けることを優先している。その変わらぬ考え方は、移動と輸送などのインフラのメンテナンスの基本は、命の安全であり、快適な舗装をくり返すことではないことにもよく表れている。

市（町村）民と中小企業、自営業という大きな組織力を持たない人々の負担が、拡大し続けてきたから過疎化が止まらないし、止めることができない。その小さな存在ゆえに、多数であっても声なき声と呼ばれる、これも民主政の虚構と虚飾に陥ってしまった理不尽な社会構造の歪みがある。この**〝二つの分野の税の支出構造は、豊かさの拡大の主要因である多様な人々の内需拡大の足枷〟**になり続けている。その評価と対策をしなければ、何も変わらないことになる。

▽人々の生活拠点、生活基盤を守り、豊かさを拡大するための公正な社会ルールの骨格

人々の生活拠点と生活基盤を守り豊かさを拡大するための公正な社会ルールの骨格は、いかに組織の利己的な言動を拡大成長する前に、その現象の許容を許さず制止して、制御させるかが基本原則になる。人と人、人と組織、組織と組織の言動における**『多様性』**を保障する**『多項均衡』**を実現していくための公正な社会ルールと、その監視、運用の法制度の継続的な改善があって初めて、これまでの**〝歴史的な社会構造の歪み〟**を是正していくことができる。それは、宇宙、地球という自然が持つ最も現実的な持続的成長を可能とする、普遍的な合理性がある秩序でもある。この秩序は、支配権力の思考能力が作ってきた人為的な理不尽な所業と驕りを蔓延させる秩序ではなく、人々の努力が報われる普遍的な公正な社会ルールが機能する秩序である。

日本社会の日常よく見る事例は、政府や行政府やマスコミが頻繁に使う、「**国民や消費者の皆様**」という一般用語の連呼にある。日本社会におけるこの一般用語が意味するものは、〝**不特定多数の圧倒的多くの人々であり、組織的な圧力、政治色をまったく持たない架空の存在**〟にすぎない。さらに生活拠点と生活地盤を守るために、この不特定多数であるその市（町村）民による首長の当選投票数より多い署名による直接請願があっても、その議会の与党連合に否決されることが多い戦後の日本の民主政の実態がある。中央の政府と行政府の政策や税の徴収や支出という予算制度、法制度などの各種委員会の委員構成から明らかなように、「**圧倒的多くの不特定多数の人々**」の意見を代表する、母体組織の出身者はほとんどいない。

常識のように思っている、労働環境を改善する役割の委員会での労組組織の代表であっても、その組織率は年々低下し、非正規社員が４割を超え、半数にもなる時代の流れが止まらない現状での組織率では、実質的な国民の代表とはまったく言えず、国民が投票で選んでいるわけでもない。日本の産業経済分野の見方では、国民の多くが労働者であり消費者でもあるが、どちらも投票で代表を選んで各種委員会の委員を選出してはいない。これは政府と行政府が主導する他の委員会でも同様である。一方で、大規模組織の利害と利益のために動くことが当然となる。そして、中央の行政府が実質的に選んだ委員の出身母体のほとんどは、国という権限で政府と行政府が介入と圧力を拡大してきた大学や財団などの組織である。「**国民や消費者の皆様**」の代表として、人々の痛みを軽減するために、知性を磨いて能力と責任力を高める経験を積み重ねてきた人であると、評価することが難しい選抜の仕方であるがゆえに、想定どおりの審議結果となる。そして、このような委員会の構造を事前に見抜くことができなかった人々は、早い段階での辞任を余儀なくされたりして、実質大きな反対意見もない委員会という虚構を呈するようになっている。これらも、『**多項均衡**』とは異なる、〝**力の支配の組織の論理**〟が日本社会の秩序の中枢を占めていることをよく示す事例である。さらにその虚構と、虚飾の仕上げとして、ジャーナリズムではない〝**マスコミが作る世論は、市民の声ではなく、意図されて作られた国民の支持と了解という架空の世論**〟であることは、警句を吐くものである。

▽生活拠点と生活地盤を守り拡充することが人々にとっての本質的な安全保障

世界各国で使われる安全保障という政策とその法制度については、時間に比例する具体的な人々の生活拠点と生活基盤の豊かさの拡充という評価の観点が最も大切である。日本の人々が自ら止めることができなかった、止まらなかった終戦までの〝**大東亜共栄圏という名の侵略拡大戦争の暴走**〟による尋常ならざる人々の痛み。それは日本の人々の『**痛みの共感力の拡大**』だけでなく、戦勝国の人々と日本の周辺諸国の大東亜共栄圏という虚構と虚飾の〝**犠牲を受けた圧倒的多くの人々の痛みの共感力の理解**〟があって初めて、日本の人々はこの大暴走を二度と起こさないという誓いとともに、主権と基本的人権を持つことを国際社会に宣言できた現行憲法を持つことができたことを、決して忘れてはいけない過去がある。この過去は、現代、そして未来へ継承させる責任がある。ところが、「**生命という時間のかぎりがある、この痛みを体験した日本の圧倒的多くの人々が残りわずかになる現代の**

日本社会の世代構成」になると、〝**憲法の価値観、考え方が時代に合わないと論じ、専守防衛ですら不文律とせずに防衛のための先制攻撃もあり得るという論理を拡大し、改正憲法でさらに、普通の国家として民主政の虚構と虚飾の隠れ蓑の抽象用語を駆使した法の支配という法治国家**〟の政治体制をめざすのは、終戦までの体制へ時計の針を逆行させる回帰でしかない。

〝**防衛力という論理の拡大、普通の国家という考え方の論理性は、自分と自分の大切な人たちを、最もそのリスクから遠いところに置くことが可能な人たちの思考能力**〟だということを、終戦までの尋常ならざる痛みの体験をした人々が残りわずかになるこの時期だからこそ、日本の人々は学ぶべきである。現代の国際社会で、しかも米ソ冷戦の時代であっても、侵略目的の軍事力、軍備増強の言動を取った国はなく、防衛力の行使と語り、他国への軍事介入は、正義という大義を掲げている。これが、みな普通の国家の言動であり例外はない。そして、北方の樺太や南方の沖縄では、〝**一般市民が前線の盾**〟として利用され、満州の撤退では、〝**一般市民や一般兵士よりも、安全にかつ素早く本土に避難した実績を持つ上位の人たちの行動の歴史的事実**〟は、大切な多くの人々を失った傷みと苦痛を体験した桁違いの多くの人々の共感力にとっては、決して忘れることができないものであり、忘れてはならないものである。

21世紀に入ると防衛費増強の制約は雲散霧消して、毎年防衛費は拡大し続け、自衛隊をはじめとする防衛省も防衛庁から組織規模拡大させている。これらの予算は、アメリカ駐留軍の費用の７割以上と負担率を上げ、さらにミサイル発射実験と海境水域の紛争を、国防のリスクとしてマスコミ報道をくり返しながら、軍備増強という防衛計画でアメリカに莫大な税金を支出し続ける巨額の累積は、アメリカの利害と利益のために世界から吸引し〝**還流させる国際構造の主要な一翼を形成**〟してきている。この国防の論理的な理由としているミサイル実験のはるか以前の失われた〇〇年の開始までに、すでに周辺国である二大国では、核弾頭ミサイルなどの戦略兵器は確実に日本列島を崩壊できる規模と精度を確立済である。そして、その後の40年間の宇宙とコンピューターなどの技術の著しい進化によって、さらに短時間で正確に日本列島に住む人々の生活拠点と生活基盤を崩壊させるか、防衛設備のみを崩壊させるのか、はたまた54基の原子力発電所を破壊し放射線放射能の汚染で列島そのものを崩壊させるのか、その選択の幅を持てるほどの戦力差があるのは、いまさら論じるまでもない。

　この冷徹な現実に対して、核の脅威の対策である欧米のような市民のための核シェルターはまったくなく、終戦までの防空壕さえない国民の防衛費用とは、いったい何を防衛する安全保障なのか。一方で、日本で作られている核シェルターはいったい誰の命を守るためのものなのか、安全保障会議の議事録さえ残さない法制度下での安全保障会議の内容では、終戦までの法治国家の安全保障よりも悪質であることは明白である。福島の原子力発電所のメルトダウン後のオリンピック誘致の際に、日本のメルトダウンへの科学的な対策への世界の人々からのリスクの憂慮に対して、１００％管理できていると豪語した前首相や、それまでの原子力発電所建設を推進してきた歴代政府と行政府の決定権を行使してきたリーダーの人たちは、みなこぞって１００％安全だと断言してきたが、誰ひとりとして、「**自分と自分が大切だと思う家族や近しい人々の生活拠点**」を、この〝**１００％安全で１００％**

管理できている原発施設の周辺には置いていない〟。この点が、民主政の先進国の権限のあるリーダーたちの基本的な資質である『Integrity』という倫理、人倫の価値観や精神基盤というリーダーの資質との決定的な違いである。

アメリカ国民の多くの痛みを伴うことに直結することを意味するアメリカとの同盟に、過度に依存する日本の政府と行政府の実に都合のよい現実は、「**日本列島のアメリカの駐留軍の主力は、その多くの家族も含め、原子力発電所がない沖縄だという冷徹な事実が示す、周辺国である二大国とアメリカという大国の利害を一致させる戦略的な意味とメッセージ**」を浮き彫りにしている。その上で、現実的な自衛という安全保障の基本的な第一歩を踏み出す知恵を持たないと、生活拠点と生活地盤そのものを、国家のための安全保障以前の問題で崩壊させることになる、大きな人為的なリスクが拡大進行している。そして、何よりも周辺国の人々を含めた『**国際的な人々の痛みの共感力との連携**』を次世代に繋いでいってこそ、市（町村）民と国としての括りでの国民の生活拠点と生活基盤の確実な安全保障となり、我々の大切な次の世代とその子孫に継承していく努力が報われる普遍的な舵取りになる。

食の安全保障もまた、同様の現実的なリスクが進行している。地球温暖化のリスクは、確実に人為的な対策が遅れているがゆえに、加速しているのは誰の目にも明らかになっている。一方で、進む人口増加により地球全体の食の自給率は下がり続けている、この先のリスクの予測が、早くから先進国やＯＥＣＤ諸国などでは、その国民とともに政権を担う人々も理解しているからこそ、農業国でもない国もその自給率を上げ続けている。そのような時代の流れで、自給率を下げ続ける政策を、自由貿易交渉の締結の成果であると、誇らしげにマスコミを使って喧伝してきた日本の政府と行政府と、この利害と利益を共有する組織集団が継続してきた税の支出構造の結果が、地方地域の過疎化の進展と、これに伴う定年後も低賃金で生活のために働き続ける多くの人々の今と変わらぬ未来図がある。食の自給率という世界共通の問題に対して、地政学的条件が恵まれている日本列島。海洋と大地双方の良好な環境を生かすどころか殺し、その先祖代々から培ってきた高いノウハウの継承者も急減する、この失われた〇〇年の加算は止まらない。現役世代が老齢になってもその過酷な労働に耐え伝えようと努力を重ねても、家族でさえ大切にしたいその生活拠点から離れざるを得ないその痛みを、これらの政策を推進してきた人たちには理解できる体験はなく、共感力という思考能力も働かない状況である。

一方、世界の穀倉地帯で頻度を増してきた、干ばつやウイルスなどの病虫害や火災などの被害は、これらの地域の食の生産の担い手の多くの人々の生活基盤を脆弱化させ、貧困、格差も拡大させると同時に、食の国際的な需給バランスの構造の歪みが拡大して、食の安定供給のリスクをますます拡大する時代の流れが止まらない。飢えは、つねに弱い立場の人々から拡大し、その生存すら奪う人間社会の冷徹な現実は、何も終戦直後の引き揚げ体験者の身の上でのみで起きた、忘れてしまってもよい、水に流してよい過去のことではないことを、今に生きる日本の人々は、自分が大切にする人々のためにもその終戦時の**『痛みの共感力』**を継承し、次の世代に繋いでいく責任を果たす時に直面している。自然災害と人災は、忘れた頃にやってくるのではない。その責任を忘れさせ、水に流したい人たちが忘れさせるのである。痛みを受けた多くの人々の『**痛みの共感力**』の拡大を分断し、その人災の大きさの警鐘を継承させない、強い政策の歴史にするから忘れるのである。

3　めざす国際社会を見据えた人と人間社会への舵取り

▽人と人間社会がめざす普遍的な原理に基づくめざす姿

21世紀においてもなお、社会構造の歪みがない国は世界にはまだない。しかしながら、先進諸国やＯＥＣＤ諸国の中で、社会構造の歪みの拡大を防ぎ、格差を拡大する要因を一つひとつ改善し、新たな社会構造を創り出す努力を積み重ね、その成果を市民とその括りである国民が実感できているいくつかの国がある。これらの国では、その成長と進化のための政策や法制度の進度を示す『**新しい座標軸**』を創り、そのための統計情報などを公正に把握管理して、人と人間社会の改善状況を示す指標として使うことが定着している。その政治の基本軸は、伝統的な国家観に基づく国と地方自治体の役割分担という政治の構造とは決別し、生活拠点と生活地盤を持つ地方地域に住む主権者である市（町村）民の基本的人権を行使する能力と責任力を向上させながら、税と法制度などを利用する『**新しい社会構造創り**』にある。そして、主権者である人々の基本的人権を守ることはもとより拡充するために、人間社会における人の人間性と公共性を向上させる付加価値を高める点で、日本とこれらの諸国との大きな違いがある。

『**新しい社会構造創り**』に、市（町村）民、国民の支持とともに取り組んでいる、これらの国の社会的リーダーシップの成果を示す舵取りと指標のいくつかの事例を挙げてみる。輸出に占める企業の9割を優に超える『**多項均衡**』を示す中小企業の活躍がある。人である社員数は全体の8割を占める。経済成長の中心力は内需である。輸出の利益は、その中心である『**多項均衡**』に寄与している中小企業や個人業種に還元されるので、それらの生活基盤である地方地域の産業経済も成長する付加価値の公正な連鎖が拡大する仕組みが機能している。ところが、格差拡大が止まらない多くの国々ではその政体とは無関係に、社会的上位とかエリートと見なされやすい政治家、高級官僚、大企業や大きな団体組織の経営者たちや役員たちの報酬である資産や富が拡大し、格差拡大の原因になっている。しかしながら、格差を縮小する政策と法制度の改善に取り組んできた国では、付加価値への報酬の考え方が浸透している。その付加価値に対する報酬のあり方は、格差拡大が止まらない国の高額資産の職域に相当する人々と、職人などの中小企業、自営業の中からその付加価値を評価された人々との報酬差はかなり小さく、社会構造の改革が定着してきている。そして、一人当たりの生産性では日本よりも数割以上高い。しかも日本の働き方改革以前の数十年前には、すでに過重労働はなく家族などと過ごす時間を優先する社会環境が定着している。さらに、非常に痛ましい自殺率も低く、ＯＥＣＤ諸国との比較でも、つねに自殺率がトップの状態を韓国などとともに続けている日本は、社会構造の悪循環なくしては、その原因を語ることができない厳しさがある。

そして、最も痛みを人々に拡大する公共性に直結する、社会保障費の税支出に占める日本の割合は、これらの国に比較して数割以上も低く抑えられ続けている、税の社会構造に変質してきている。その理由付けでは、財政赤字の主要因として社会保障費の上昇を挙げ、その一方で、増税根拠としては社会福祉を目的とする、実に〝**都合のよい歪んだ税の構造作りの論理性**〟がある。この論理思考は、エネルギー政策と地球環境問題でも同じである。前世紀の京都議定書の時代から、世界の人々にアピールできる付加価値のあるエネルギー政策は進展していない。安倍政権の後継政府が、横文字のカーボンニュートラルという原子力に抵触しない用語のみを取り換えて、数十年前からと変わらぬ他国の背を追うくり返しでは、まさに巨額の血税が死税になり続ける今後の日本の姿が十分に予測できる。東日本大震災でも、２０１１年度から２０１９年度までの復興と称した、37兆円（公表値）もの巨額の税金投資に占める原子力災害費用の割合は高い。〝**１００％安全で、コストも安く、地球環境にも優しい、と説明されてきた原子力推進行政はまったく真逆の結果を招き、今後も続く莫大な費用と環境問題の責任は、反対意見をまったく無視して推進し利益を享受してきた人たちではなく、被害を受けた市（町村）民と不特定多数の国民が負う**〟、という日本の民主政の歪んだ実態がある。

▽人々の基本的人権を守る危機時のリーダーの基本的な資質

日本社会の大きな組織のリーダーたちがその自覚もなく発する言動には、ほんの一握りの例外者は除き、自分たちの与力以外の圧倒的多くの人々に対して、強要を伴う〝**精神的緊張**〟を長い期間強いる政策を浸透させるスローガンと丁寧な説明（議論することではなく、前近代までの告示、通知の内容を理解させるもの）に特徴があり、マスコミを使ってすり込まれる。

民主政の先進国に見る危機時のリーダーシップとジャーナリズムの報道の原則は、「**被災地、被害者の深刻なありのままの状況を踏まえ、救援の対応対策の時間短縮に努めること**」にある。そして、これを記録し次に備えることに寄与することが大切になる。それゆえに、〝**単にくり返される再発防止に努めます**〟、という一般的用語ではなく、合理的な時間短縮の救援で、人の命と痛みなどの犠牲をできるだけ減らす努力を積み重ねる、基本的人権を尊重する具体的な言動が実を結ぶことになる。

ニューヨークの冬のハドソン川に、エンジンの故障で着水を判断したパイロットは、沈没していく飛行機からの避難活動で最後まで乗客乗務員の無事を確認し、救援隊もまた30分もかからずに現地に到着して救援活動を開始し、乗客のパニックは最低限に抑えながら一人の犠牲者も出さずに、無事に救出できたという事例がある。危機の際にパニック症状を起こす人たちは必ずいる。これを前提として、『**緊張感からパニックに陥ることを拡大させないのが、緊張感を煽らない正確かつ素早い情報共有の仕組みであり、そして、対応する多くの人々の日頃からの訓練された知性によって、その仕組みを生かすことができる**』ことを、改めて示す実例である。それゆえに、この危機時の対応こそが、基本的人権を尊重する具体的な組織のリーダーの役割の基本でもあるが、〝**世界でも稀な奇怪な緊張感を煽る政策を続ける**〟日本においては、市（町村）民や国民を統治の対象と見なして、〝**基本的人権よりも人々を制御することを優先して、人々に緊張感を持たせる言動**〟が繰り返される日本の実情である。

これらの思考能力に対峙するリーダーの思考能力として、ドイツの大統領が終戦40周年時の演説で国民に語った内容は、**『悲惨な過去に目を閉ざす者は、現在にも盲目となる。非人間的な行為を心に刻もうとしない者は、再びそうした危険を現実のものにしてしまう』**、という**『痛みの共感力を次世代とその子孫に伝える責任』**の重要性を示すとともに、**〝痛みを忘れ、その共感力の記憶を消す年数の経過を待つ者の驕りが、最も危険である〟**とし、自国民だけでなく周辺諸国の国民とともに共有している。これに対して、**「終戦まで日本の侵略による尋常ならざる痛みを受けた周辺諸国の国民」**が、日本のリーダーたちがくり返してきた**〝痛みの過去は水に流し、未来志向で〟**という発言を許容する日本の国民のあり方を、はたして寛容な国民性だと考えてくれると思うには、あまりにも利己的な思考だと言える。それどころか、つねにマスコミでこれらの周辺諸国との海境をめぐる紛争、という緊張感と愛国心をすり込ませる報道がくり返されることに対する、周辺諸国の人々の見方との大きな違いが作る歪みが拡大する年月が加算されてきた日本と、ドイツの周辺国との国際関係とは極めて対照的である。

▽めざす国際社会、その原動力は、市（町村）民の主権、基本的人権の行使による人と人間社会のための付加価値活動にある

世界の人と人間社会を豊かにすることに貢献できるのは、個性豊かな生活拠点と生活地盤を持つ、市（町村）民の知性を磨く付加価値のある活動である。その**「付加価値のある活動が報われる、公正な社会ルールを実現する手段である法制度を進化」**させるのは、**『Integrity に基づく痛みの共感力』**を、組織の利害と利益に対峙させて、本質的な人間性とその均衡ある公共性を高めることを正義とす

る人倫にあり、この人倫に基づき是正する市（町村）民の主権と基本的人権の行使の積み重ねにある。そのためには、〝**議会の議員を選ぶ投票という所定のプロセスと化した、白紙委任状という笊だらけの民主政の虚構と虚飾を受容し続ける、不特定多数という主権と基本的人権の政治的実態のない国民**〟から抜け出して、『**主権と基本的人権を行使する政治的実体のある国民に変わる**』ことが重要となる。

民主政の先進国でのこれまでの憲法改正は、その一部の条項の修正の理由と目的は、国民の基本的人権を拡充するためのものであって、日本の政権与党とその与力勢力が強く進める〝**法の支配による法治国家という法の支配権を握るための人たちが、その裁量で自由に作ることができる法制度で、日本の人々の主権と基本的人権の内容を決めて、制限できる全面改訂**〟ではない。真逆そのものである。それゆえに、日本の人々にとっては、歴史上一度も自らの言動で実現してこなかった社会構造の歪みの改革と、これを導く民主政などの政治改革の体験がなかったからこそ、「**強い権力を持つ政府と行政府に、日本の人々の主権と基本的人権を守る大切さを示す現憲法下**」で、『**傷む人々が、これ以上拡大する長い時代の流れを止めることが重要であり、豊かな社会に変わる舵取りにすべく、投票だけでなく直接請願など民主政の手法を駆使して、国際社会に示していく最も大切な時に直面している。新型コロナウイルスの感染というこの時だからこそできる社会構造改革への大きな第一歩になる**』。

この地球、世界の中で、地方地域のさまざまな生活拠点で生まれ、その生活基盤を拡充したいと願う多くの人々。どこにも法制度はありながら、その法制度をその願いに合わせて進化させることができた人々と、作られた法制度の許容を余儀なくされ、受容してきた圧倒的多くの人々がいることを、人と人間社会の歴史は刻んできた。どの地方地域の人々であれ、他の地方地域の人々との良好な均衡ある関係なくしては、時の経過に応じた豊かさを高めることは難しい。言い換えれば、世界中の地方地域の市（町村）民こそが、本来、人と人間社会を豊かにする国内法、国際法をともに進化させる大きな願いを持っているのであって、決して多国籍企業と呼ばれる巨大企業などやこの影響を受けやすい政府と行政府の権力を帯びる大組織の利害や利益によって進化することはない。むしろ大きな足枷になってきた人間社会の歴史である。

それゆえに、科学の時代の経過に比例する進化と同様に、法制度も進化を可能にするのは、知性を磨き人と人間社会に付加価値を生み、創り増やす人の言動とその理解能力の共感力との連携にある。この連携力を阻害するのは、多感である人の利己的な感情の衆への拡がりの容易さと痛みの共感力を継続する難しさを利用してきた支配権力の強い思考能力の人々である。この思考能力に対する市（町村）民レベルでの主権と基本的人権の行使の体験の有無と、その継承の歴史の時間の長さによって、民主政の先進国それぞれの違いと、以外の国々との大きな差が表れることになる。したがって、『**主権と基本的人権を行使する国内法と国際法をともに進化**』させる人々の思考能力を高めることによって、人と人間社会の豊かさの拡充を次の世代からその未来の子孫に繋いでいくことができる。

国際法どころか、国内法の立案と制定ができるのは、政府と行政府の専権事項であると思い込んで受容し続けてきたから、国際経済の歪む大国の利害と利益の衝突と妥協の大波を受ける、世界の地方地域の人々の生活拠点の喪失や生活地盤の崩壊が後を絶たない。何が今だけの現実か、何が未来を考えた時間に比例する現実的な舵取りと羅針盤かは、歴史を学ぶことで明白になる。世界の人々は、そのほとんどの地方地域で、主権や基本的人権の行使を体験したことがない歴史を持つ。一方で、投票という行為は、世界のあらゆる国で実施されてきたが、投票があるからそれが主権や基本的人権の行使だと評価できる国は、実はそれほど多くないのが世界の実像である。

1980年代後半から続く、大国の軍事力と経済力の力による〝**利益の還流の構造**〟が世界に拡大する中で、その構造の時代の流れを洞察し、付加価値のある対策と対応を継続できた人々の国と、そうでない多くの国がある。この世界中の〝**人間社会の構造の歪み**〟は、地政学的な該当地域の社会構造の歴史も反映しながら、自然災害という不合理な人々の痛みと、紛争や戦争という目に見える人災と政府と行政府の目に見えがたい政策の理不尽な人災が、人々の痛みを抑止し軽減する大きな障壁になっている。人と人間社会に貢献する人の言動が報われる構造の人間社会なのか、その努力と成果を搾取する歪んだ構造の人間社会なのか。そして、これらの自然災害と人災への二大リスクに対する日常からの対策と危機時の対応は、『**人の尊厳とIntegrityを基本的な精神基盤として持つリーダーとこれを支える人々の双方が、付加価値を生み、創り増やす知性の磨きという努力を継続してこれた人間社会**』なのかどうかによって、大きく異なることになる。

◇新型コロナウイルスという〝**人の言動によって世界に感染拡大させ、さらに変異を続け自己の生存以上に搾取する遺伝子体のウイルス社会**〟。そして、〝**人の言動によって世界に人間社会の歪みを拡大させ、さらに大規模組織化などで社会構造を強化し続け自己の生存生活以上の巨額の富と財を搾取し、世代継承させる強い思考能力を持つ人間社会**〟。その力の世界への感染力、拡大力は、いずれも人の言動を媒介にしている。人類と自称する人間が、その知能を何に対して使うのか、何のために開発し付加価値を増やすのか、新型コロナウイルスの世界的な拡がりのリスクとその痛みの拡大は、人間社会の構造の歪みの拡大と同じ現実を、世界中の人間社会に突き付けている。その世界中の人々の痛みを感じ思いやることができなければ、自分と自分の大切な家族や人々の痛みに想いをめぐらし、人と人間社会を今から将来に向けて豊かにしていくことはより困難となる。それゆえに、新型コロナウイルスの対策対応も、人間社会の歪んだ構造の対策対応も、同じ付加価値ある能力と責任力が必要不可欠であることを、世界中の人々が『**痛みの共感力**』を覚醒させ拡大する時と場に立っている。

　人と人間社会に付加価値をもたらす努力と忍耐が公正に報われ、その付加価値をとおして自分と自分の大切な家族や人々の豊かさの実感が社会全体に広がり、その喜びを、過去から今、そして未来に向けて、世代を超えて繋がり伝えていける『**普遍的な人と人間社会の21世紀の歩みの羅針盤**』になればと願って、擱筆としたい。

著者略歴

白生　圭（はくお　けい）

秋田県能代市生まれ。中学までの故郷の風土や言葉と異なる関西圏の風土と言葉を学んだ高校時代、北海道の開拓と先住民族アイヌの異なる歴史を学んだ大学時代、ビジネスをとおして駐在・出張で訪れた海外諸国と日本の付加価値の考え方の違いを生かした社会人時代。現在、組織とは離れた著作の生活。札幌市在住。

21世紀の人と人間社会の羅針盤

2021年6月10日　初版発行

著者　白生　圭

発行・発売　株式会社 三省堂書店／創英社
〒101-0051　東京都千代田区神田神保町1-1
Tel：03-3291-2295　Fax：03-3292-7687

制作　プロスパー企画

印刷／製本　藤原印刷

ISBN 978-4-87923-104-8 C 0036